本書の特色と使い方

JN094423

教科書の学習進度にあわせて，授業・宿題・予習・復習などに使えます

教科書のほぼすべての単元を掲載しています。今，学習している内容にあわせて授業用プリントとして
お使いいただけます。また，宿題や予習や復習用プリントとしてもお使いいただけます。

本書をコピー・印刷して教科書の内容をくりかえし練習できます

計算問題などは型分けした問題をしっかり学習したあと，いろいろな型を混合して出題しているので，
学校での学習をくりかえし練習できます。
学校の先生方はコピーや印刷をして使えます。

「ふりかえり・たしかめ」や「まとめのテスト」で学習の定着をみることができます

「練習のページ」が終わったあと，「ふりかえり・たしかめ」や「まとめのテスト」をやってみましょう。
「ふりかえり・たしかめ」で，できなかったところは，もう一度「練習のページ」を復習しましょう。
「まとめのテスト」で，力だめしをしましょう。

「解答例」を参考に指導することができます

本書 p 84 ～「解答例」を掲載しております。まず，指導される方が問題を解き，本書の解答例も参考に
解答を作成してください。
児童の多様な解き方や考え方に沿って答え合わせをお願いいたします。

6年 ①　目次

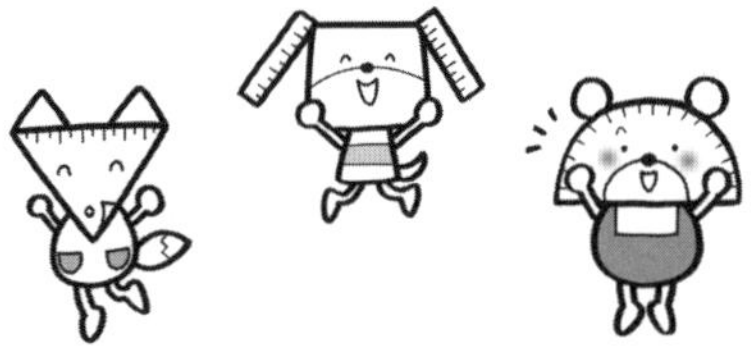

月　　日

1 対称な図形
線対称（1）

名前

□1 右の形は，２つに折ってぴったり重なる形です。（　　）の中にあてはまることばを書きましょう。

１本の直線を折り目にして二つ折りにしたとき，両側の部分がぴったり重なる図形を，（　　　　　　）な図形といいます。

また，この直線を（　　　　　　　　）といいます。

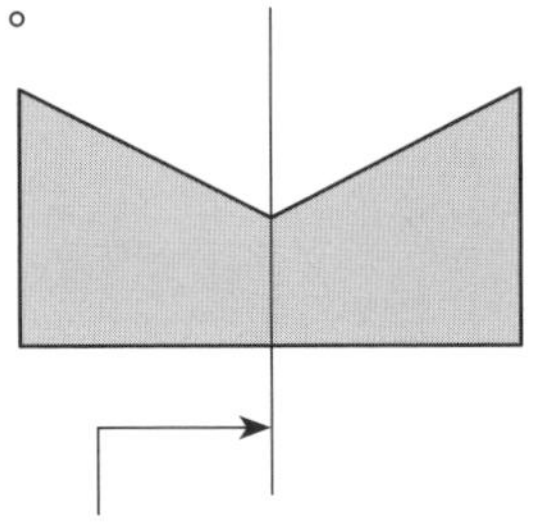

（　　　　　　　　）

□2 下の図形から，線対称《せんたいしょう》な図形を選んで（　　）に○をつけましょう。

①
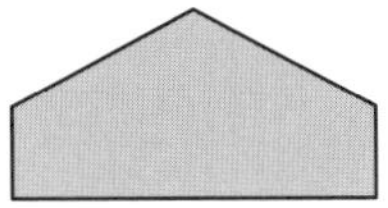
（　　）

②
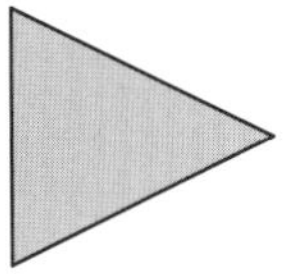
（　　）

③
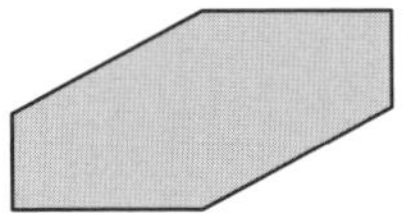
（　　）

④
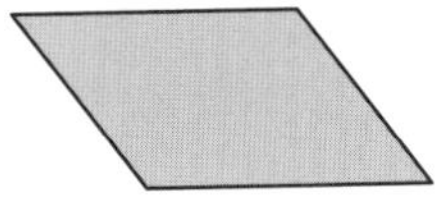
（　　）

⑤
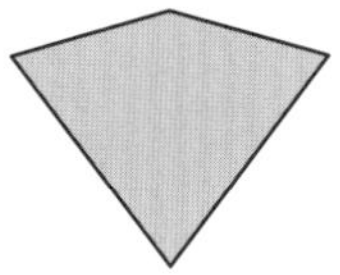
（　　）

⑥
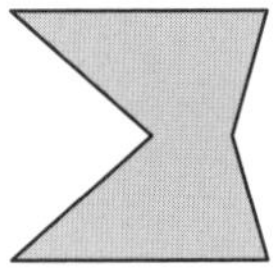
（　　）

⑦
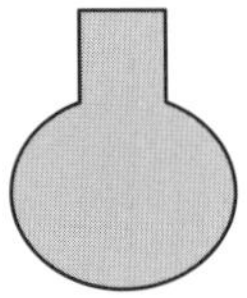
（　　）

⑧
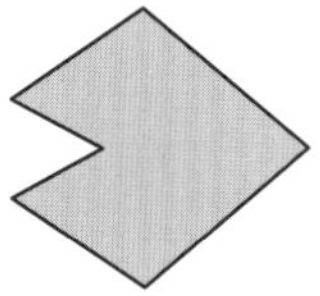
（　　）

⑨
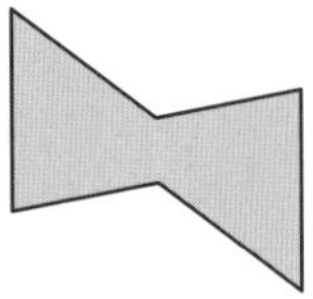
（　　）

月　　日

1 対称な図形
線対称（2）

名前

□1 右の図形は線対称《せんたいしょう》な図形で，直線アイは対称の軸《じく》です。対応する辺，角，頂点《ちょうてん》を書きましょう。

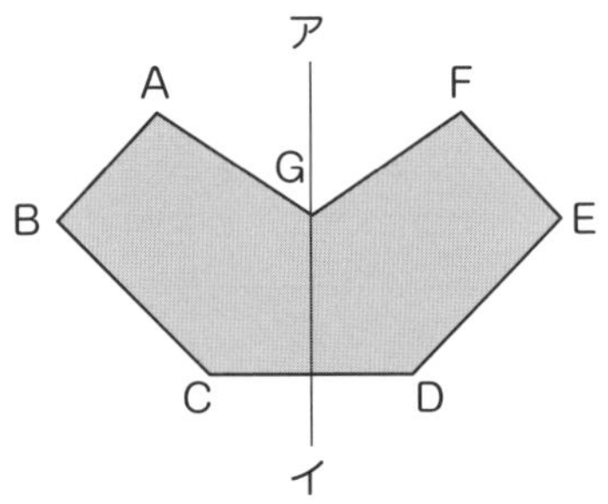

① 辺 AB　（　　　　　）

② 辺 AG　（　　　　　）

③ 角 C　（　　　　　）

④ 角 E　（　　　　　）

⑤ 頂点 F　（　　　　　）

□2 右下の線対称な図形を見て答えましょう。

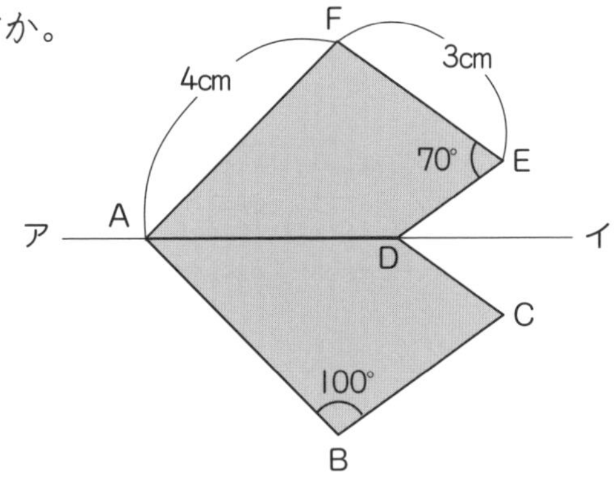

① 次の辺の長さは，何 cm ですか。

辺 AB　（　　　　　）

辺 BC　（　　　　　）

② 次の角度は，何度ですか。

角 C　（　　　　　）

角 F　（　　　　　）

月　　日

1 対称な図形

線対称（3）

名前

1 右の線対称《せんたいしょう》な図形を見て答えましょう。
直線アイは対称の軸《じく》です。

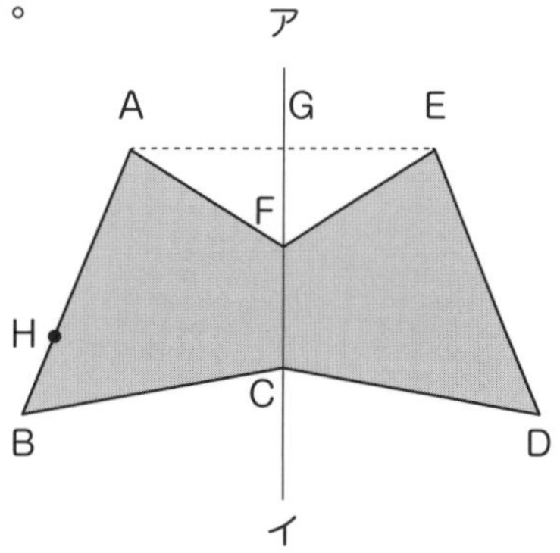

① 対応する２つの点を結ぶ直線AEは対称の軸アイと，どのように交わっていますか。

（　　　　　　　　　　　　　　）

② 直線AGの長さは3cmです。
直線AEの長さは何cmですか。

（　　　　　　）

③ 点Hに対応する点Iを図にかきましょう。

2 右の線対称な図形を見て答えましょう。
直線アイは対称の軸です。

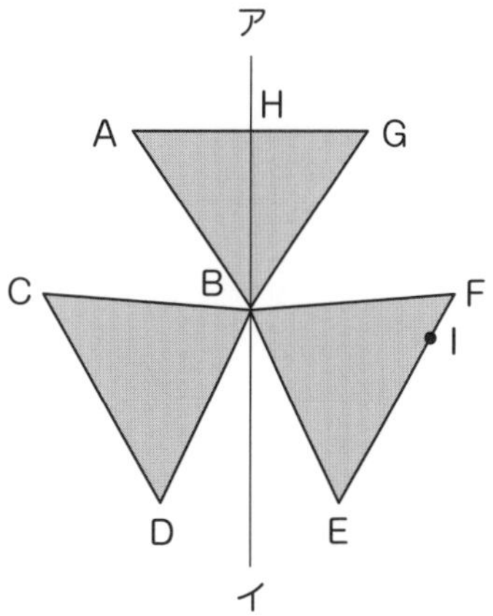

① 直線AHの長さは2.5cmです。
直線AGの長さは，何cmですか。

（　　　　　　）

② アイのほかの対称の軸をすべて図にかきましょう。

③ 直線アイを対称の軸にしたとき、点Iに対応する点Jを図にかきましょう。

月　　日

1 対称な図形

線対称（4）

名前

1 直線アイが対称《たいしょう》の軸《じく》になるように，線対称な図形をかきましょう。

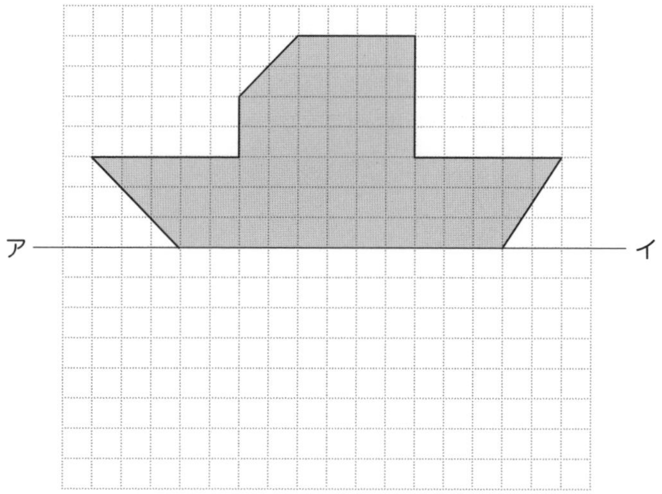

2 直線アイが対称の軸になるように，線対称な図形をかきましょう。

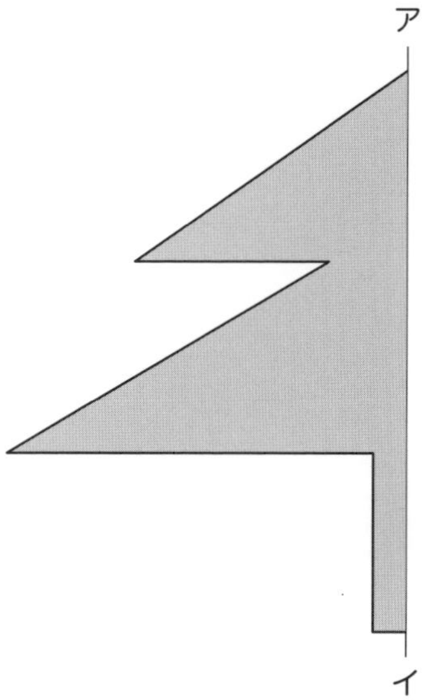

月　　日

1 対称な図形
点対称（1）

名前

1　右の図形は，点Ｏ・を中心にして 180° 回転させると，もとの図形にぴったり重なりました。（　　）にあてはまることばを書きましょう。

1つの点のまわりに 180° 回転させたとき，
もとの図形にぴったり重なる図形を，
（　　　　　　）な図形といいます。
また，中心にある点を
（　　　　　　　　）といいます。（　　　　　　　　）

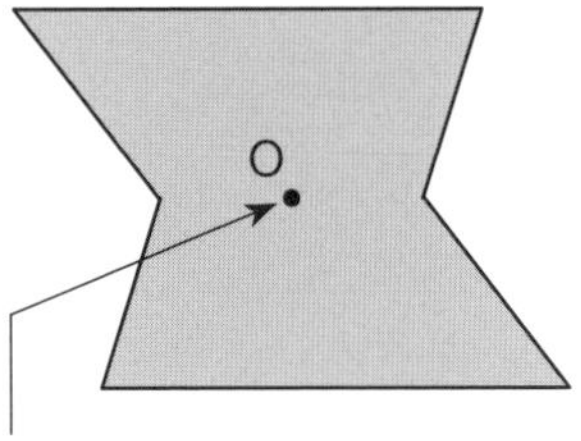

2　下の図形から，点対称《てんたいしょう》な図形を選んで（　　）に○をつけましょう。

①
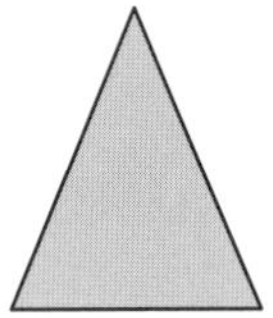
（　　）

②
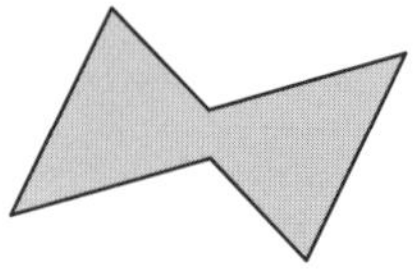
（　　）

③

（　　）

④
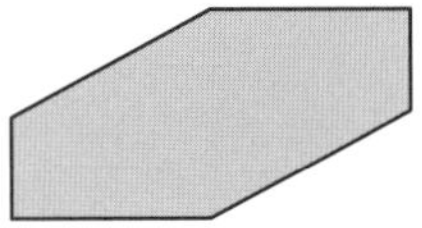
（　　）

⑤
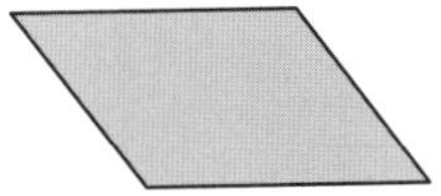
（　　）

⑥
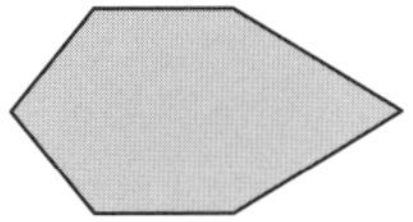
（　　）

⑦
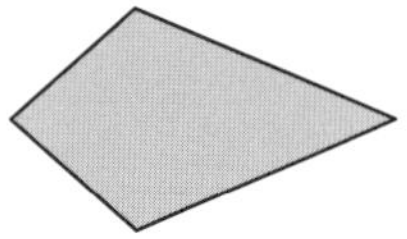
（　　）

⑧
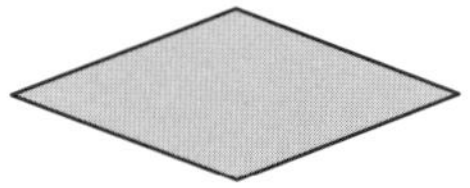
（　　）

⑨
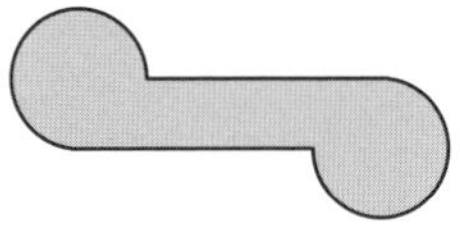
（　　）

月　　日

1 対称な図形
点対称（2）

名前

1　右の点対称《てんたいしょう》な図形を見て，答えましょう。
点Ｏは，対称の中心です。
対応する辺，角，頂点《ちょうてん》を書きましょう。

① 辺AB　（　　　　　）
② 辺FG　（　　　　　）
③ 角C　（　　　　　）
④ 角E　（　　　　　）
⑤ 頂点H　（　　　　　）

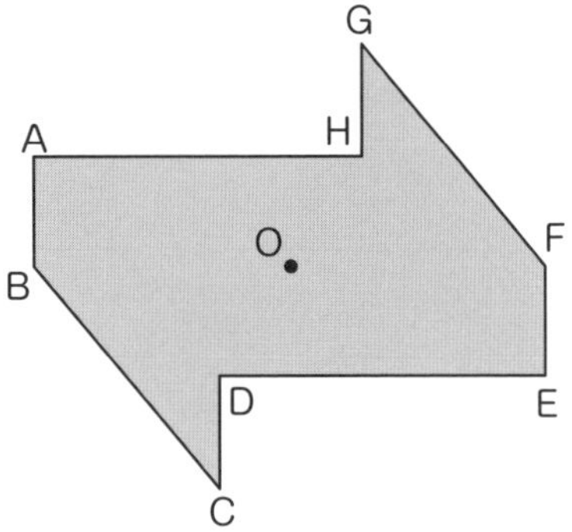

2　右の点対称な図形を見て，答えましょう。
点Ｏは，対称の中心です。
対応する辺，角，頂点を書きましょう。

① 辺AB　（　　　　　）
② 辺FG　（　　　　　）
③ 角C　（　　　　　）
④ 角E　（　　　　　）
⑤ 頂点H　（　　　　　）
⑥ 頂点F　（　　　　　）

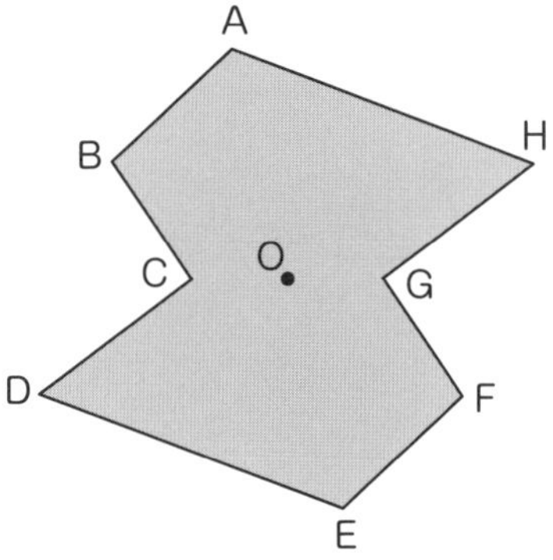

月　　日

1 対称な図形

点対称（3）

名前

□1 右の図は，点対称《てんたいしょう》な図形で，点Ｏは対称の中心です。

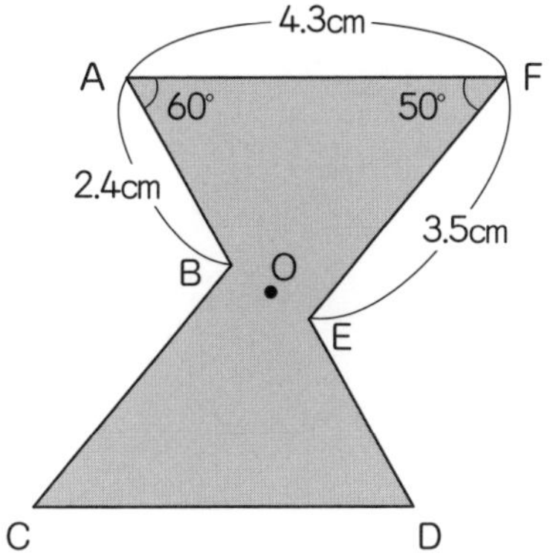

① 辺CDは何cmですか。

（　　　　　　）

② 辺BCは何cmですか。

（　　　　　　）

③ 角Ｄの大きさは何度ですか。

（　　　　　　）

④ 角Ｃの大きさは何度ですか。

（　　　　　　）

□2 右の図は，点対称な図形で，点Ｏは対称の中心です。

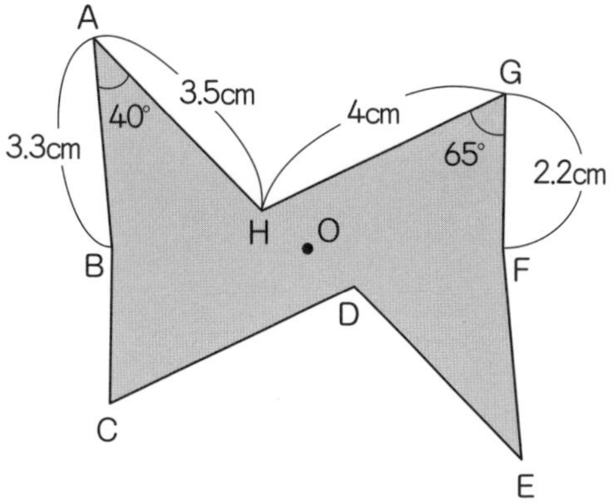

① 辺BCは何cmですか。

（　　　　　　）

② 辺CDは何cmですか。

（　　　　　　）

③ 辺EFは何cmですか。

（　　　　　　）

④ 角Ｃの大きさは何度ですか。

（　　　　　　）

⑤ 角Ｅの大きさは何度ですか。

（　　　　　　）

月　　日

1 対称な図形

点対称（4）

名前

● 右の図は，点対称《てんたいしょう》な図形で，点Ｏは対称の中心です。

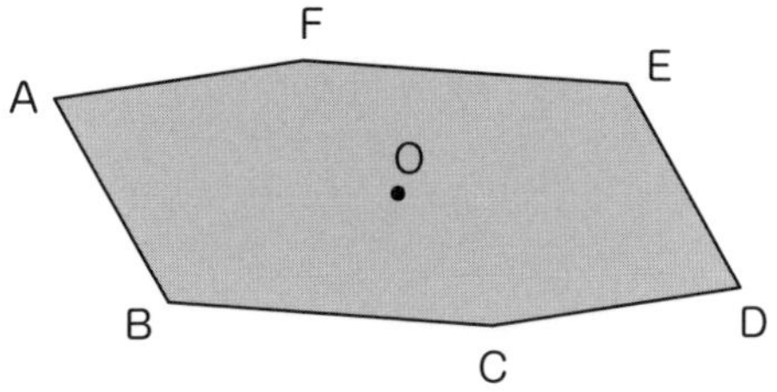

(1) 次の問いに答えましょう。

① 頂点《ちょうてん》Ａと対応する頂点とを直線で結びましょう。

② 頂点Ｂと対応する頂点とを直線で結びましょう。

③ 頂点Ｃと対応する頂点とを直線で結びましょう。

④ ①②③で対応する点を結んだ直線は，どこで交わりますか。

（　　　　　　　　　　）

⑤ 対称の中心Ｏから，頂点Ｃまでの長さは2.5cmです。
対称の中心Ｏから，頂点Ｆまでの長さは何cmですか。

（　　　　　　）

(2) （　　）にあてはまることばや記号を書きましょう。

① 点対称な図形では，対応する２つの点を結ぶ直線は，

（　　　　　　　　　　）を通る。

② 対称の中心から対応する２つの点までの長さは，

（　　　　　　）。

AO ＝ DO　　BO ＝（　　　　　）　　CO ＝（　　　　　）

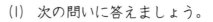

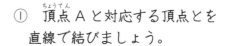

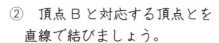

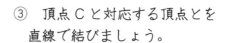

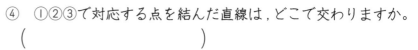

月　　日

1 対称な図形
点対称（5）

名前

1　右の長方形は点対称《てんたいしょう》な図形です。
（長方形は線対称な図形でもあります。）

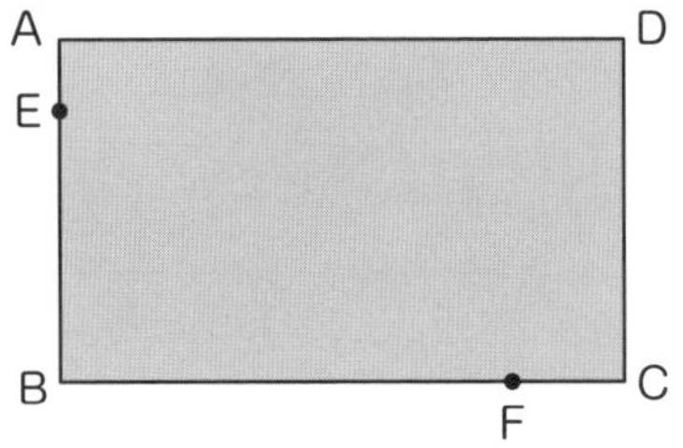

(1)　対称の中心Oを見つけて，図にかきましょう。

(2)　長方形を点対称な図形とみて，対応する点を図にかきましょう。

①　点Eに対応する点G
②　点Fに対応する点H

2　右の平行四辺形は点対称な図形です。

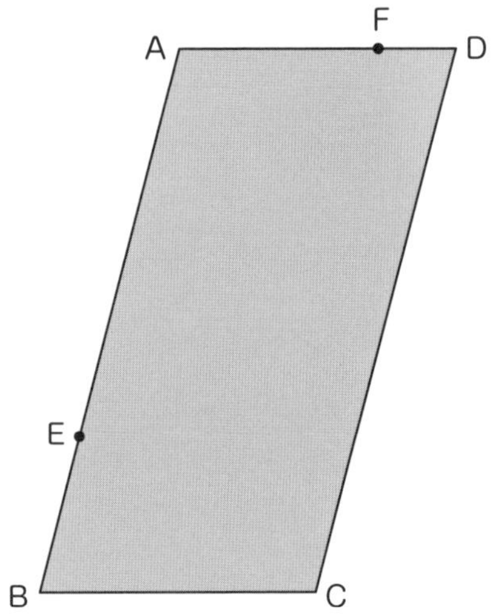

(1)　対称の中心Oを見つけて，図にかきましょう。

(2)　平行四辺形を点対称な図形とみて，対応する点を図にかきましょう。

①　点Eに対応する点G
②　点Fに対応する点H

月　　日

1 対称な図形
点対称（6）

名前

● 点対称《てんたいしょう》な図形をかきましょう。

①　下の図で，点Oが対称の中心になるように，点対称な図形をかきましょう。

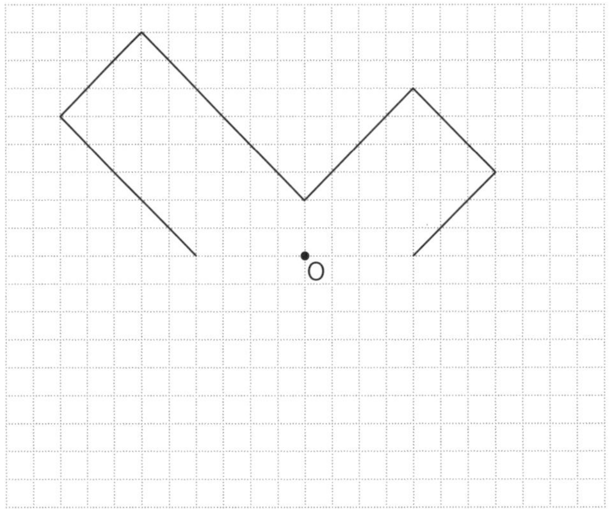

②　下の図で，点Oが対称の中心になるように，点対称な図形をかきましょう。

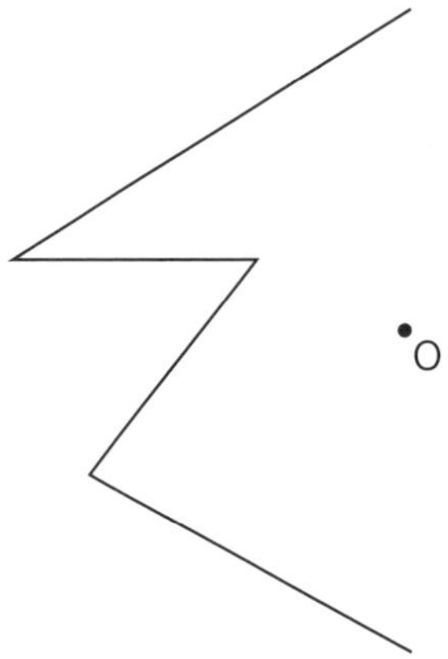

月　日

1 対称な図形

多角形と対称（1）

名前

1　下の四角形について，線対称《せんたいしょう》な図形か，点対称な図形かを調べましょう。

①　線対称な四角形には，対称の軸《じく》をすべてかきましょう。
②　点対称な四角形には，対称の中心をかきましょう。

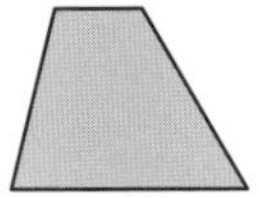
台形

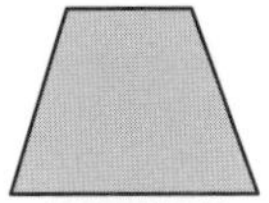
等脚台形《とうきゃくだいけい》

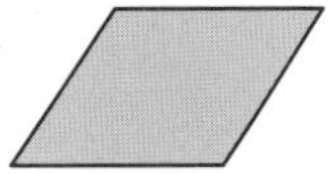
平行四辺形

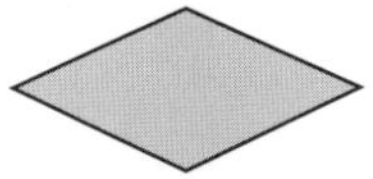
ひし形

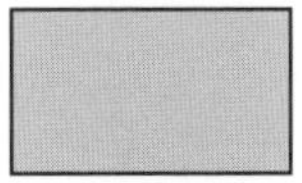
長方形

正方形

③　四角形について，右の表にまとめましょう。線対称や点対称であれば○をつけましょう。
　また，対称の軸の本数も書きましょう。

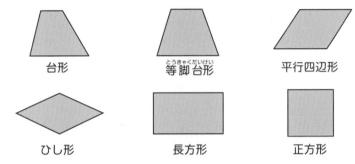

	線対称	軸の数	点対称
台形			
等脚台形			
平行四辺形			
ひし形			
長方形			
正方形			

2　三角形も線対称な図形か，点対称な図形かを調べましょう。

①　線対称な四角形には，対称の軸をすべてかきましょう。

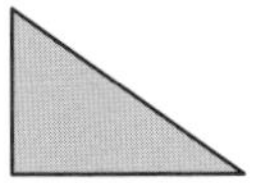
直角三角形

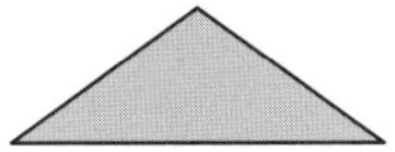
二等辺三角形

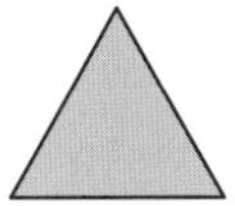
正三角形

②　三角形の中に，点対称な図形はありますか。

（　　　　　　　　）

月　日

1 対称な図形

多角形と対称（2）

名前

●　下の正多角形について，線対称《せんたいしょう》な図形か，点対称な図形かを調べて，下の表にまとめます。正多角形について線対称や点対称であれば，○をつけましょう。
　また，対称の軸の本数も書きましょう。

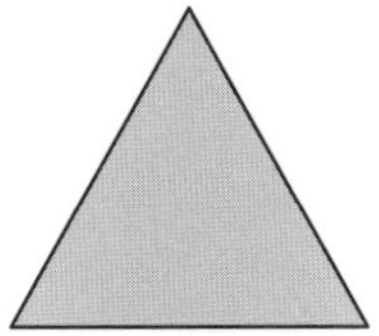
正三角形

正方形

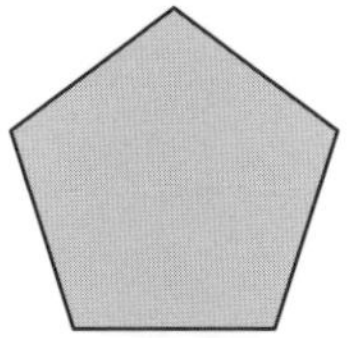
正五角形

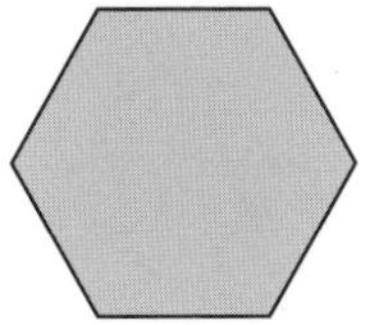
正六角形

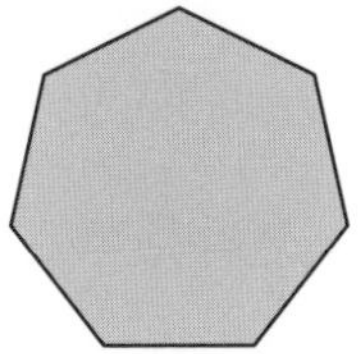
正七角形

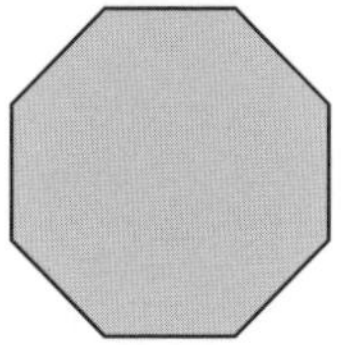
正八角形

	線対称	軸の数	点対称
正三角形			
正方形			
正五角形			
正六角形			
正七角形			
正八角形			

月　　日

1 対称な図形

多角形と対称（3）

名前

1　円について，線対称《せんたいしょう》な図形か，点対称な図形かを調べましょう。

①　円は線対称な図形ですか。また，線対称な図形のとき，対称の軸《じく》の数は，どうですか。

線対称な図形ですか。　（　　　　）

対称の軸《じく》の数　（　　　　　　　　）

②　円は点対称な図形ですか。また，点対称な図形のとき，対称の中心を右の図にかきましょう。

点対称な図形ですか。　（　　　　）

2　下の図形で，線対称でも点対称でもある図形を選び，（　　）に○をつけましょう。

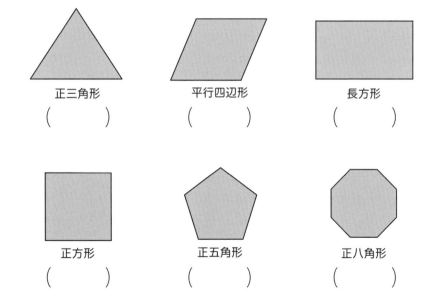

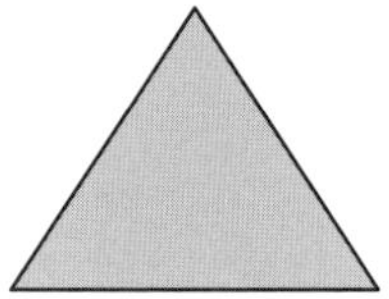

正三角形

（　　　）

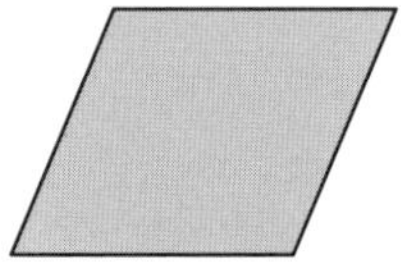

平行四辺形

（　　　）

長方形

（　　　）

正方形

（　　　）

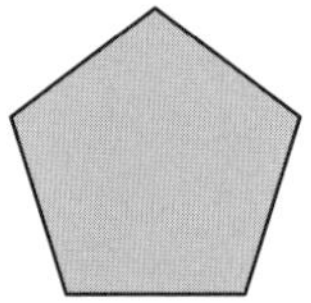

正五角形

（　　　）

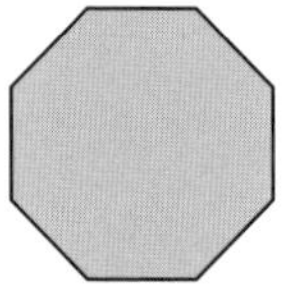

正八角形

（　　　）

月　　日

1 ふりかえり・たしかめ（1）

対称な図形

名前

1　下の線対称な図形を見て答えましょう。

①　図に対称の軸《じく》をかきましょう。

②　点A，点Bに対応する点C，点Dを図にかきましょう。

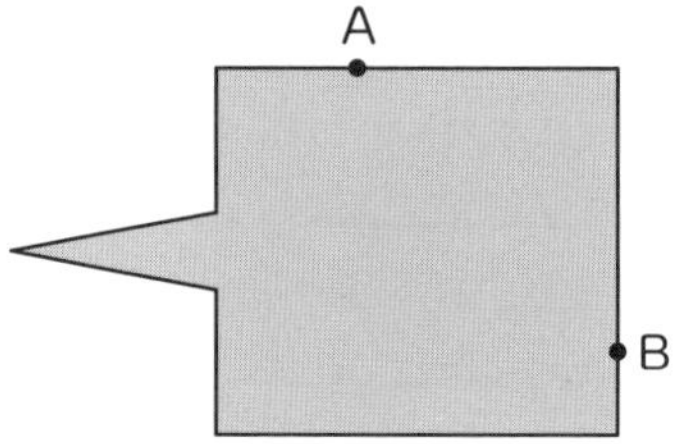

2　線対称な図形と点対称な図形をかきましょう。

①　直線アイが対称の軸になる線対称な図形をかきましょう。

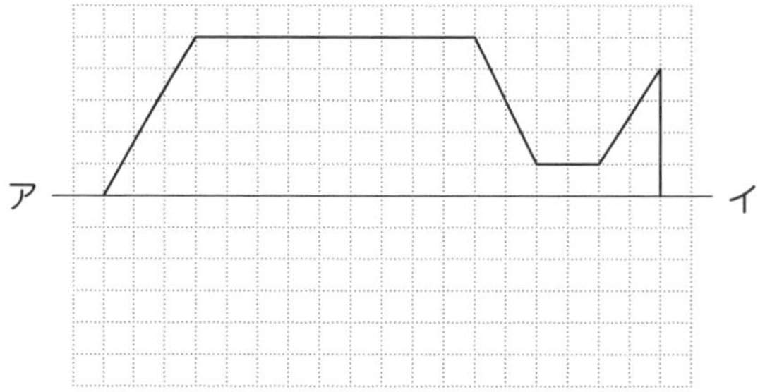

②　点Oが対称の中心になる点対称な図形をかきましょう。

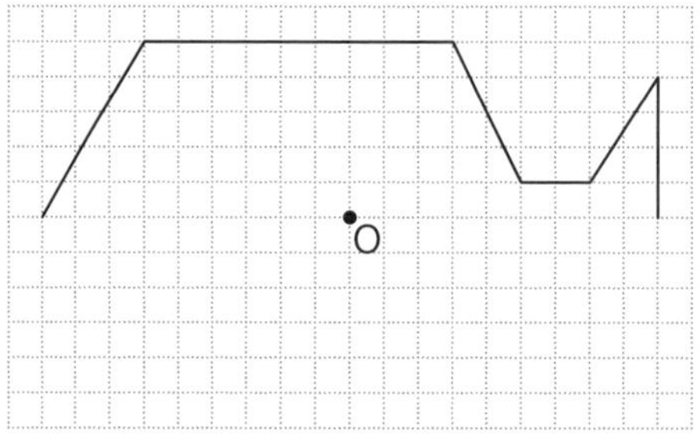

月　日

1 ふりかえり・たしかめ (2)

対称な図形

名前

1　右の正三角形は，線対称《せんたいしょう》な図形です。

(1)　直線アイ以外の対称の軸《じく》をすべて右の図にかきましょう。

(2)　直線アイを対称の軸にしたとき次の点に対応する点を，右の図にかきましょう。

①　点Dに対応する点F

②　点Eに対応する点G

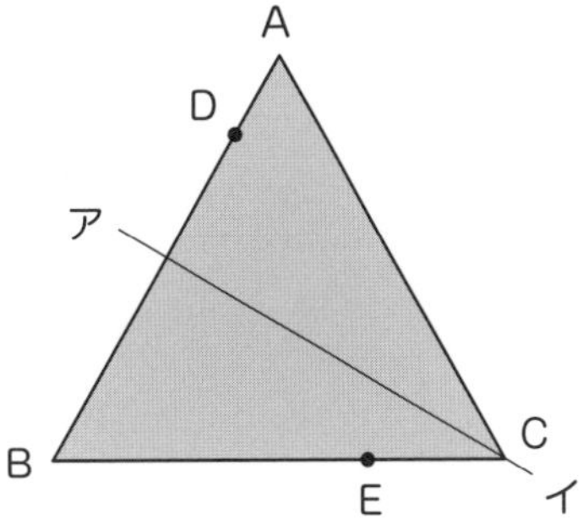

2　右の図は，点対称な図形で，点Oは対称の中心です。

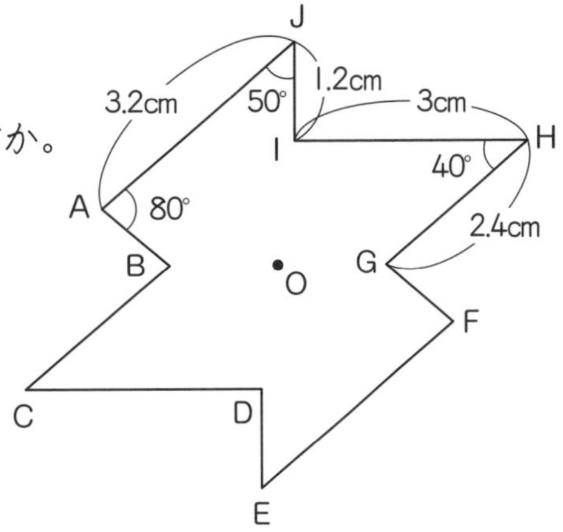

(1)　次の辺に対応する辺はどれですか。

①　辺AB
(　　　　　　)

②　辺AJ
(　　　　　　)

(2)　辺BC，辺EFの長さはそれぞれ何cmですか。

①　辺BC　(　　　　　　)

②　辺EF　(　　　　　　)

(3)　角C，角Fはそれぞれ何度ですか。

①　角C　(　　　　　　)

②　角F　(　　　　　　)

月　日

1 ふりかえり・たしかめ (3)

対称な図形

名前

1　線対称《せんたいしょう》な図形と点対称な図形をかきましょう。

①　直線アイが対称の軸《じく》になる線対称な図形をかきましょう。

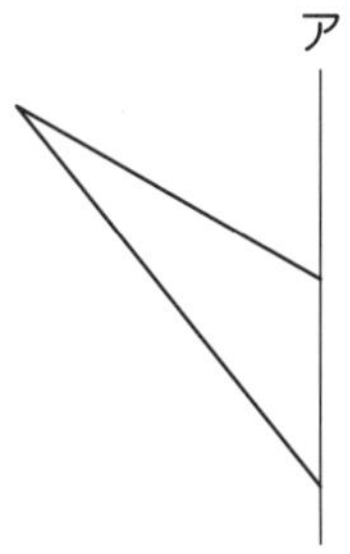

②　点Oが対称の中心になる点対称な図形をかきましょう。

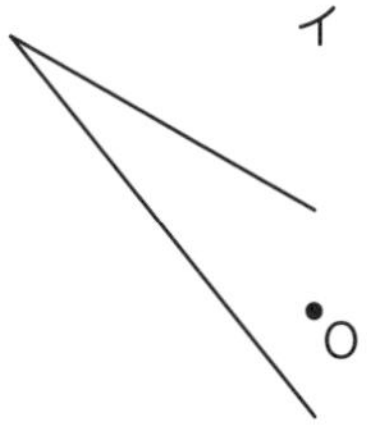

2　下の線対称な四角形で，対角線が対称の軸になっているのは，どれですか。(　　)に○をつけましょう。

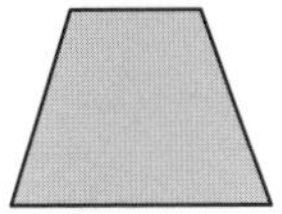
等脚台形《とうきゃくだいけい》
(　　　)

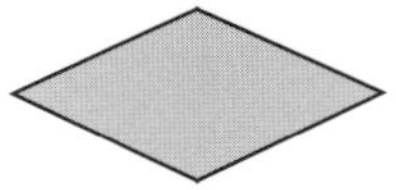
ひし形
(　　　)

長方形
(　　　)

正方形
(　　　)

3　右の図形は，点対称な図形です。

①　右の図に対称の中心点Oをかきましょう。

②　点Aに対応する点Bをかきましょう。

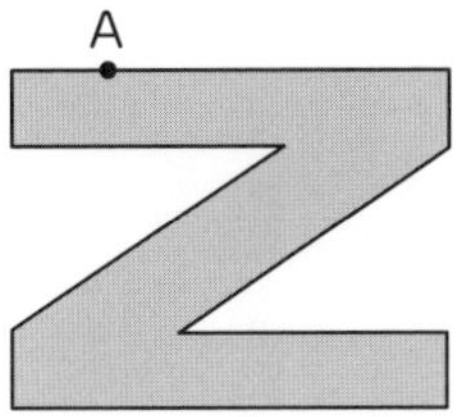

1 まとめのテスト（1）

対称な図形

名前

【知識・技能】

1　右の図は線対称《せんたいしょう》な図形で，直線アイは対称の軸《じく》です。次の問いに答えましょう。(7 × 5)

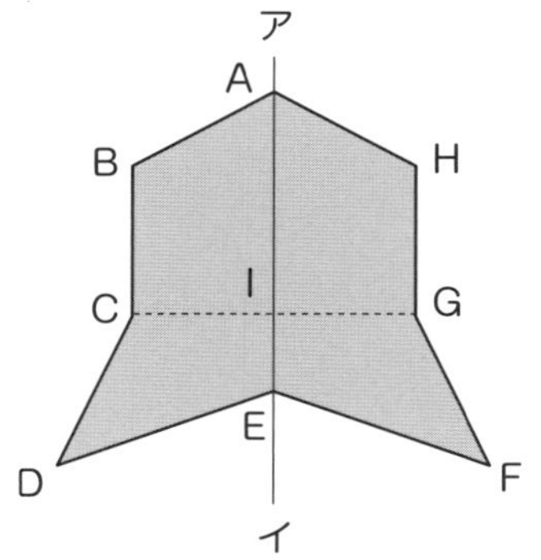

(1)　対応する辺や角，頂点《ちょうてん》を答えましょう。

①　辺 AB　（　　　　）

②　角 D　（　　　　）

③　頂点 G　（　　　　）

(2)　対応する点を結んだ直線と対称の軸は どのように交わりますか。　（　　　　）

(3)　直線 CI が 3.2cm のとき，直線 CG は何 cm ですか。　（　　　　）

2　右の図は点対称《てんたいしょう》な図形です。次の問いに答えましょう。(7 × 5)

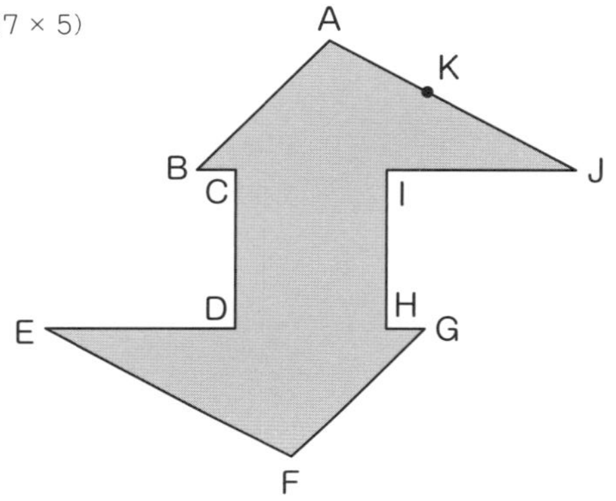

(1)　対称の中心 O を図にかきましょう。

(2)　対応する辺や頂点を答えましょう。

①　辺 AB　（　　　　）

②　頂点 J　（　　　　）

(3)　点 K に対応する点 L を図にかきましょう。

(4)　頂点 A から対称の中心までの長さが 5.5cm です。頂点 A と対応する頂点 F を結んだ直線は何 cm ですか。　（　　　　）

3　対称な図形をかきましょう。(15 × 2)

①　直線アイが対称の軸になるように線対称な図形をかきましょう。

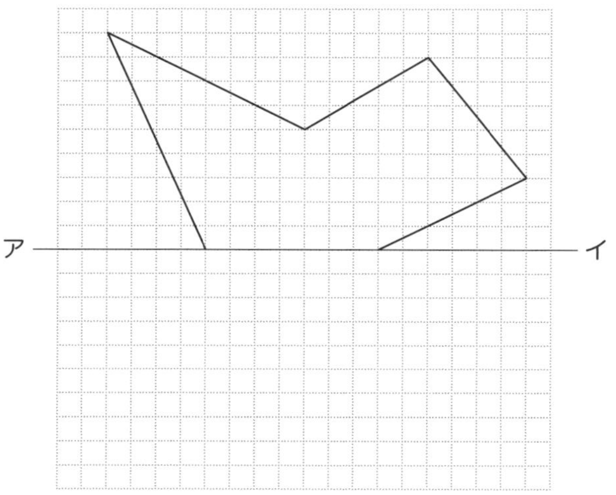

②　点 O が対称の中心になるように点対称な図形をかきましょう。

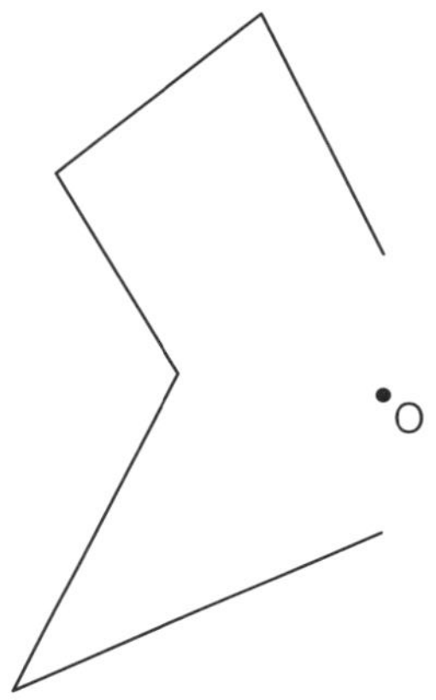

月　　日

1 まとめのテスト (2)
対称な図形

名前

【思考・判断・表現】

1　右の図形は，正五角形で，線対称《せんたいしょう》な図形です。(5 × 6)

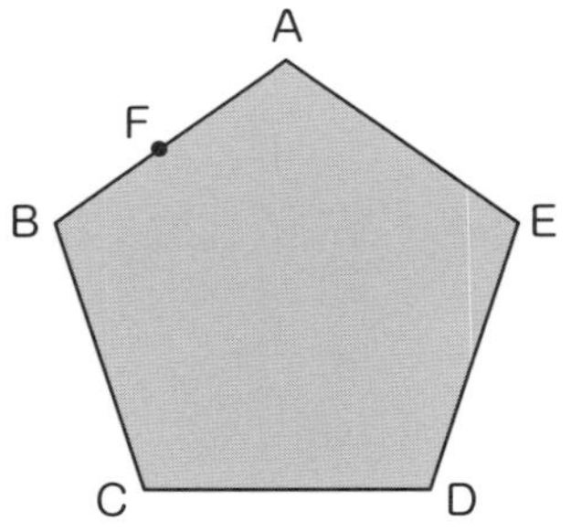

(1)　対称の軸《じく》は何本ありますか。

(　　　　　)

(2)　頂点《ちょうてん》A を通る直線を対称の軸とすると，
次の頂点に対応する頂点は何ですか。

①　頂点 B (　　　　　)　②　頂点 C (　　　　　)

(3)　頂点 B を通る直線を対称の軸とすると，次の辺に
対応する辺は何ですか。

①　辺 BC (　　　　　)　②　辺 AE (　　　　　)

(4)　頂点 E を通る直線を対称の軸とすると，点 F に対応する点 G を図にかきましょう。

2　次の文は，下の[　　]の中のどの図形のことですか。選んで (　　) に書きましょう。(5 × 4)

①　線対称な図形でも，点対称な図形でもあります。
対称の軸は 4 本あります。　(　　　　　)

②　線対称な図形ですが，点対称な図形ではありません。
対称の軸は 5 本あります。　(　　　　　)

③　線対称な図形でも，点対称な図形でもあります。対称の軸は 2 本です。
この図形の対角線は対称の軸ではありません。　(　　　　　)

④　線対称な図形ですが，点対称な図形ではありません。
対称の軸は 3 本あります。　(　　　　　)

正五角形　・　正三角形　・　平行四辺形　・　長方形　・　ひし形　・　正方形

3　右の図のひし形は，線対称な図形でも点対称な図形でもあります。(10 × 5)

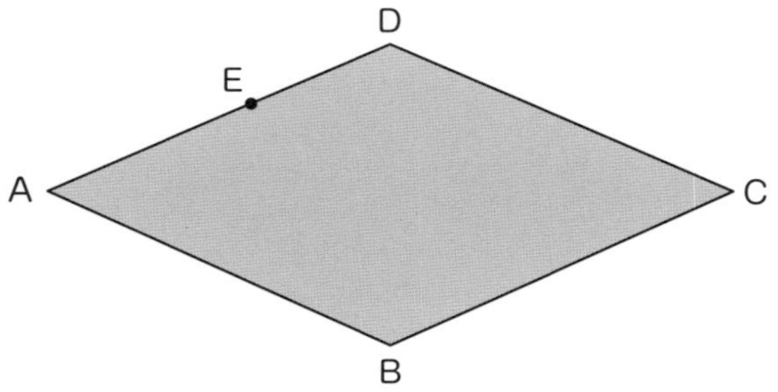

(1)　ひし形に対称の軸をかきましょう。

(2)　ひし形を①②のような線対称な図形とみたとき，
点 E に対応する点をかきましょう。

①　直線 AC を対称の軸としたときの対応する点 F

②　直線 BD を対称の軸としたときの対応する点 G

(3)　ひし形に対称の中心 O をかきましょう。

(4)　ひし形を点対称な図形とみたとき，点 E に対応する点 H をかきましょう。

月　日

2 文字と式
文字と式（1）

名前

● 縦《たて》4cm のテープの面積を求めます。

(1) 図を見て□に数を入れ、面積を求める式を書きましょう。

① 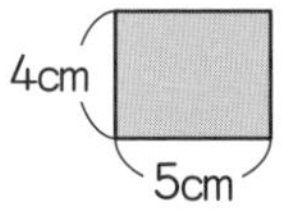

4 × □ (cm²)

② 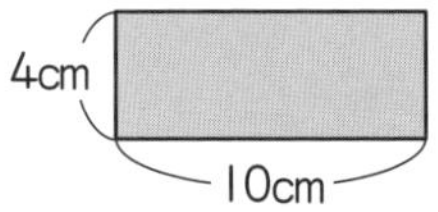

4 × □ (cm²)

③ 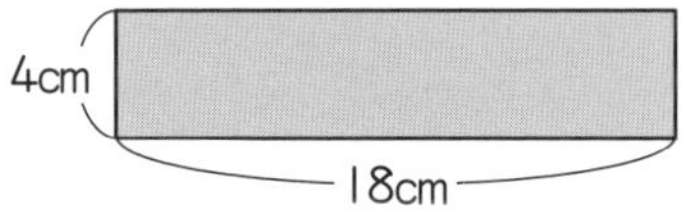

4 × □ (cm²)

(2) 上の式で，変わる数を x にして，式を書きましょう。

(　　　　　　　　)

(3) 上でつくった式の x に，次の長さをあてはめて計算して，面積を求めましょう。

① 20cm
式
答え ＿＿＿＿

② 25cm
式
答え ＿＿＿＿

③ 12.5cm
式
答え ＿＿＿＿

月　日

2 文字と式
文字と式（2）

名前

1 1本 80 円のえんぴつを x 本と，120 円の消しゴムを 1 個買います。代金の合計はいくらでしょう。

(1) 代金の合計を式に表します。□にあてはまる数を書きましょう。

□ × x ＋ □

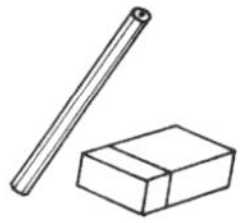

(2) 上でつくった式の x に，次の値《あたい》をあてはめて計算して，代金の合計を求めましょう。

① 6 本のとき
式
答え ＿＿＿＿

② 10 本のとき
式
答え ＿＿＿＿

2 120 円のドーナツ x 個と，250 円のジュースを 1 本買います。

(1) 代金の合計を式に表しましょう。

□

(2) x が次の値《あたい》のときの代金の合計を，(1)で書いた式を使って求めましょう。

① 8 個のとき
式
答え ＿＿＿＿

② 12 個のとき
式
答え ＿＿＿＿

月　　日

2 文字と式
文字と式 (3)

名前

1 1.8kg の米を同じ量ずつ x 人に分けます。

(1) 1 人分のお米の重さを求める式を x を使って書きましょう。

(　　　　　　　　　)

(2) 次の人数に分けると，1 人分のお米は何 kg になりますか。
式を書いて，求めましょう。

① 3 人のとき

式

答え ＿＿＿＿＿＿

② 5 人のとき

式

答え ＿＿＿＿＿＿

2 底辺が 6cm で，高さが $x$cm の三角形があります。

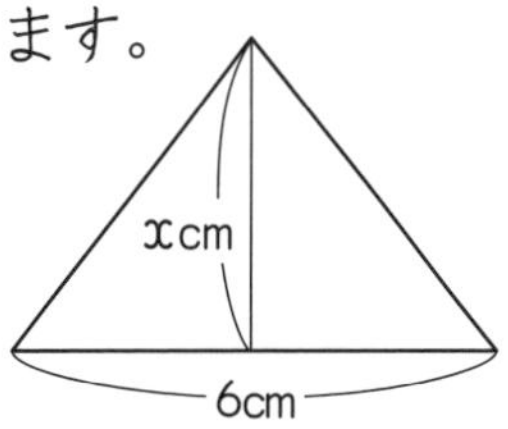

(1) 三角形の面積を求める式を書きましょう。

(　　　　　　　　　)

(2) 高さが，次の長さになったときの面積を，式を書いて求めましょう。

① 4cm のとき

式

答え ＿＿＿＿＿＿

② 15cm のとき

式

答え ＿＿＿＿＿＿

月　　日

2 文字と式
文字と式 (4)

名前

● 円の直径の長さを変えて，円周の長さを求めます。

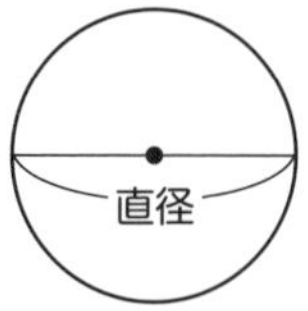

直径×円周率＝円周

(1) 直径が次の長さのときの，円周の長さを求めます。
□にあてはまる数を書きましょう。

① 1cm のとき　□ × 3.14 = □

② 2cm のとき　□ × 3.14 = □

③ 5cm のとき　□ × 3.14 = □

(2) 直径を x，円周の長さを y として，関係を表す式を書きましょう。

(　　　　　　　　　　　　)

(3) x の値《あたい》が 7.5 のとき，対応する y の値を求めましょう。

式

答え ＿＿＿＿＿＿

(4) y の値が 23.55 になるときの，x の値を求めましょう。

式

答え ＿＿＿＿＿＿

月　　日

2 文字と式
文字と式（5）

名前

● 次の場面で，x と y の関係を式に表しましょう。

① 3m のテープのうち，xm 使いました。残りは，ym です。

（　　　　　　　　　　　　）

② $x$kg の本やノートを 0.9kg のランドセルに入れると，全部の重さは，$y$kg になりました。

（　　　　　　　　　　　　）

③ 320 ページの本があります。これまでに x ページ読みました。残りは y ページです。

（　　　　　　　　　　　　）

④ 1 日に運動場を x 周ずつ走ります。6 日間続けると，全部で y 周走ることになります。

（　　　　　　　　　　　　）

⑤ 花のなえが全部で x 本あります。学級園に 1 列 6 本ずつ植えると y 列に植えることができます。

（　　　　　　　　　　　　）

⑥ xL のジュースの原液に，0.4L の水を入れると，yL の飲み物ができました。

（　　　　　　　　　　　　）

月　　日

2 文字と式
文字と式（6）

名前

1 次のような図形の面積を求めます。
x と y の関係を式に表しましょう。

① 底辺が 7cm で，高さが $x$cm の平行四辺形の面積は $y\text{cm}^2$ です。

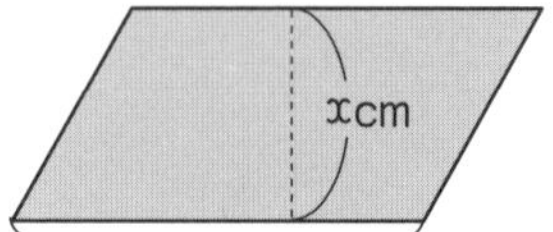

（　　　　　　　　　　　　）

② 対角線の長さが 4cm と $x$cm のひし形の面積は $y\text{cm}^2$ です。

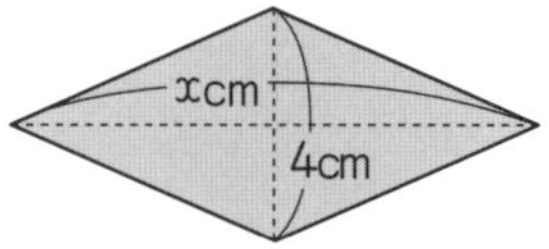

（　　　　　　　　　　　　）

トライ ③ 上底が $x$cm，下底が 7cm，高さが 5cm の台形の面積は $y\text{cm}^2$ です。

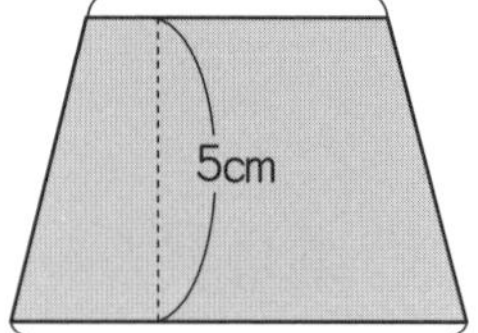

（　　　　　　　　　　　　）

2 次の場面で，x と y の関係を式に表しましょう。

① 5m のロープを x 本に等しく分けると，1 本の長さは，ym です。

（　　　　　　　　　　　　）

② 1 個 70 円のおかしを x 個買うと，代金は y 円になります。

（　　　　　　　　　　　　）

月　日

2 文字と式
文字と式（7）

名前

1 次の式にあう文を下から選んで，□に記号を書きましょう。

① $100 + x = y$ □　② $100 - x = y$ □

③ $100 \times x = y$ □　④ $100 \div x = y$ □

㋐ x 円のおかしを買って，100円をはらいました。おつりは，y 円です。

㋑ 1個が100円のパンを x 個買うと，代金は y 円です。

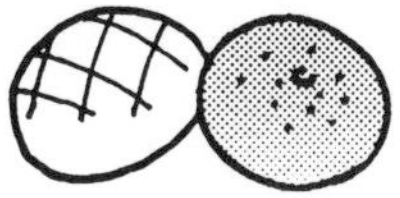

㋒ さとうが100gあります。ケーキ1個を作るのに xgずつさとうを使うと，y 個のケーキが作れます。

㋓ 100mLのコーヒーに，xmLの牛乳《ぎゅうにゅう》を入れると，できるコーヒー牛乳は ymLになります。

2 次の式になる場面を，文で書きましょう。

$80 - x = y$

月　日

2 文字と式
文字と式（8）

名前

● わからない数量を x の文字にして，式を書きましょう。
また，x にあてはまる数も求めましょう。

(1) 右の長方形の横の長さは，6cmで面積は，30cm²です。

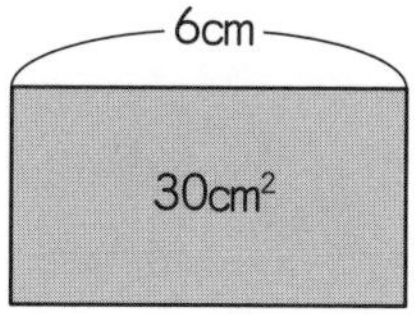

① 縦《たて》の長さを $x$cmとして，数量の関係を式に表しましょう。

（　　　　　　　　）

② 縦の長さを求めましょう。

式

答え

(2) 右の平行四辺形の底辺は5cmで面積は，24cm²です。

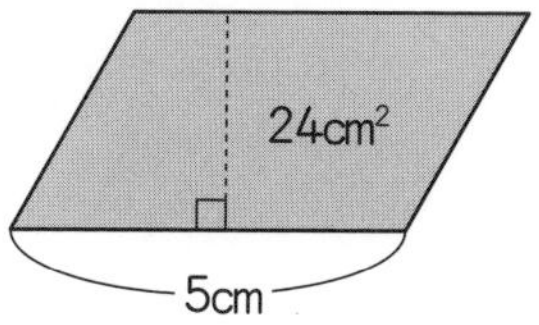

① 高さを $x$cmとして，数量の関係を式に表しましょう。

（　　　　　　　　）

② 高さを求めましょう。

式

答え

(3) 時速40kmで走る自動車が，何時間かで100km走りました。

① かかった時間を x 時間として，数量の関係を式に表しましょう。

（　　　　　　　　）

② かかった時間を求めましょう。

式

答え

月　　日

2 ふりかえり・たしかめ (1)

文字と式

名前

1　右の平行四辺形の底辺を $x$cm，面積を $y$cm^2 とします。

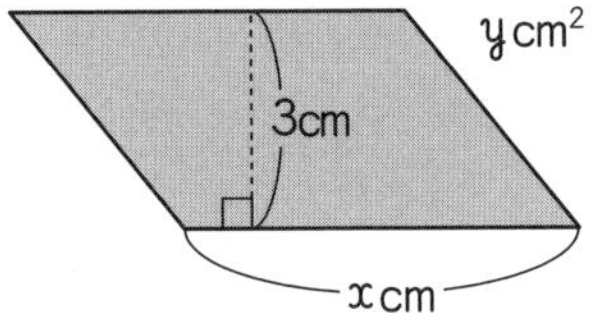

(1)　x と y の関係を式に表しましょう。

(　　　　　　　　　　　　)

(2)　x の値《あたい》が次のときの，y の値を求めましょう。

①　x の値が 6 のとき

式

答え

②　x の値《あたい》が 7.5 のとき

式

答え

2　次の場面を式に表しましょう。

①　ジュースが 350mL あります。xmL 飲むと，残りは，ymL になります。

(　　　　　　　　　　　　)

②　1m が 150 円のリボンを xm 買うと，代金は y 円になります。

(　　　　　　　　　　　　)

③　xg あるスイカを 200g のはこに入れると，全部の重さは yg になります。

(　　　　　　　　　　　　)

④　x 個あるいちごを，8 人で同じ数ずつ分けると，1 人分は y 個です。

(　　　　　　　　　　　　)

月　　日

2 ふりかえり・たしかめ (2)

文字と式

名前

1　正方形の 1 辺の長さを $x$cm，まわりの長さを $y$cm とします。

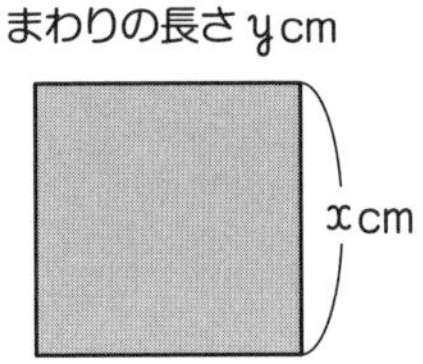

(1)　x と y の関係を式に表しましょう。

(　　　　　　　　　　　　)

(2)　x の値《あたい》が 7.5 のときの，y の値を求めましょう。

式

答え

(3)　y の値が 26 になるときの，x の値を求めましょう。

式

答え

2　次の式になる場面を，下から選んで，□に記号を書きましょう。

①　$x + 6 = y$	□	②　$x - 6 = y$	□
③　$x \times 6 = y$	□	④　$x \div 6 = y$	□

㋐　マスクが x 枚《まい》ありましたが，6 枚使ったので，残りは y 枚になりました。

㋑　1 個 x 円のパンを 6 個買うと，代金は y 円です。

㋒　公園で x 人遊んでいます。そこへ 6 人やってきて，あわせて y 人になりました。

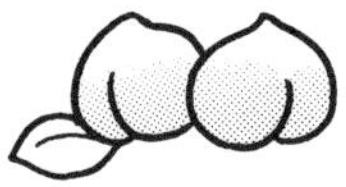

㋓　もも x 個を 1 箱に 6 こずつ入れていくと，y 箱できました。

2 まとめのテスト
文字と式

月　日

名前

【知識・技能】

1　1mの重さが28gの針金《はりがね》があります。
この針金xmの重さはygになります。(5×7)

(1) xとyの関係を式に表しましょう。

(　　　　　　　　　　)

(2) xの値《あたい》が次のときの，yの値を求めましょう。

① xの値が4のとき

式

答え

② xの値が7.5のとき

式

答え

(3) yの値が420ときの，xの値を求めましょう。

式

答え

2　xとyの関係を式で表しましょう。(5×3)

① 48枚《まい》あった色紙をx枚使ったので，残りはy枚になりました。

(　　　　　　　　　　)

② 直径が$x$cmの円の円周の長さは，$y$cmです。

(　　　　　　　　　　)

③ 28人いました。x人ずつの班《はん》をつくると，y班できました。

(　　　　　　　　　　)

【思考・判断・表現】

3　下のような台形があります。(10×3)

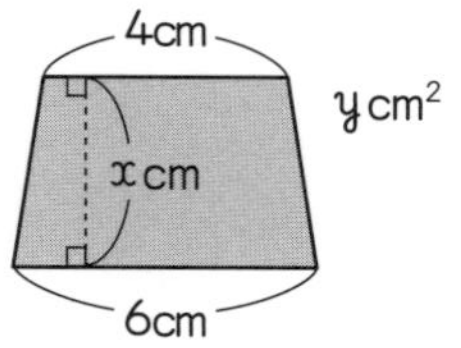

(1) xとyの関係を式に表しましょう。

(　　　　　　　　　　)

(2) 台形の高さが8cmのときの面積を求めましょう。

式

答え

4　次の式になる場面を下から選んで，□に記号を書きましょう。(5×4)

① $15 \times x = y$ …□

② $15 + x = y$ …□

③ $15 - x = y$ …□

④ $15 \div x = y$ …□

㋐ チョコレートが15個ありました。x個食べたら，y個になりました。

㋑ ペンキ1Lで15m^{2}のかべをぬります。ペンキxLではym^{2}のかべをぬることができます。

㋒ 15mのロープにxmをつぎたして，ymになりました。

㋓ xm^{2}に15Lの水をまくと，1m^{2}あたりyLの水をまいたことになります。

月　　日

3 分数のかけ算
分数のかけ算とわり算（1）

名前

● 1dL で，$\frac{3}{5}$ m^2 のかべがぬれるペンキがあります。
このペンキ 2dL では，何 m^2 のかべがぬれますか。

① 式を書きましょう。

（　　　　　　）

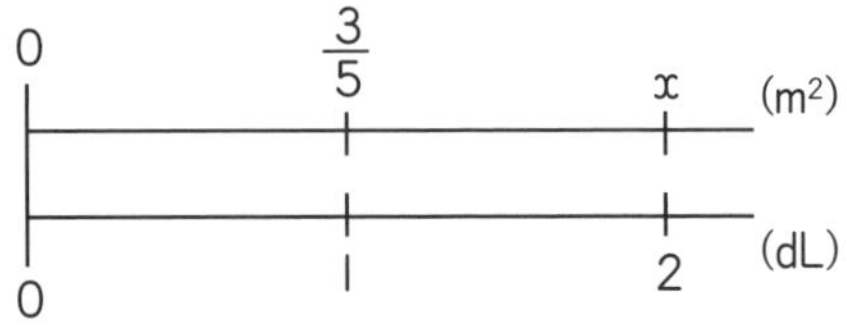

② 答えの求め方を説明しています。□にあてはまる数を書きましょう。

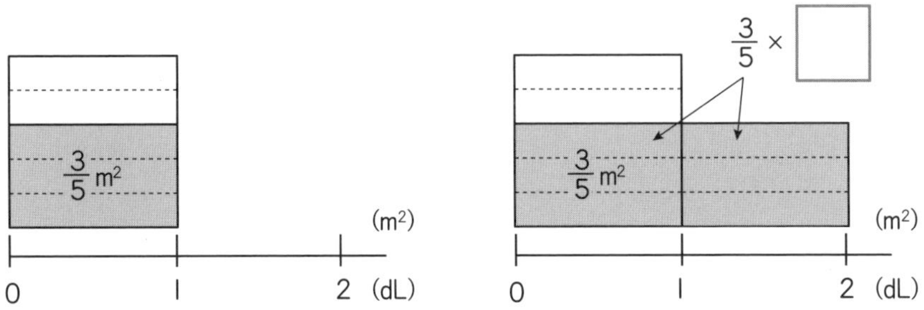

$\frac{3}{5}$ は，$\frac{1}{5}$ の □ こ分

だから，$\frac{3}{5}$ × 2 は，$\frac{1}{5}$ の（□ × 2）こ分になる。

③ 計算と答えを書きましょう。

$$\frac{3}{5} \times 2 = \frac{3 \times \square}{5}$$

$$= \frac{\square}{\square}$$

答え ＿＿＿＿＿＿

月　　日

3 分数のかけ算
分数のかけ算とわり算（2）

名前

1 $\frac{2}{9}$ × 4 の計算をします。□にあてはまる数を書きましょう。

$$\frac{2}{9} \times 4 = \frac{\square \times \square}{\square}$$

$$= \frac{\square}{\square}$$

2 次の計算をしましょう。

① $\frac{1}{9} \times 7$

② $\frac{3}{7} \times 2$

③ $\frac{5}{11} \times 3$

④ $\frac{3}{2} \times 5$

⑤ $\frac{5}{8} \times 7$

⑥ $\frac{5}{14} \times 5$

月　　日

3 分数のかけ算
分数のかけ算とわり算 (3)

名前

1　1m あたり $\frac{5}{12}$ kg のパイプがあります。
このパイプ 4m の重さは何 kg ですか。

式

答え

2　次の計算をしましょう。

① $\frac{5}{6} \times 2$

② $\frac{4}{9} \times 3$

③ $\frac{5}{12} \times 8$

④ $\frac{3}{8} \times 10$

⑤ $\frac{3}{4} \times 12$

⑥ $\frac{4}{25} \times 100$

月　　日

3 分数のかけ算
分数のかけ算とわり算 (4)

名前

① $\frac{3}{8} \times 4$

② $\frac{4}{9} \times 6$

③ $\frac{5}{6} \times 8$

④ $\frac{1}{16} \times 8$

⑤ $\frac{5}{3} \times 12$

⑥ $\frac{6}{25} \times 100$

⑦ $\frac{2}{7} \times 14$

⑧ $\frac{4}{11} \times 33$

⑨ $\frac{9}{14} \times 28$

⑩ $\frac{5}{24} \times 16$

⑪ $\frac{2}{5} \times 75$

⑫ $\frac{7}{12} \times 36$

● 2dL で，$\frac{2}{3}$ m² のかべがぬれるペンキがあります。
このペンキ 1dL では，何 m² のかべがぬれますか。

① 式を書きましょう。

（　　　　　　　　）

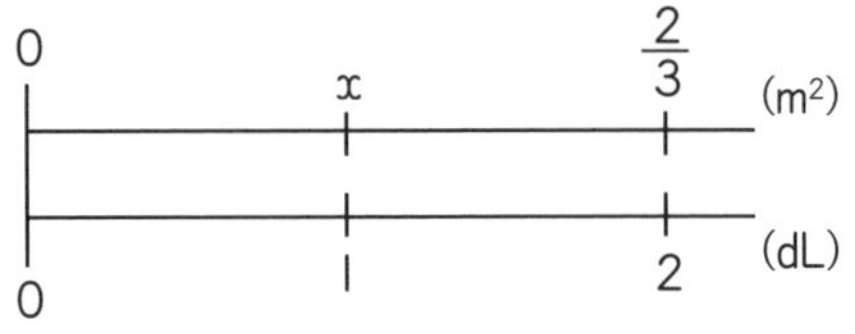

② 答えの求め方を説明しています。□にあてはまる数を書きましょう。

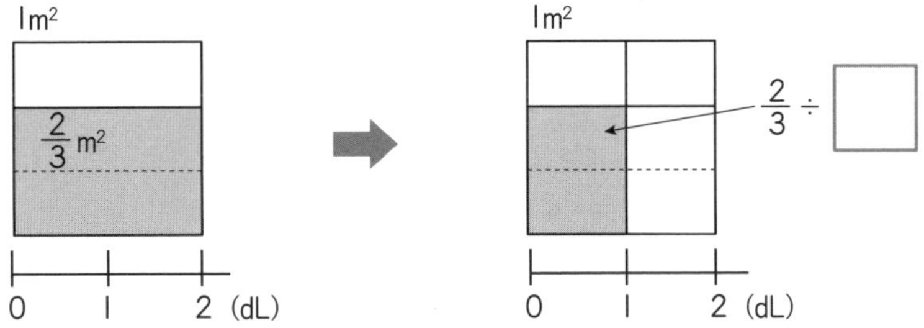

$\frac{2}{3}$ は，$\frac{1}{3}$ の □ こ分

だから，$\frac{2}{3} \div 2$ は，$\frac{1}{3}$ の（□ ÷ 2）こ分になる。

③ 計算と答えを書きましょう。

$$\frac{2}{3} \div 2 = \frac{2 \div \square}{3} = \frac{\square}{\square}$$

答え ＿＿＿＿＿＿＿＿

1 $\frac{3}{5} \div 2$ の計算のしかたを考えます。□にあてはまる数を書きましょう。

$$\frac{3}{5} \div 2 = \frac{3 \times 2}{5 \times 2} \div \square$$

$$= \frac{3 \times 2 \div \square}{5 \times 2}$$

$$= \frac{\square}{5 \times 2}$$

$$= \frac{\square}{\square}$$

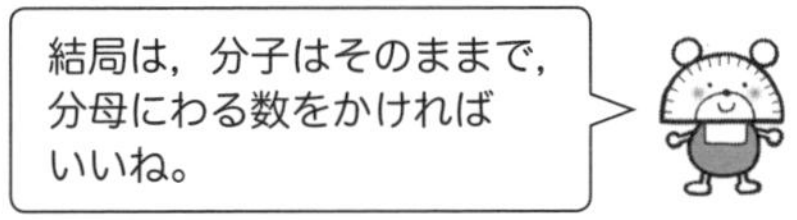

2 次の計算をしましょう。

① $\frac{3}{4} \div 2$　　② $\frac{3}{5} \div 4$

③ $\frac{5}{8} \div 4$　　④ $\frac{1}{6} \div 4$

⑤ $\frac{1}{12} \div 3$　　⑥ $\frac{3}{7} \div 7$

月　　日

3 分数のかけ算

分数のかけ算とわり算 (7)

名前

① $\frac{6}{7} \div 4$

② $\frac{10}{9} \div 5$

③ $\frac{5}{7} \div 5$

④ $\frac{6}{11} \div 8$

⑤ $\frac{25}{12} \div 20$

⑥ $\frac{3}{5} \div 6$

⑦ $\frac{25}{4} \div 100$

⑧ $\frac{9}{4} \div 6$

⑨ $\frac{22}{9} \div 44$

⑩ $\frac{12}{7} \div 8$

⑪ $\frac{21}{4} \div 7$

⑫ $\frac{16}{13} \div 24$

月　　日

3 分数のかけ算

分数のかけ算とわり算 (8)

名前

① $\frac{4}{5} \times 2 \div 3$

② $\frac{3}{4} \times 5 \div 6$

③ $\frac{5}{8} \times 6 \div 5$

④ $\frac{35}{4} \div 14 \times 3$

⑤ $\frac{21}{20} \div 49 \times 25$

⑥ $\frac{16}{25} \div 8 \times 100$

⑦ $\frac{18}{25} \div 9 \times 15$

⑧ $\frac{9}{7} \times 14 \div 18$

月　　日

3 分数のかけ算

分数のかけ算とわり算 (9)

名前

① $\frac{3}{5} \times 2$

② $\frac{5}{8} \times 6$

③ $\frac{7}{9} \times 3$

④ $\frac{5}{9} \times 18$

⑤ $\frac{9}{20} \times 5$

⑥ $\frac{8}{15} \times 6$

⑦ $\frac{6}{7} \times 21$

⑧ $\frac{15}{34} \times 17$

⑨ $\frac{5}{6} \div 4$

⑩ $\frac{1}{5} \div 4$

⑪ $\frac{3}{5} \div 6$

⑫ $\frac{5}{9} \div 5$

⑬ $\frac{5}{12} \div 20$

⑭ $\frac{16}{27} \div 8$

⑮ $\frac{4}{15} \div 2$

⑯ $\frac{22}{25} \div 11$

月　　日

3 分数のかけ算

分数のかけ算とわり算 (10)

名前

① $\frac{5}{9} \div 4 \times 6$

② $\frac{7}{12} \div 14 \times 3$

③ $\frac{3}{8} \div 6 \times 4$

④ $\frac{5}{18} \div 10 \times 3$

⑤ $\frac{8}{15} \div 2 \times 6$

⑥ $\frac{7}{20} \times 5 \div 21$

⑦ $\frac{15}{8} \times 12 \div 10$

⑧ $\frac{24}{13} \times 39 \div 40$

月　　日

3 分数のかけ算
練習

名前

1　4mで，$\frac{8}{5}$kgの針金《はりがね》があります。

①　この針金，1mの重さは何kgですか。

式

答え

②　この針金，10mの重さは何kgですか。

式

答え

2　次の計算をしましょう。

①　$\frac{2}{5}\times3$　　②　$\frac{5}{6}\times4$

③　$\frac{5}{7}\times14$　　④　$\frac{2}{3}\div3$

⑤　$\frac{12}{7}\div18$　　⑥　$\frac{15}{4}\div20$

月　　日

3 分数のかけ算
分数のかけ算（1）

名前

●　1dLで，$\frac{2}{3}$ m^2 のかべがぬれるペンキがあります。

このペンキ$\frac{2}{5}$dLでは，何m^{2}のかべがぬれますか。

①　式を書きましょう。

(　　　　　　)

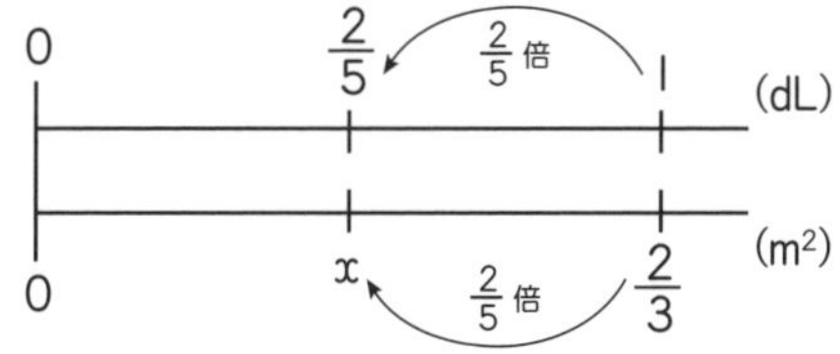

②　答えの求め方を説明しています。

□にあてはまる数と答えを書きましょう。

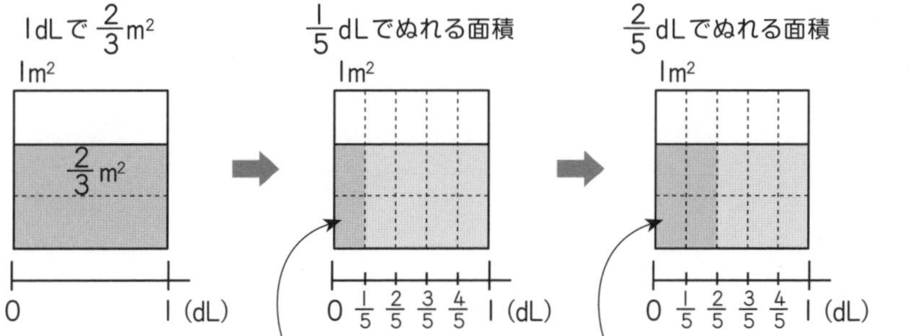

$\frac{2}{3}\div\square$　　$(\frac{2}{3}\div5)\times\square$

$\frac{2}{3}$を5つに分けた，2つ分が答え

$$\frac{2}{3}\times\frac{2}{5}=(\frac{2}{3}\div\square)\times\square$$
$$=\frac{2}{3\times5}\times\square$$
$$=\frac{2\times\square}{3\times5}=\frac{\square}{\square}$$

答え

月　　日

3 分数のかけ算
分数のかけ算（2）

名前

1 計算をしましょう。

① $\frac{1}{2} \times \frac{3}{4}$　　② $\frac{2}{3} \times \frac{4}{5}$

③ $\frac{3}{4} \times \frac{5}{4}$　　④ $\frac{7}{2} \times \frac{5}{3}$

⑤ $\frac{5}{3} \times \frac{7}{4}$　　⑥ $\frac{8}{5} \times \frac{2}{3}$

⑦ $\frac{11}{12} \times \frac{5}{6}$　　⑧ $\frac{3}{10} \times \frac{7}{8}$

2 1mの重さが$\frac{3}{4}$kgのパイプがあります。
このパイプ$\frac{3}{5}$mの重さは何kgですか。

式

答え

月　　日

3 分数のかけ算
分数のかけ算（3）

名前

① $\frac{3}{4} \times \frac{2}{7}$　　② $\frac{7}{10} \times \frac{5}{6}$

③ $\frac{3}{5} \times \frac{5}{9}$　　④ $\frac{7}{12} \times \frac{9}{14}$

⑤ $\frac{24}{25} \times \frac{5}{8}$　　⑥ $\frac{14}{5} \times \frac{15}{28}$

⑦ $\frac{20}{21} \times \frac{14}{15}$　　⑧ $\frac{63}{100} \times \frac{25}{36}$

⑨ $\frac{2}{3} \times \frac{1}{3} \times \frac{4}{5}$　　⑩ $\frac{3}{4} \times \frac{2}{5} \times \frac{5}{8}$

⑪ $\frac{9}{100} \times \frac{4}{3} \times \frac{5}{3}$　　⑫ $\frac{25}{36} \times \frac{16}{5} \times \frac{9}{5}$

3 分数のかけ算
分数のかけ算（4）

名前

トライ

● 分数のかけ算をしましょう。また，分数を小数で表して計算し，分数の積と小数の積が等しいことを確かめましょう。

(1) $\frac{7}{10}\times\frac{1}{2}=$ □

① 分数のかけ算の計算をしましょう。

② 分数を小数に直して計算しましょう。（　）に小数を書きましょう。

$\frac{7}{10}=$（　　　　）　　$\frac{1}{2}=$（　　　　）

（　　　　）×（　　　　）＝（　　　　）

③ 分数の積を小数に直して，積が等しいことを確かめましょう。

$\frac{□}{□}=$ □

(2) $\frac{3}{4}\times\frac{2}{5}=$ □

① 分数のかけ算の計算をしましょう。

② 分数を小数に直して計算しましょう。（　）に小数を書きましょう。

$\frac{3}{4}=$（　　　　）　　$\frac{2}{5}=$（　　　　）

（　　　　）×（　　　　）＝（　　　　）

③ 小数の積を分数に直して，積が等しいことを確かめましょう。

□ $=\frac{□}{□}$

3 分数のかけ算
分数のかけ算（5）

名前

1 1Lが150円の牛乳《ぎゅうにゅう》があります。
この牛乳の$\frac{2}{3}$L，$1\frac{2}{5}$Lの代金を，それぞれ求めましょう。

① $\frac{2}{3}$Lの代金

式

答え

② $1\frac{2}{5}$Lの代金

式

答え

2 計算をしましょう。

① $4\times\frac{3}{5}$　　② $6\times\frac{4}{9}$

③ $1\frac{3}{4}\times\frac{5}{8}$　　④ $1\frac{2}{5}\times\frac{20}{21}$

⑤ $\frac{2}{3}\times1\frac{1}{5}$　　⑥ $1\frac{1}{2}\times1\frac{1}{3}$

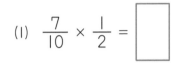

月　　日

3 分数のかけ算

分数のかけ算（6）

名前

① $9 \times \frac{2}{5}$

② $12 \times \frac{5}{6}$

③ $\frac{3}{8} \times 3$

④ $\frac{11}{12} \times 4$

⑤ $\frac{5}{6} \times 2\frac{1}{2}$

⑥ $3\frac{1}{3} \times \frac{3}{5}$

⑦ $1\frac{5}{7} \times 1\frac{3}{4}$

⑧ $2\frac{1}{7} \times 2\frac{4}{5}$

⑨ $4\frac{3}{8} \times 3\frac{3}{7}$

⑩ $2\frac{3}{5} \times 2\frac{2}{9}$

⑪ $9 \times 1\frac{1}{6}$

⑫ $3\frac{1}{3} \times 12$

月　　日

3 分数のかけ算

分数のかけ算（7）

名前

① $\frac{5}{8} \times \frac{2}{15}$

② $\frac{9}{20} \times \frac{4}{3}$

③ $2\frac{1}{2} \times \frac{8}{25}$

④ $4 \times 2\frac{1}{6}$

⑤ $4 \times \frac{5}{12}$

⑥ $3\frac{3}{10} \times 1\frac{4}{11}$

⑦ $3\frac{1}{8} \times 2\frac{2}{15}$

⑧ $1\frac{1}{6} \times 18$

⑨ $3\frac{3}{5} \times 3\frac{1}{3}$

⑩ $7\frac{1}{2} \times \frac{4}{35}$

⑪ $3 \times 2\frac{1}{12}$

⑫ $3\frac{1}{5} \times 3\frac{3}{4}$

月　　日

3 分数のかけ算

分数のかけ算（8）

名前

1　□にあてはまる不等号を書きましょう。

①　$3\times1\frac{1}{6}$ □ 3　　②　5 □ $5\times\frac{7}{9}$

③　$\frac{4}{5}$ □ $\frac{4}{5}\times\frac{7}{6}$　　④　$\frac{5}{6}$ □ $\frac{5}{6}\times\frac{3}{4}$

⑤　$\frac{2}{7}\times\frac{7}{5}$ □ $\frac{2}{7}$　　⑥　$\frac{3}{7}$ □ $\frac{3}{7}\times\frac{4}{5}$

2　次の計算で，積が 4 より大きくなるものには○を，
積が 4 より小さくなるものには△を，（　　）に書きましょう。

①　$4\times\frac{11}{12}$　（　　　）　　②　$4\times1\frac{1}{6}$　（　　　）

③　$4\times\frac{5}{6}$　（　　　）　　④　$4\times\frac{13}{12}$　（　　　）

3　まとめの文です。（　　）にあてはまる数や不等号を書きましょう。

分数をかける計算でも，（　　　）より小さい数をかけると
「積（　　　）かけられる数」となる。

月　　日

3 分数のかけ算

分数のかけ算（9）

名前

●　右の長方形や正方形，平行四辺形の面積を求めましょう。

①　長方形

式

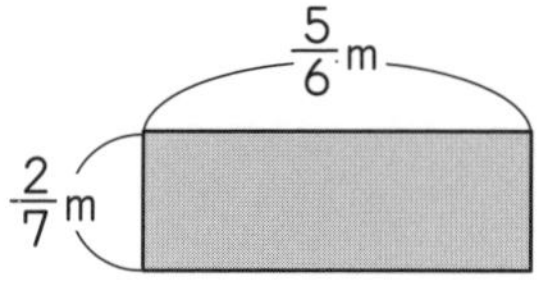

答え＿＿＿＿＿＿＿＿

②　正方形

式

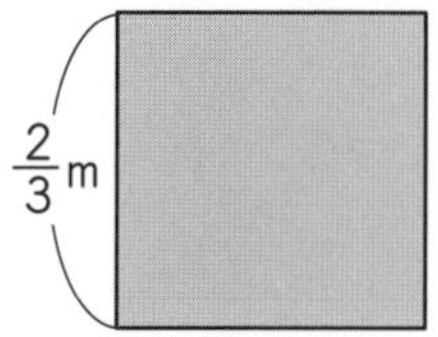

答え＿＿＿＿＿＿＿＿

③　平行四辺形

式

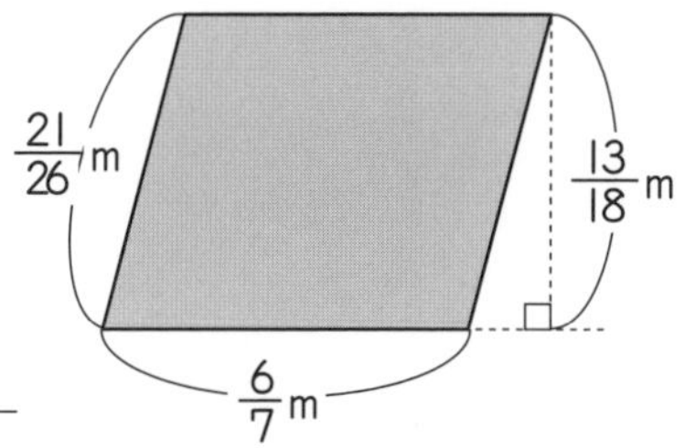

答え＿＿＿＿＿＿＿＿

④　長方形

式

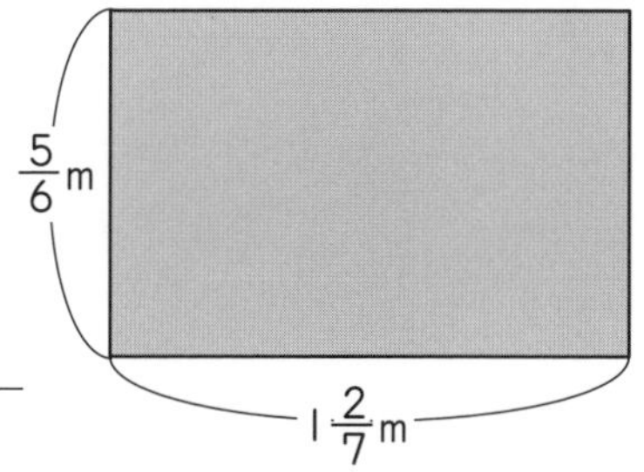

答え＿＿＿＿＿＿＿＿

月　　日

3 分数のかけ算

分数のかけ算（10）

名前

● 右の直方体や立方体の体積を求めましょう。

① 直方体

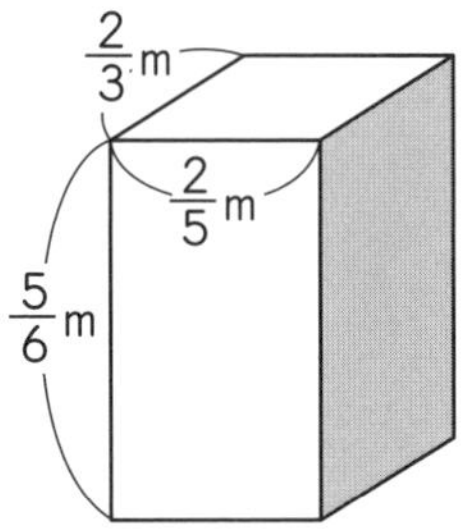

式

答え ＿＿＿＿＿＿

② 立方体

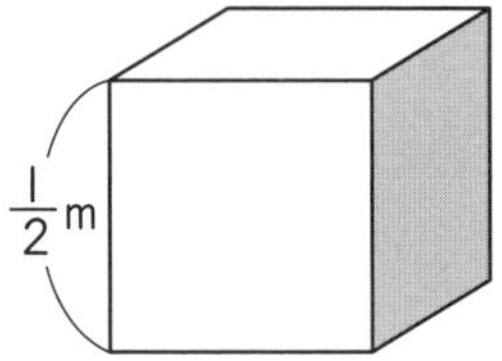

式

答え ＿＿＿＿＿＿

③ 直方体

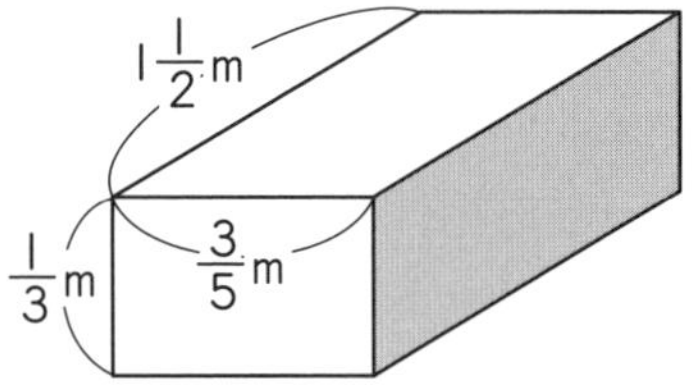

式

答え ＿＿＿＿＿＿

月　　日

3 分数のかけ算

分数のかけ算（11）

名前

1 計算のきまりを使って計算します。□にあてはまる数を書きましょう。

① $\left(\frac{7}{9} \times \frac{3}{4}\right) \times \frac{4}{3} = \frac{7}{9} \times \left(\frac{3}{4} \times \square\right)$

$= \square$

② $\left(\frac{5}{8} + \frac{5}{6}\right) \times 24 = \left(\frac{5}{8} \times \square\right) + \left(\frac{5}{6} \times \square\right)$

$= \square$

③ $\frac{2}{7} + 3 \times \frac{2}{7} + 4 = \frac{2}{7} \times \left(\square + \square\right)$

$= \square$

2 計算のきまりを使って，くふうして計算しましょう。

① $\left(\frac{11}{14} \times \frac{5}{9}\right) \times \frac{9}{5}$

② $\left(\frac{5}{6} + \frac{7}{9}\right) \times 18$

③ $\frac{5}{9} \times 10 + \frac{5}{9} \times 8$

月　日

3 分数のかけ算

分数のかけ算（12）

名前

● 次の数の逆数を求めましょう。

① $\frac{3}{8}$ （　　）　② $\frac{7}{12}$ （　　）

③ $\frac{1}{5}$ （　　）　④ $\frac{1}{16}$ （　　）

⑤ $\frac{14}{5}$ （　　）　⑥ $\frac{12}{7}$ （　　）

⑦ $1\frac{1}{3}$ （　　）　⑧ $2\frac{3}{5}$ （　　）

⑨ 6 （　　）　⑩ 21 （　　）

⑪ 0.3 （　　）　⑫ 1.7 （　　）

⑬ 0.5 （　　）　⑭ 0.06 （　　）

⑮ 1.8 （　　）　⑯ 1.25 （　　）

月　日

3 分数のかけ算

分数のかけ算（13）

名前

1　計算のきまりを使って計算します。□にあてはまる数を書きましょう。

① $\frac{5}{9}\times 6+\frac{5}{9}\times 3=\frac{5}{9}\times(\square+\square)$

$=\square$

② $\frac{7}{12}\times 5+\frac{7}{12}\times 7=\square\times(5+\square)$

$=\square$

③ $\frac{5}{8}\times 4+\frac{3}{8}\times 4=(\square+\square)\times 4$

$=\square$

2　次の数の逆数を求めましょう。

① $\frac{4}{7}$ （　　）　② $\frac{1}{7}$ （　　）

③ $1\frac{2}{9}$ （　　）　④ 12 （　　）

⑤ 1.5 （　　）　⑥ 0.8 （　　）

⑦ 0.04 （　　）　⑧ 0.75 （　　）

月　　日

3 ふりかえり・たしかめ (1)
分数のかけ算

名前

1 計算をしましょう。

① $\frac{5}{12} \times 8$　　② $\frac{6}{7} \div 3$

③ $\frac{4}{5} \times \frac{7}{16}$　　④ $\frac{16}{21} \times \frac{7}{24}$

⑤ $12 \times \frac{3}{8}$　　⑥ $\frac{16}{15} \times \frac{5}{6} \times \frac{3}{4}$

⑦ $1\frac{1}{6} \times 2\frac{4}{7}$　　⑧ $\left(\frac{5}{8} + \frac{3}{4}\right) \times 16$

2 1dL で $\frac{5}{6}$ m^2 のかべがぬれるペンキがあります。

① このペンキ 4dL では，何 m^2 のかべがぬれますか。

式

答え

② このペンキ $\frac{3}{5}$ dL では，何 m^2 のかべがぬれますか。

式

答え

月　　日

3 ふりかえり・たしかめ (2)
分数のかけ算

名前

1 次の数の逆数を求めましょう。

① $\frac{3}{7}$ (　　)　　② $\frac{1}{12}$ (　　)

③ 4 (　　)　　④ 0.17 (　　)

2 積が 7 より小さくなるのはどれですか。
下の□に記号を書きましょう。

㋐ $7 \times \frac{16}{15}$　　㋑ $7 \times 1\frac{1}{13}$　　㋒ $7 \times \frac{9}{8}$　　㋓ $7 \times \frac{5}{6}$

□

3 新幹線「のぞみ」は，時速 280km で走り，北九州市の小倉駅から，広島駅まで 45 分で着きました。

① 45 分は何時間ですか。
分数で表しましょう。　□時間

② 北九州市の小倉駅から，広島駅までは何 km ですか。

式

答え

月　　日

3 まとめのテスト
分数のかけ算

名前

【知識・技能】

1　計算をしましょう。(5 × 6)

①　$\frac{5}{6} \times 4$

②　$\frac{3}{10} \times \frac{5}{9}$

③　$6 \times \frac{7}{12}$

④　$1\frac{1}{14} \times 2\frac{1}{3}$

⑤　$\frac{3}{14} \times \frac{5}{6} \times \frac{7}{5}$

⑥　$(\frac{4}{9} + \frac{1}{6}) \times 18$

2　次の数の逆数を書きましょう。(5 × 2)

①　$\frac{1}{8}$　(　　　)

②　0.7　(　　　)

3　□にあてはまる不等号を書きましょう。(5 × 2)

①　9 □ $9 \times \frac{6}{7}$

②　9 □ $9 \times \frac{8}{7}$

【思考・判断・表現】

4　1Lの重さが $\frac{8}{9}$ kgの油があります。(5 × 4)

①　この油 $\frac{3}{4}$ L の重さは何 kg ですか。

式

答え

②　この油 $2\frac{1}{2}$ L の重さは何 kg ですか。

式

答え

5　右の長方形の面積を求めましょう。(5 × 2)

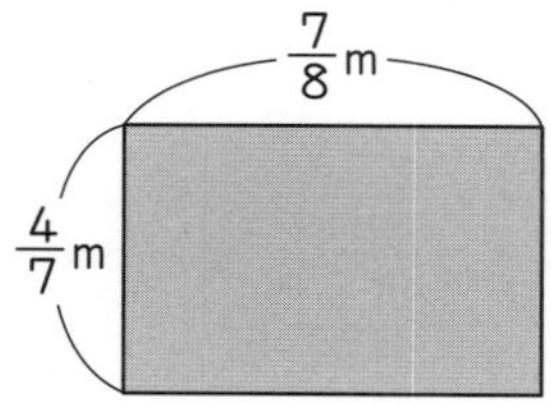

式

答え

6　時速60kmで走る自動車があります。(5 × 4)

①　この自動車が40分間走ると，何km進みますか。

式

答え

②　この自動車が2時間20分間走ると，何km進みますか。

式

答え

月　　日

4 分数のわり算
分数のわり算（1）

名前

> $\frac{2}{3}$ dL のペンキで，$\frac{3}{4}$ m^2 のかべがぬれました。
> このペンキ 1dL では，何 m^2 のかべがぬれますか。

● どんな式を書けばよいかを考えます。□にあてはまる数を書きましょう。

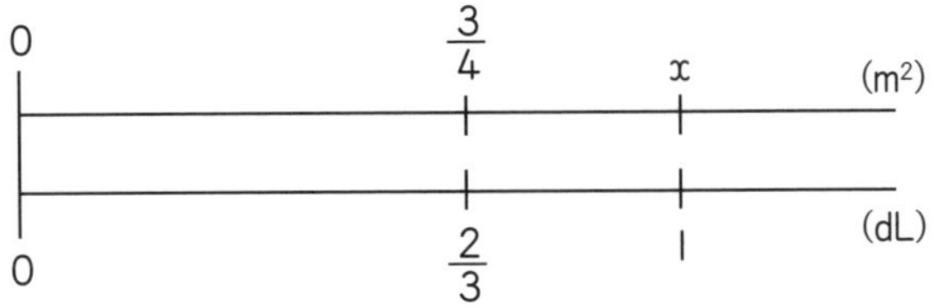

1dL でぬれる面積を x m^2 とします。

使ったペンキの量が $\frac{2}{3}$ 倍になれば，ぬれる面積も □ 倍になるから

$$x \times \frac{2}{3} = \frac{3}{4}$$ となります。

x を求めるには、わり算を使います。

x を求める式を書きましょう。

□ ÷ □

1dL でぬれる面積を求めるときは，整数や小数のときと同じようにわり算の式をたてるよ。

月　　日

4 分数のわり算
分数のわり算（2）

名前

1 $\frac{3}{4} \div \frac{2}{3}$ の計算のしかたを考えます。□にあてはまる数を書きましょう。

【わる数を整数にする方法】

$\frac{2}{3}$ に 3 をかければ整数になります。　$\frac{2}{3} \times \square = \square$

わり算では，わられる数とわる数に同じ数をかければ，答えは同じになります。

だから，わられる数にも 3 をかけます。　$\frac{3}{4} \times \square$

式にまとめて書いてみましょう。

$$\frac{3}{4} \div \frac{2}{3} = \left(\frac{3}{4} \times 3\right) \div \left(\frac{2}{3} \times 3\right)$$

$$= \left(\frac{3}{4} \times 3\right) \div 2$$

$$= \frac{3 \times \square}{4} \div 2$$

$$= \frac{3 \times \square}{4 \times \square}$$

$$= \frac{\square}{\square}$$

分数でわる計算は，わる数の逆数をかけることになるね。

2 次の計算をしましょう。

① $\frac{2}{5} \div \frac{3}{4}$　　② $\frac{3}{7} \div \frac{4}{5}$

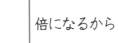

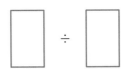

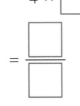

月　日

4 分数のわり算
分数のわり算 (3)

名前

1 計算をしましょう。

① $\frac{3}{4} \div \frac{5}{7}$

② $\frac{2}{3} \div \frac{3}{5}$

③ $\frac{5}{8} \div \frac{2}{9}$

④ $\frac{2}{7} \div \frac{1}{4}$

⑤ $\frac{5}{12} \div \frac{2}{5}$

⑥ $\frac{1}{5} \div \frac{1}{3}$

トライ

2 ある数に $\frac{3}{4}$ をかけるのを，まちがって $\frac{4}{3}$ をかけて，答えが $\frac{1}{2}$ になりました。

$x \times \frac{4}{3} = \frac{1}{2}$（$x$：ある数）

① ある数を求めましょう。

式

答え

② ①で求めた数に $\frac{3}{4}$ をかけて，正しい答えを求めましょう。

式

答え

月　日

4 分数のわり算
分数のわり算 (4)

名前

① $\frac{9}{5} \div \frac{3}{7}$

② $\frac{7}{15} \div \frac{9}{10}$

③ $\frac{5}{6} \div \frac{15}{8}$

④ $\frac{15}{16} \div \frac{5}{12}$

⑤ $\frac{3}{20} \div \frac{9}{100}$

⑥ $\frac{21}{4} \div \frac{7}{20}$

⑦ $\frac{3}{4} \times \frac{2}{5} \div \frac{6}{7}$

⑧ $8 \div \frac{4}{5} \times \frac{3}{4}$

⑨ $\frac{15}{14} \div \frac{3}{7} \div \frac{3}{2}$

⑩ $\frac{9}{10} \div 6 \times \frac{2}{3}$

⑪ $\frac{9}{100} \times \frac{5}{3} \div \frac{2}{5}$

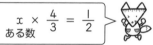

月　日

4 分数のわり算

分数のわり算 (5)

名前

① $5 \div \frac{2}{3}$

② $4 \div \frac{3}{7}$

③ $3 \div \frac{4}{5}$

④ $12 \div \frac{4}{3}$

⑤ $\frac{3}{4} \div 1\frac{1}{3}$

⑥ $\frac{5}{9} \div 3\frac{3}{4}$

⑦ $3\frac{1}{3} \div \frac{5}{6}$

⑧ $\frac{4}{7} \div 1\frac{3}{7}$

⑨ $2\frac{2}{5} \div 1\frac{1}{7}$

⑩ $3\frac{1}{3} \div 8\frac{3}{4}$

⑪ $1\frac{1}{5} \div 3\frac{3}{10}$

⑫ $2\frac{5}{8} \div 3\frac{1}{2}$

月　日

4 分数のわり算

分数のわり算 (6)

名前

1 計算をしましょう。

① $8 \div \frac{4}{3}$

② $5 \div \frac{15}{8}$

③ $3 \div \frac{1}{3}$

④ $\frac{5}{6} \div 2$

⑤ $\frac{4}{5} \div 2$

⑥ $\frac{1}{4} \div 1\frac{1}{3}$

⑦ $\frac{5}{6} \div 1\frac{3}{7}$

⑧ $3\frac{3}{5} \div 2\frac{2}{5}$

⑨ $2\frac{3}{11} \div 1\frac{1}{4}$

⑩ $5\frac{1}{4} \div 4\frac{2}{3}$

トライ

2 2，3，4 の 3 つの数を右の□に入れて，式を完成させます。□にあてはまる数を書きましょう。

$$\frac{\square}{\square} \div 1\frac{1}{\square} = \frac{1}{2}$$

月　日

4 分数のわり算

分数のわり算（7）

名前

① $\frac{1}{3} \times \frac{1}{4} \div \frac{1}{2}$

② $\frac{2}{9} \div \frac{1}{3} \times \frac{9}{10}$

③ $\frac{2}{3} \times \frac{6}{7} \div 2$

④ $\frac{2}{15} \times \frac{3}{8} \div \frac{5}{9}$

⑤ $\frac{5}{4} \times \frac{8}{15} \div \frac{4}{9}$

⑥ $\frac{4}{5} \div \frac{2}{9} \times \frac{5}{6}$

⑦ $\frac{5}{12} \div \frac{1}{3} \times \frac{2}{5}$

⑧ $\frac{5}{6} \div 8 \div \frac{3}{4}$

⑨ $\frac{2}{3} \times \frac{6}{7} \div 8$

⑩ $4\frac{9}{10} \times 1\frac{3}{7} \div 4$

月　日

4 分数のわり算

分数のわり算（8）

名前

① $\frac{2}{5} \times \frac{5}{6} \div \frac{1}{4}$

② $\frac{1}{10} \div \frac{1}{2} \div \frac{4}{15}$

③ $1\frac{3}{5} \div \frac{4}{9} \div \frac{3}{5}$

④ $\frac{4}{5} \div \frac{1}{2} \times \frac{15}{16}$

⑤ $\frac{3}{4} \times 2\frac{1}{2} \div \frac{5}{6}$

⑥ $\frac{5}{7} \times 4\frac{1}{5} \div \frac{9}{10}$

⑦ $\frac{2}{5} \times 10 \div 8$

⑧ $\frac{2}{9} \div \frac{1}{18} \div 4$

⑨ $\frac{1}{10} \times 6 \div 3$

⑩ $\frac{5}{9} \div \frac{2}{3} \times \frac{4}{5}$

4 分数のわり算

分数のわり算（9）

名前

1　Ⓐ，Ⓑどちらも24gの針金があります。

Ⓐは，$1\frac{1}{3}$mで24gです。

Ⓑは，$\frac{2}{3}$mで24gです。

①　Ⓐ，Ⓑどちらも1mの重さを求めましょう。

Ⓐの針金

式

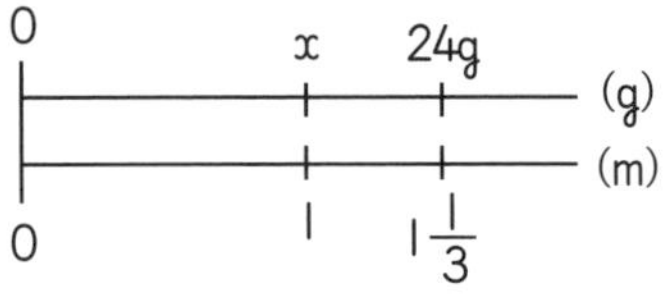

答え

Ⓑの針金

式

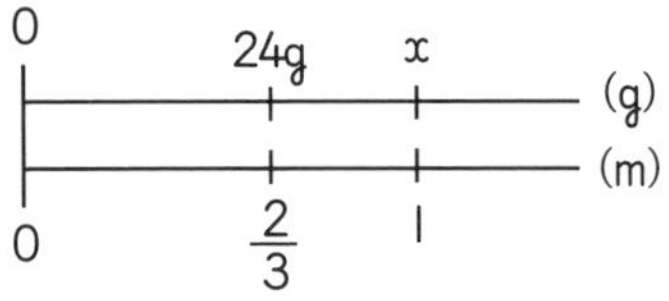

答え

②　1mが24gよりも重いのは，Ⓐ，Ⓑどちらですか。

（　　　　）

2　□にあてはまる不等号を書きましょう。

①　$5 \div \frac{5}{6}$ □ 5

②　9 □ $9 \div \frac{5}{8}$

③　$\frac{5}{7} \div \frac{9}{8}$ □ $\frac{5}{7}$

④　$\frac{2}{3}$ □ $\frac{2}{3} \div 1\frac{1}{4}$

月　日

4 分数のわり算

分数のわり算（10）

名前

1　$\frac{5}{6}$mの重さが$\frac{8}{3}$kgのパイプがあります。

①　このパイプ1mの重さは何kgですか。

式

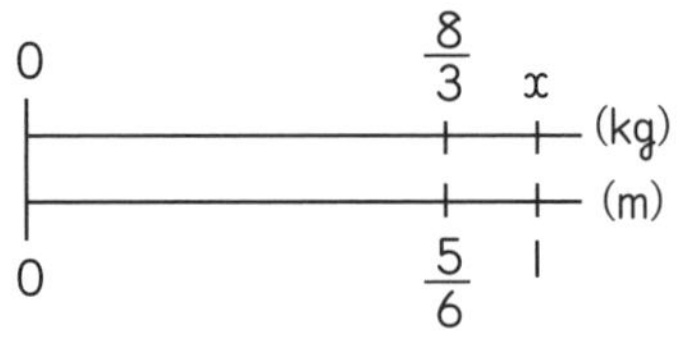

答え

②　このパイプ1kgの長さは，何mですか。

式

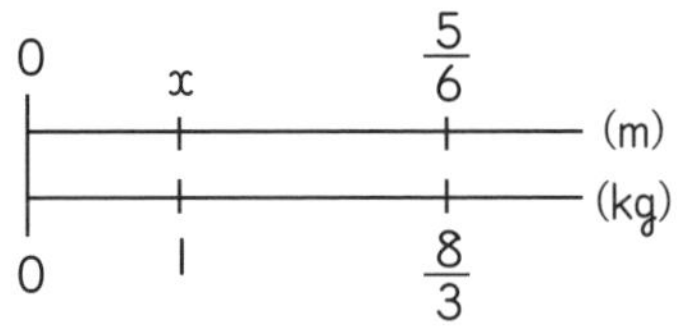

答え

2　$\frac{3}{4}$dLのペンキで$\frac{9}{2}$m^{2}のかべをぬりました。

①　このペンキ1dLでは何m^{2}のかべがぬれますか。

式

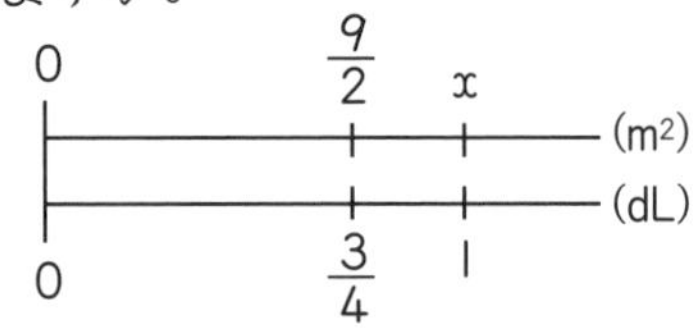

答え

②　このペンキで1m^{2}のかべをぬるには，何dLのペンキがいりますか。

式

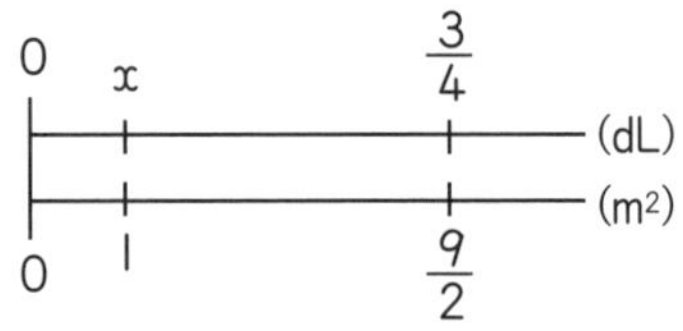

答え

月　　日

4 分数のわり算

分数のわり算（11）

名前

● 次の計算を小数だけ，または，分数だけにして計算しましょう。

$$0.6 \div \frac{2}{5} \times 5$$

【小数にして計算しましょう。】

㋐ $\frac{2}{5}$ を小数にしましょう。　$\frac{2}{5} = \square$

㋑ 計算しましょう。

$0.6 \div \square \times 5$

答え ＿＿＿＿＿＿

【分数にして計算しましょう。】

㋐ 0.6 を分数にしましょう 。　$0.6 = \square$

㋑ 計算しましょう。

$\square \div \frac{2}{5} \times 5$

答え ＿＿＿＿＿＿

【小数で計算した答えと，分数で計算した答えが等しいことを確かめましょう。】

小数の答えを分数に直しましょう。

（　　　　　　　　　　　　　　）

月　　日

4 分数のわり算

分数のわり算（12）

名前

● 小数や整数を分数で表して計算しましょう。

① $16 \times \frac{1}{12} \div 0.2$

② $4 \times \frac{3}{8} \div 0.7$

③ $\frac{3}{4} \div 1.5 \times 7$

④ $0.28 \times 14 \div 4.9$

⑤ $1.5 \div 4 \div 0.25$

⑥ $0.56 \div 0.8 \times \frac{5}{7}$

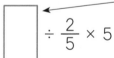

月　日

4 分数のわり算

分数のわり算（13）

名前

● 小数や整数を分数で表して計算しましょう。

① $\frac{4}{5} \times \frac{9}{10} \div 1.8$

② $\frac{5}{7} \div \frac{20}{21} \times 0.8$

③ $\frac{5}{9} \div \frac{6}{7} \times 2.4$

④ $5.6 \div \frac{7}{5} \div 0.32$

⑤ $4.2 \times 0.04 \div 0.7$

⑥ $14 \div 1.75 \times 0.4$

月　日

4 ふりかえり・たしかめ（1）

分数のわり算

名前

1 次の計算をしましょう。

① $\frac{5}{8} \div \frac{2}{9}$

② $\frac{4}{7} \div \frac{2}{3}$

③ $\frac{3}{8} \div \frac{9}{10}$

④ $\frac{5}{12} \div \frac{15}{8}$

⑤ $16 \div \frac{4}{9}$

⑥ $18 \div \frac{3}{4}$

⑦ $\frac{3}{10} \div \frac{2}{3} \times \frac{5}{9}$

⑧ $\frac{3}{8} \div \frac{3}{4} \times 16$

2 積が13より小さくなるのはどれですか。（　）に記号を書きましょう。

㋐ $13 \times \frac{18}{19}$　㋑ $13 \times \frac{19}{18}$　㋒ $13 \times 1\frac{1}{9}$　㋓ $13 \times \frac{2}{9}$

（　　）（　　）

月　　日

4 ふりかえり・たしかめ (2)

分数のわり算

名前

1　あるソース $\frac{3}{4}$ L の重さを測ると，$\frac{6}{5}$ kg でした。

①　このソース 1 L の重さは，何 kg ですか。

式

答え

②　このソース 1 kg は，何 L ですか。

式

答え

2　毎日，12 分ずつ読書をします。
合計で 3 時間の読書をするには，何日かかりますか。

①　12 分は，何時間ですか。分数で表しましょう。

12 分 ＝ □ 時間

②　①の，分数で表した時間を使って，何日かかるかを求めましょう。

式

答え

月　　日

4 ふりかえり・たしかめ (3)

分数のわり算

名前

1　次の計算をしましょう。

①　$\frac{5}{7} \div 1\frac{1}{14}$

②　$3\frac{1}{3} \div \frac{5}{6}$

③　$16 \div \frac{4}{7}$

④　$2\frac{4}{7} \div 1\frac{1}{5}$

⑤　$0.3 \div \frac{5}{12} \div 1.8$

⑥　$7.2 \div \frac{2}{5} \times \frac{1}{3} \div 8$

2　ごうくんは，自転車で，20km の道のりを
1 時間 40 分で走りました。

①　1 時間 40 分は何時間ですか。分数で表しましょう。

1 時間 40 分 ＝ □ 時間

②　ごうくんが自転車で走った速さは，時速何 km ですか。

式

答え

4 まとめのテスト
分数のわり算

名前

【知識・技能】

1　次の計算をしましょう。(5 × 8)

① $\frac{1}{4} \div \frac{2}{3}$

② $\frac{5}{6} \div \frac{3}{2}$

③ $\frac{7}{20} \div \frac{14}{15}$

④ $9 \div \frac{3}{7}$

⑤ $2\frac{1}{3} \div \frac{5}{6}$

⑥ $1\frac{1}{4} \div 2\frac{1}{7}$

⑦ $2\frac{3}{5} \div 0.3 \times 1.5$

⑧ $1\frac{2}{3} \times 0.6 \div 4$

2　□にあてはまる不等号を書きましょう。(5 × 2)

① 11 □ $11 \div 1\frac{1}{12}$

② 11 □ $11 \div \frac{9}{10}$

【思考・判断・表現】

3　$\frac{4}{5}$dL のペンキで $\frac{2}{3}$m² のかべがぬれました。このペンキ 1dL で何 m² のかべがぬれますか。(5 × 2)

式

答え

4　牛乳《ぎゅうにゅう》が 2L あります。毎日 $\frac{1}{4}$L ずつ飲みます。何日間飲むことができますか。(5 × 2)

式

答え

5　$\frac{8}{9}$m の重さが $\frac{5}{6}$kg のパイプがあります。(5 × 4)

①　このパイプ 1m の重さは何 kg ですか。

式

答え

②　このパイプ 1kg の長さは何 m ですか。

式

答え

6　$\frac{2}{3}$時間で 2km 歩きました。
時速何 km で歩きましたか。(5 × 2)

式

答え

月　日

分数の倍
分数の倍（1）

名前

1　赤のテープの長さは $\frac{3}{5}$ m，白のテープの長さは $\frac{2}{3}$ m です。
赤のテープの長さをもとにすると，白のテープの長さは何倍ですか。

式

答え

2　$\frac{3}{4}$ m をもとにすると，$\frac{5}{8}$ m は何倍ですか。

式

答え

3　$\frac{3}{10}$ kg を 1 とみると，$\frac{4}{5}$ kg はいくつにあたりますか。

式

答え

4　$\frac{2}{3}$ L を 1 とみると，$\frac{4}{7}$ L はいくつにあたりますか。

式

答え

月　日

分数の倍
分数の倍（2）

名前

トライ

● ㋐，㋑，㋒のねん土の重さは次の通りです。

㋐ $\frac{15}{16}$ kg　㋑ $\frac{3}{4}$ kg　㋒ $\frac{27}{32}$ kg

① ㋐の重さをもとにすると，㋑の重さは何倍ですか。

式

答え

② ㋑の重さをもとにすると，㋐の重さは何倍ですか。

式

答え

③ ㋑の重さを 1 とみると，㋒の重さはいくつにあたりますか。

式

答え

④ ㋒の重さを 1 とみると，㋐の重さはいくつにあたりますか。

式

答え

月　　日

分数の倍

分数の倍（3）

名前

1　いちご 1 パックの値段《ねだん》は 540 円です。

① マンゴー 1 個の値段は，いちご 1 パックの値段の $\frac{7}{6}$ 倍です。
マンゴー 1 個の値段を求めましょう。

式

答え

② りんご 1 個の値段は，いちご 1 パックの値段の $\frac{2}{5}$ 倍です。
りんご 1 個の値段を求めましょう。

式

答え

2　A のテープの長さは $2\frac{1}{4}$ m です。B のテープの長さは，A のテープの長さの $\frac{2}{3}$ 倍です。B のテープの長さを求めましょう。

式

答え

月　　日

分数の倍

分数の倍（4）

名前

1　ぼうしの値段《ねだん》は 1500 円です。
くつ下の値段は，ぼうしの $\frac{2}{5}$ にあたります。
くつ下の値段は，何円ですか。

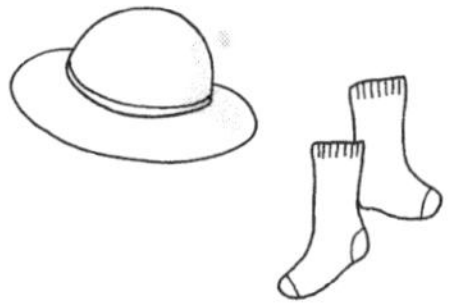

式

答え

2　㋐の容器には水が $1\frac{1}{2}$ L 入っています。
㋑の容器には，㋐の $\frac{8}{9}$ 倍水が入っています。
㋑の容器には水が何 L 入っていますか。

式

答え

3　A の荷物は 21kg です。B の荷物の重さは，A の荷物の重さを 1 とすると $\frac{6}{7}$ にあたります。B の荷物は，何 kg ですか。

式

答え

月　　日

分数の倍

分数の倍（5）

名前

1. 1200円のケーキを買いました。
このケーキの値段《ねだん》は，ようかんの値段の$\frac{4}{3}$倍です。
ようかんの値段は何円ですか。

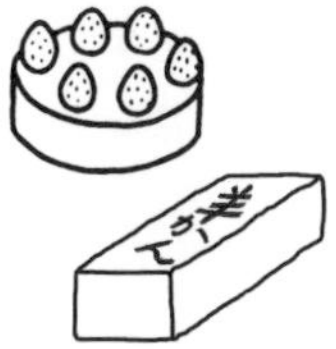

式

答え

2. 青いロープの長さは$6\frac{2}{5}$mで，これは赤いロープの長さの$\frac{8}{5}$倍です。赤いロープの長さは何mですか。

式

答え

3. りんごジュースは$1\frac{3}{5}$Lあります。
これは，みかんジュースの$\frac{2}{3}$倍です。
みかんジュースは何Lありますか。

式

答え

月　　日

分数の倍

分数の倍（6）

名前

1. Aの畑は48m^2です。これはBの畑の面積の$\frac{3}{8}$にあたります。
Bの畑の面積は何m^2ですか。

式

答え

2. 右の表のようなⒶ，Ⓑ，Ⓒ，3本のリボンがあります。

Ⓐ	?
Ⓑ	12m
Ⓒ	?

① Ⓐのリボンの長さは，Ⓑのリボンの$\frac{5}{8}$倍の長さです。
Ⓐのリボンの長さは，何mですか。

式

答え

② Ⓒのリボンの長さの$\frac{3}{4}$がⒷのリボンの長さです。
Ⓒのリボンの長さは，何mですか。

式

答え

月　　日

ふりかえり・たしかめ（1）
分数の倍

名前

1　先週は 450 円だったいちごの値段《ねだん》が 540 円になっていました。
いちごの値段は，何倍になりましたか。

式

答え

2　大きいプールの深さは $1\frac{1}{5}$ m です。
小さいプールの深さは，大きいプールの深さの $\frac{2}{3}$ 倍です。
小さいプールの深さは，何 m ですか。

式

答え

3　ジュースを飲んだので，ジュースの量は昨日の $\frac{5}{8}$ の $\frac{1}{2}$ L になりました。昨日ジュースは，何 L ありましたか。

式

答え

月　　日

ふりかえり・たしかめ（2）
分数の倍

名前

1　A ビルの高さは 42m です。この高さは B ビルの $\frac{6}{7}$ にあたります。B ビルの高さは，何 m ですか。

式

答え

2　右の表のように，Ⓐ，Ⓑ，Ⓒ，3 つの容器にジュースが入っています。

Ⓐ	$\frac{7}{8}$L
Ⓑ	$1\frac{2}{5}$L
Ⓒ	$\frac{3}{4}$L

① Ⓐのジュースのかさをもとにすると，Ⓑのかさは，何倍ですか。

式

答え

② Ⓐのジュースのかさをもとにすると，Ⓒのかさは，何倍ですか。

式

答え

3　お姉さんの 1 週間の読書ページ数は 540 ページでした。弟は，お姉さんの $\frac{3}{5}$ 倍読みました。弟が読んだページ数は何ページですか。

式

答え

月　日

まとめのテスト
分数の倍

名前

【知識・技能】

1　$\frac{2}{5}$kgをもとにすると，$\frac{3}{8}$kgは何倍ですか。(5×2)

式

答え

2　$\frac{3}{4}$mを１とみると，$\frac{1}{2}$mはいくつにあたりますか。(5×2)

式

答え

3　450円の$\frac{2}{3}$倍は何円ですか。(5×2)

式

答え

4　$1\frac{4}{5}$mの$\frac{5}{6}$倍は何mですか。(5×2)

式

答え

5　水とお湯があります。
水の量の$\frac{4}{3}$倍がお湯で，８Ｌです。
水の量は，何Ｌですか。(5×2)

式

答え

【思考・判断・表現】

6　ヘラクレスオオカブトの体長は180mmです。
カブトムシの体長は，その$\frac{2}{5}$倍です。
カブトムシの体長は何mmですか。(5×2)

式

答え

7　右の表のようなⒶ，Ⓑ，Ⓒの３種類のパイプがあります。(5×4)

Ⓐ	$1\frac{1}{3}$m
Ⓑ	$1\frac{1}{2}$m
Ⓒ	?

①　Ⓑのパイプの長さをもとにすると，Ⓐの長さは，何倍ですか。

式

答え

②　Ⓒのパイプは，Ⓑのパイプの$\frac{4}{5}$倍です。Ⓒのパイプは何ｍですか。

式

答え

8　右の表のような㋐，㋑，㋒の３つの荷物があります。(5×4)

㋐	6kg
㋑	?
㋒	?

①　㋑の荷物の重さの$\frac{3}{4}$倍が㋐の重さです。㋑の荷物の重さは何kgですか。

式

答え

②　㋒の荷物の重さの$1\frac{1}{2}$倍が㋐の重さです。㋒の荷物の重さは何kgですか。

式

答え

月　　日

どんな計算になるのかな？(1)

名前

1　まさきさんは $\frac{2}{3}$ 時間，ゆきさんは $\frac{4}{7}$ 時間読書をしました。
まさきさんの読書時間は，ゆきさんの読書時間の何倍ですか。

式

答え

2　オリーブオイルを $\frac{3}{4}$ L買ったら，900円でした。
このオリーブオイル1Lの値段《ねだん》は何円ですか。

式

答え

3　1dLで $\frac{9}{14}$ m^2 のかべがぬれるペンキがあります。
このペンキ $\frac{7}{6}$ dLでは，何 m^2 のかべがぬれますか。

式

答え

月　　日

どんな計算になるのかな？(2)

名前

1　あるオレンジジュース1Lには，果じゅうが $\frac{2}{5}$ L
ふくまれています。このオレンジジュース $\frac{3}{4}$ Lには，
何Lの果じゅうがふくまれていますか。

式

答え

2　$1\frac{7}{8}$ mの重さが，$2\frac{1}{4}$ kgのパイプがあります。

①　このパイプ1mの重さは何kgですか。

式

答え

②　このパイプ1kgの長さは何mですか。

式

答え

月　　日

5 比
比と比の値（1）

名前

● 次の絵を見て，比に表しましょう。

Ⓐ　ウスターソース　　ケチャップ

□

Ⓑ　ウスターソース　　ケチャップ

□

Ⓐとⓑのウスターソースとケチャップの割合《わりあい》は同じだね。

Ⓒ　ウスターソース　　ケチャップ

□

Ⓓ　ウスターソース　　ケチャップ

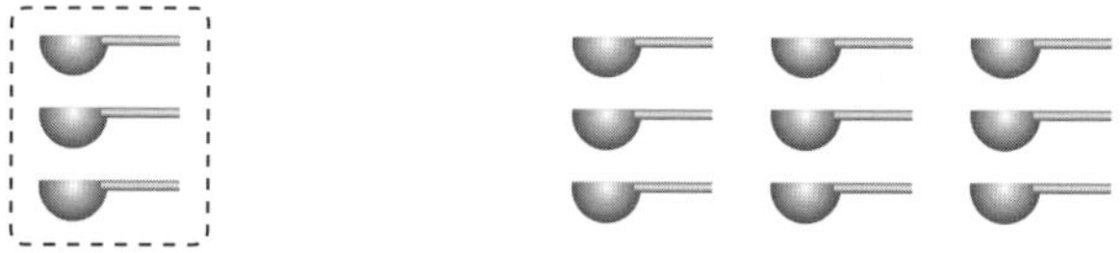

□

ⒸとⒹのウスターソースとケチャップの割合は同じだね。

月　　日

5 比
比と比の値（2）

名前

1 比の値《あたい》を求めましょう。

① 3：4（　　）　② 2：3（　　）

③ 6：4（　　）　④ 9：6（　　）

⑤ 4：10（　　）　⑥ 12：15（　　）

⑦ 6：12（　　）　⑧ 18：24（　　）

2 4：3と等しい比を見つけよう。

① 4：3の比の値を書きましょう。（　　）

② 次の㋐～㋑の比の値を求めましょう。

㋐ 8：6（　　）　㋑ 6：8（　　）

㋒ 12：10（　　）　㋓ 12：9（　　）

③ 4：3と等しい比は上の㋐～㋓のどれですか。□　□

月　　日

5 比
比と比の値 (3)

名前

● 比の値《あたい》を（　　）に書いて，等しい比を見つけましょう。

①

㋐ 4 : 6　（　　）　　㋑ 4 : 12　（　　）

㋒ 10 : 15　（　　）　　㋓ 16 : 20　（　　）

㋔ 5 : 15　（　　）

等しい比

□と□　　□と□

②

㋕ 25 : 20　（　　）　　㋖ 12 : 15　（　　）

㋗ 36 : 30　（　　）　　㋘ 40 : 32　（　　）

㋙ 24 : 30　（　　）

等しい比

□と□　　□と□

月　　日

5 比
等しい比の性質 (1)

名前

● □にあてはまる数を書きましょう。

① 2 : 3 = 4 : □　　② 1 : 4 = 4 : □

③ 10 : 9 = □ : 36　　④ 6 : 5 = □ : 25

⑤ □ : 14 = 2 : 7　　⑥ □ : 15 = 9 : 5

⑦ 21 : □ = 7 : 5　　⑧ 42 : □ = 6 : 7

⑨ 40 : 50 = 4 : □　　⑩ 45 : 63 = 5 : □

⑪ 66 : 55 = □ : 5　　⑫ 72 : 48 = □ : 2

⑬ □ : 4 = 56 : 32　　⑭ □ : 16 = 45 : 48

⑮ 5 : □ = 45 : 81　　⑯ 7 : □ = 35 : 40

月　　日

5 比
等しい比の性質 (2)

名前

● 次の比を簡単《かんたん》にして（　　）に書きましょう。

① 8：6　（　　　）　② 12：6　（　　　）

③ 20：24　（　　　）　④ 49：21　（　　　）

⑤ 60：50　（　　　）　⑥ 45：18　（　　　）

⑦ 24：16　（　　　）　⑧ 27：21　（　　　）

⑨ 8：24　（　　　）　⑩ 48：12　（　　　）

⑪ 40：15　（　　　）　⑫ 45：15　（　　　）

⑬ 40：200　（　　　）　⑭ 56：48　（　　　）

⑮ 90：75　（　　　）　⑯ 100：25　（　　　）

月　　日

5 比
等しい比の性質 (3)

名前

1 次の比を簡単《かんたん》にして（　　）に書きましょう。

① 8：20　（　　　）　② 12：21　（　　　）

③ 35：28　（　　　）　④ 30：18　（　　　）

⑤ 33：22　（　　　）　⑥ 10：30　（　　　）

⑦ 13：39　（　　　）　⑧ 56：98　（　　　）

⑨ 48：64　（　　　）　⑩ 60：48　（　　　）

2 コーヒーと牛乳《ぎゅうにゅう》を２：５の割合《わりあい》で混ぜて，コーヒー牛乳を作ります。同じ味になるものを㋐～㋓の中から選んで，記号を書きましょう。

㋐ 40：100　㋑ 60：120

㋒ 50：125　㋓ 50：250

□ □

月　　日

5 比
等しい比の性質 (4)

名前

● 次の比を簡単《かんたん》にして（　　）に書きましょう。

① 0.5：0.4 （　　　　）　② 0.7：0.3 （　　　　）

③ 2.1：0.6 （　　　　）　④ 2.8：0.4 （　　　　）

⑤ 0.05：0.06 （　　　　）　⑥ 0.08：0.24 （　　　　）

⑦ 0.9：1 （　　　　）　⑧ 2.4：3 （　　　　）

⑨ 6：5.4 （　　　　）　⑩ 9：3.6 （　　　　）

⑪ $\frac{3}{7} : \frac{4}{7}$ （　　　　）　⑫ $\frac{2}{5} : \frac{1}{6}$ （　　　　）

⑬ $\frac{4}{9} : \frac{5}{6}$ （　　　　）　⑭ $\frac{2}{9} : \frac{2}{3}$ （　　　　）

⑮ $\frac{1}{3} : 1$ （　　　　）　⑯ $0.5 : \frac{7}{15}$ （　　　　）

月　　日

5 比
等しい比の性質 (5)

名前

1 次の比を簡単《かんたん》にして（　　）に書きましょう。

① 2.1：2.8 （　　　　）　② 0.6：4.2 （　　　　）

③ 6：0.5 （　　　　）　④ 0.12：0.42 （　　　　）

⑤ 4：1.5 （　　　　）　⑥ $\frac{1}{2} : \frac{1}{5}$ （　　　　）

⑦ $\frac{3}{4} : \frac{5}{12}$ （　　　　）　⑧ $\frac{4}{9} : \frac{4}{3}$ （　　　　）

⑨ $\frac{7}{8} : 3$ （　　　　）　⑩ $5 : \frac{5}{3}$ （　　　　）

2 比を簡単にすると，5：8 になるものを㋐～㋕から選んで，記号を書きましょう。

㋐ 0.4：0.75　㋑ 0.2：0.32　㋒ 0.1：1.4

㋓ 0.25：0.4　㋔ $\frac{1}{8} : \frac{2}{5}$　㋕ $\frac{1}{4} : \frac{2}{5}$

□　□　□

月　　日

5 比
等しい比の性質（6）

名前

1 次の比の値《あたい》を求めましょう。

① 3：2　（　　）　② 18：10　（　　）

③ 5：7　（　　）　④ 6：15　（　　）

⑤ 27：12　（　　）　⑥ 90：36　（　　）

⑦ 12：16　（　　）　⑧ 120：320　（　　）

2 □にあてはまる数を書きましょう。

① 5：2＝15：□　② 3：5＝□：25

③ 16：20＝□：5　④ 72：90＝4：□

⑤ 27：□＝3：13　⑥ □：5＝30：25

⑦ 36：54＝4：□　⑧ 210：□＝7：6

月　　日

5 比
等しい比の性質（7）

名前

1 □にあてはまる数を書きましょう。

① 11：6＝□：36　② 72：54＝8：□

③ 45：75＝3：□　④ 5：4＝260：□

⑤ 2：3＝□：48　⑥ 80：□＝16：9

⑦ 7：□＝49：91　⑧ 45：20＝□：8

2 次の比を簡単《かんたん》にして（　　）に書きましょう。

① 20：36　（　　）　② 3.5：4.9　（　　）

③ 0.6：1.8　（　　）　④ 0.8：2.8　（　　）

⑤ 4：2.4　（　　）　⑥ $\frac{3}{4}:\frac{3}{5}$　（　　）

⑦ $\frac{15}{16}:\frac{7}{8}$　（　　）　⑧ $4:\frac{2}{3}$　（　　）

月　日

5 比
比の利用（1）

名前

1　水とつゆの量を 5：2 の割合《わりあい》で混ぜて，めんつゆを作ります。水を 200mL にすると，つゆは何 mL 入れればいいですか。

式

答え ＿＿＿＿＿＿

2　長方形の縦《たて》の長さと横の長さを 3：8 になるようにします。
横の長さを 32cm にするとき，
縦の長さは何 cm にすればいいですか。

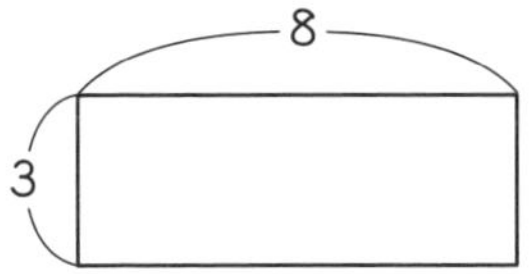

式

答え ＿＿＿＿＿＿

3　次の式で，x の表す数を求めましょう。

① $14:20=7:x$　　$x=$ □

② $1.2:4=3:x$　　$x=$ □

③ $20:16=x:4$　　$x=$ □

④ $6:4.5=x:3$　　$x=$ □

月　日

5 比
比の利用（2）

名前

1　次の式で，x の表す数を求めましょう。

① $16:24=x:3$　　$x=$ □

② $14:20=7:x$　　$x=$ □

③ $x:18=4:3$　　$x=$ □

④ $x:65=5:13$　　$x=$ □

⑤ $x:\frac{2}{5}=5:2$　　$x=$ □

⑥ $\frac{2}{3}:x=2:9$　　$x=$ □

2　しゅんさんの学級で，ペットを飼っている人といない人の比が 2：3 でした。
ペットを飼っている人は 12 人でした。
ペットを飼っていない人は何人ですか。

式

答え ＿＿＿＿＿＿

月　　日

5 比

比の利用 (3)

名前

□1 280cm のリボンを姉と妹で分けます。姉と妹の長さの比が4：3になるように分けると，それぞれ何 cm になりますか。

式

答え　姉　　　　　　　　妹

□2 500mL のコーヒー牛乳《ぎゅうにゅう》を作ります。コーヒーと牛乳の量の割合《わりあい》は，1：3の比にします。コーヒーと牛乳はそれぞれ何 mL になりますか。

式

答え　コーヒー　　　　　　　　牛乳

□3 面積が 540m^2 の畑にトマトとナスを植えます。トマトとナスの畑の面積の比は，5：4にします。それぞれ何 m^2 になりますか。

式

答え　トマト　　　　　　　　ナス

月　　日

5 比

比の利用 (4)

名前

□1 兄弟でお金を出し合って，ゲームソフトを買います。ゲームソフトの代金は 3000 円で，兄と弟が出す金額の比は，3：2になるようにします。それぞれが出す金額は，何円ずつですか。

式

答え　兄　　　　　　　　弟

□2 ある夜店の金魚すくいの金魚は，赤色と黒色合わせて 270 ぴきです。そして，赤色と黒色の金魚の比は，7：2です。それぞれ，何びきですか。

式

答え　赤色　　　　　　　　黒色

□3 縦《たて》と横の長さが1：3の長方形をかきます。周りの長さは 32m です。縦と横の長さはそれぞれ何 m になりますか。

式

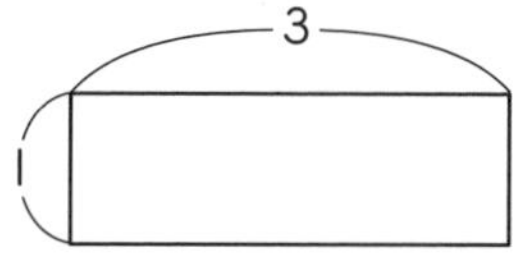

答え　縦の長さ　　　　　　　　横の長さ

月　　日

5 比
比の利用 (5)

名前

1　おいしいレモネードを作ります。
レモンじる 30mL とシロップ水 40mL,
水 200mL を混ぜてレモネードを作りました。

① レモンじるとシロップ水と水の 3 つの量を
簡単《かんたん》な比に表しましょう。

(　　　　　　　　　　　)

② 同じ味のレモネードを作ります。水を 400mL にしたら,
レモンじるとシロップ水はそれぞれ何 mL にすればいいですか。

レモンじる (　　　　　　)　シロップ水 (　　　　　　)

2　三角形の 3 つの辺の長さの比を
右の図のように 3 : 4 : 5 にすると
直角三角形になります。

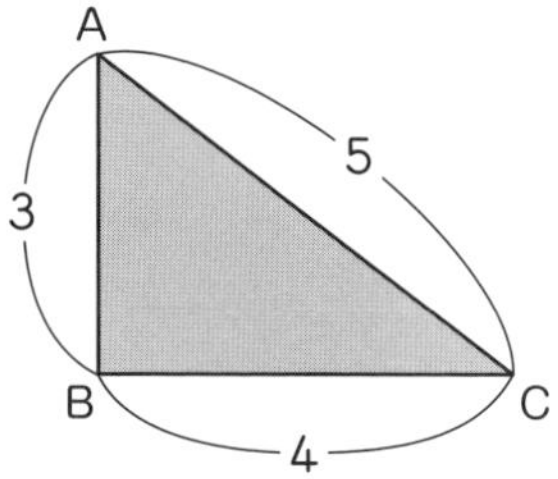

① 辺 AB の長さを 6m にすると,
次の辺は何 m にすればいいですか。

辺 BC (　　　　　)　辺 AC (　　　　　)

② 辺 BC の長さを 6m にすると, 次の辺は
何 m にすればいいですか。

辺 AB (　　　　　)　辺 AC (　　　　　)

月　　日

5 ふりかえり・たしかめ (1)
比

名前

1　比の値《あたい》を求めましょう。

① 3 : 5 (　　　)　② 16 : 20 (　　　)

③ 24 : 18 (　　　)　④ 3.6 : 2 (　　　)

⑤ 6 : 3.6 (　　　)　⑥ $5:\frac{2}{3}$ (　　　)

2　次の比と等しい比を見つけて, □に記号を書きましょう。

① 2 : 5
㋐ 10 : 15　㋑ 6 : 15
㋒ 4 : 15　㋓ 10 : 30　□

② 20 : 12
㋐ 5 : 2　㋑ 5 : 3
㋒ 5 : 4　㋓ 6 : 5　□

③ 2 : 2.4
㋐ 3 : 5　㋑ 6 : 5
㋒ 4 : 5　㋓ 5 : 6　□

月　　日

5 ふりかえり・たしかめ (2)
比

名前

1　次の比を簡単《かんたん》にして（　　）に書きましょう。

① $18:12$　（　　　　）　② $72:36$　（　　　　）

③ $2.4:0.6$　（　　　　）　④ $4.2:3$　（　　　　）

⑥ $\frac{4}{5}:\frac{4}{7}$　（　　　　）　⑥ $\frac{3}{8}:\frac{9}{10}$　（　　　　）

2　ドレッシングを作ります。サラダ油とすの割合《わりあい》を $5:3$ にします。サラダ油が 80mL のとき，すは，何 mL にすればいいですか。

式

答え

3　シュートをして，シュートが決まった割合は全体の 0.8 でした。25 回シュートをしました。シュートが決まったのは何回ですか。

式

答え

月　　日

5 ふりかえり・たしかめ (3)
比

名前

1　次の式で，x の表す数を求めましょう。

① $5:2=15:x$　　$x=$ □

② $48:12=x:4$　　$x=$ □

③ $3:x=18:30$　　$x=$ □

④ $3:25=x:125$　　$x=$ □

⑤ $12:x=3:\frac{1}{2}$　　$x=$ □

⑥ $0.2:0.05=x:1$　　$x=$ □

2　2 時間を $3:1$ に分けて，トレーニングと休けい時間にします。それぞれ何分になりますか。

式

答え　トレーニング　　　　休けい

3　縦《たて》と横の長さが $5:4$ になる長方形をかきます。横の長さが 32cm のとき，縦の長さは何 cm になりますか。

式

答え

月　　日

5 まとめのテスト
比

名前

【知識・技能】

1 比の値《あたい》を求めて（　　）に書きましょう。また，┆　　┆から等しい比を見つけて，□に記号を書きましょう。(5 × 4)

① 4：5　（　　　）

┆ ㋐ 16：25　㋑ 16：20　㋒ 20：30 ┆

□

② 24：18　（　　　）

┆ ㋐ 16：9　㋑ 12：8　㋒ 36：27 ┆

□

2 次の比を簡単《かんたん》にして（　　）に書きましょう。(5 × 4)

① 18：12　（　　　　）

② 2.4：0.8　（　　　　）

③ $\frac{4}{5}$：0.6　（　　　　）

④ $\frac{3}{4}$：$\frac{7}{10}$　（　　　　）

3 次の式で，x の表す数を求めましょう。(5 × 2)

① $x : 4 = 27 : 12$

$x =$ □

② $10 : 8 = 25 : x$

$x =$ □

【思考・判断・表現】

4 牛乳《ぎゅうにゅう》と紅茶《こうちゃ》を 5：4 になるように混ぜて，ミルクティーを作ります。紅茶を 80mL にすると，牛乳は何 mL になりますか。(5 × 2)

式

答え

5 60cm のリボンを 3：2 になるように切り分けます。何 cm と何 cm になりますか。(5 × 2)

式

答え

6 高さ 2m の棒《ぼう》のかげが，1.5m のとき，かげの長さが 6m の木の高さは何 m ですか。(5 × 2)

式

答え

7 1L のお茶を 4：1 になるように分けます。何 mL と何 mL になりますか。(5 × 2)

式

答え

8 80cm の針金《はりがね》を使って，縦《たて》と横の長さの比が 3：5 になるように長方形を作ります。縦と横の長さは，それぞれ何 cm になりますか。(5 × 2)

式

答え　縦　　　　　横

月　　日

6 拡大図と縮図

拡大図と縮図（1）

名前

● ㋐，㋑，㋒は，どれも同じ形です。
（　　）にあてはまることばを下の［　　］から選んで書きましょう。
（同じことばを何回使ってもよい。）

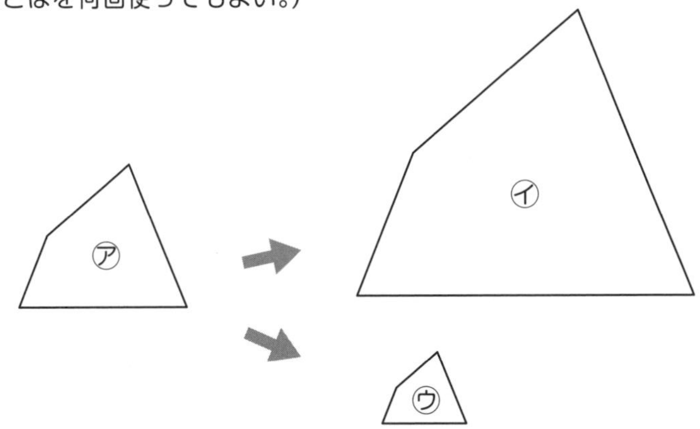

① ㋑のように，形を変えないで大きくした図を（　　　　　）といいます。

② ㋒のように，形を変えないで小さくした図を（　　　　）といいます。

③ 対応する角の大きさは（　　　　　）。

④ 対応する辺の長さの比は（　　　　　）。

⑤ 辺の長さが㋐の２倍になっている㋑は，㋐の（　　　　）の拡大《かくだい》図《ず》です。

⑥ 辺の長さが㋐の $\frac{1}{2}$ になっている㋒は，㋐の（　　　　）の縮図《しゅくず》です。

等しい・等しくない・２倍・４倍・$\frac{1}{2}$・$\frac{1}{4}$・縮図・拡大図

月　　日

6 拡大図と縮図

拡大図と縮図（2）

名前

1 ㋐の三角形の拡大図《かくだいず》，縮図《しゅくず》はどれですか。
また，それは何倍の拡大図，何分の一の縮図ですか。

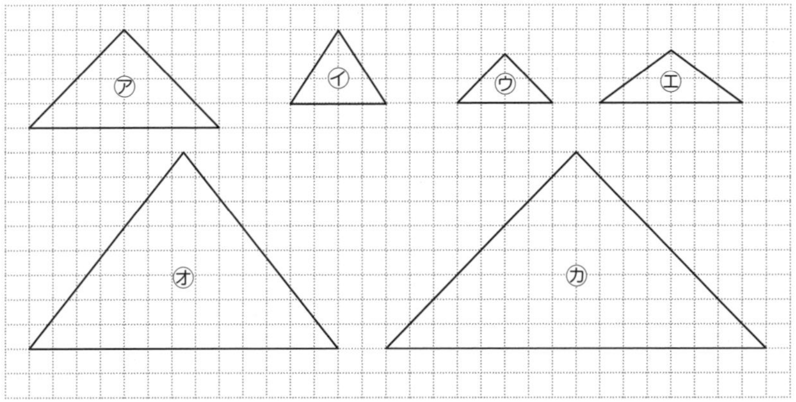

（　　）は（　　）倍の拡大図　　（　　）は（　　）の縮図

2 ㋕の四角形の拡大図，縮図はどれですか。
また，それは何倍の拡大図，何分の一の縮図ですか。

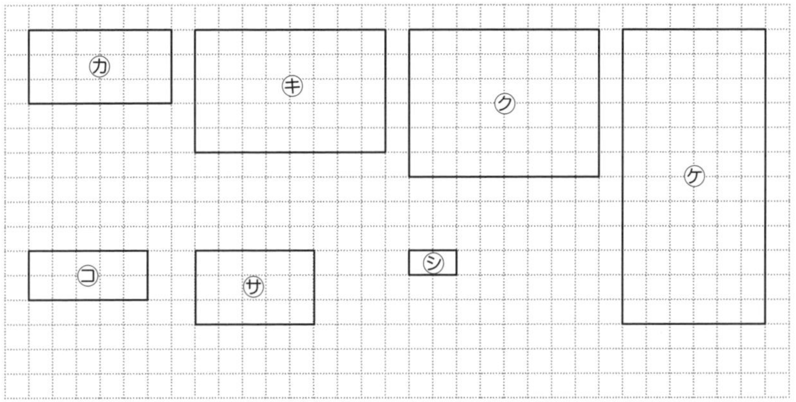

（　　）は（　　）倍の拡大図　　（　　）は（　　）の縮図

月　　日

6 拡大図と縮図

拡大図と縮図（3）

名前

1　下の四角形 EFGH は，四角形 ABCD の $\frac{1}{2}$ の縮図です。
下の問いに答えましょう。

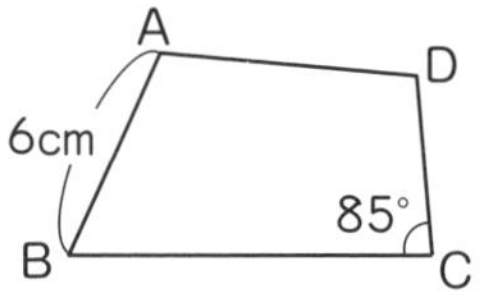

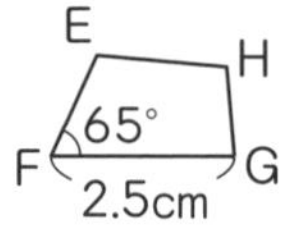

① 辺 AB に対応する辺はどれですか。また，何 cm ですか。
辺（　　　　）で（　　　　）cm

② 辺 FG に対応する辺はどれですか。また，何 cm ですか。
辺（　　　　）で（　　　　）cm

③ 角 C に対応する角はどれですか。また，何度ですか。
角（　　　　）で（　　　　）度

2　三角形アイウを 1.5 倍に拡大した三角形カキクがあります。
下の問いに答えましょう。

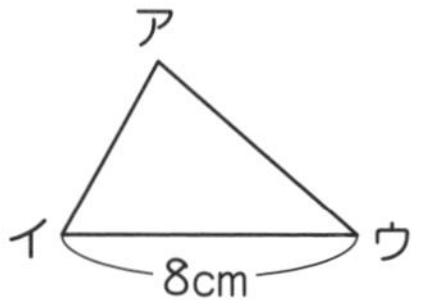

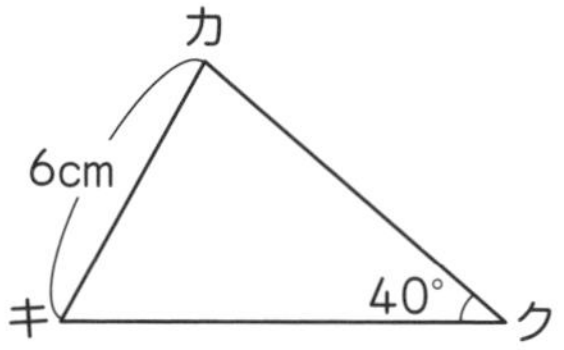

① 角クに対応する角はどれですか。また，何度ですか。
角（　　　　）で（　　　　）度

② 辺イウに対応する辺はどれですか。また，何 cm ですか。
辺（　　　　）で（　　　　）cm

③ 辺カキに対応する辺はどれですか。また，何 cm ですか。
辺（　　　　）で（　　　　）cm

月　　日

6 拡大図と縮図

拡大図と縮図（4）

名前

1　次の三角形 ABC を 2 倍に拡大《かくだい》した三角形 DEF をかきましょう。

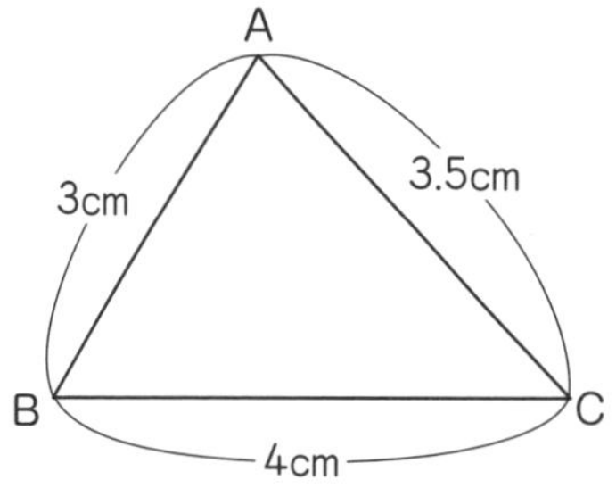

2　次の三角形アイウを $\frac{1}{2}$ に縮小《しゅくしょう》した三角形カキクをかきましょう。

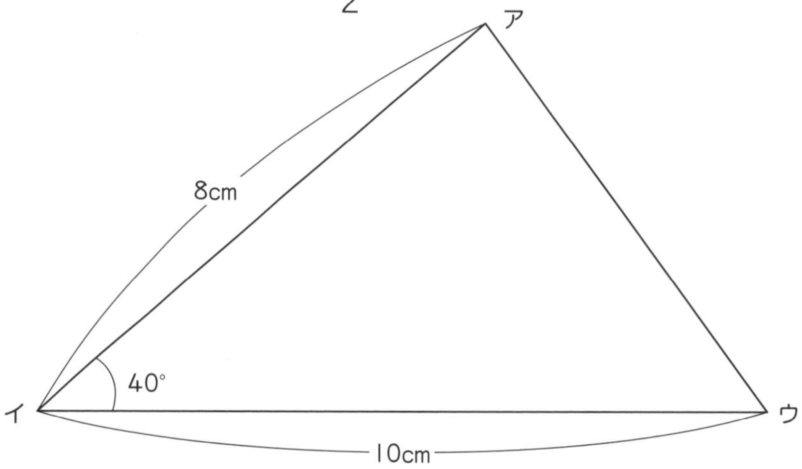

月　　日

名前

6 拡大図と縮図

拡大図と縮図（5）

1　次の三角形 ABC を 2 倍に拡大《かくだい》した三角形 DEF をかきましょう。

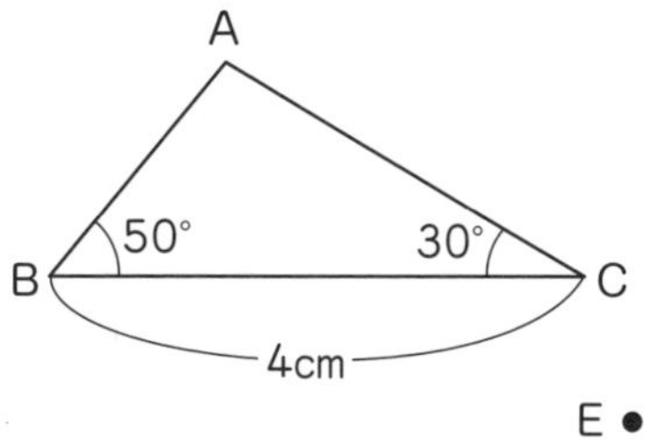

2　三角形アイウの 2 倍の拡大図と，$\frac{1}{2}$ の縮図《しゅくず》をかきましょう。

（必要な長さや角度をはかってかきましょう。）

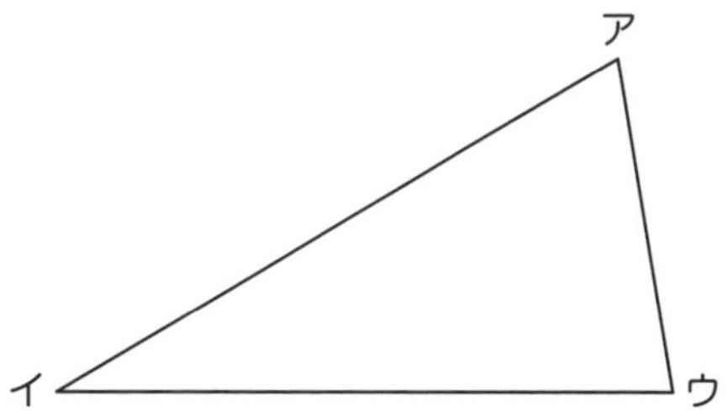

拡大図 ●

縮図 ●

月　　日

名前

6 拡大図と縮図

拡大図と縮図（6）

1　頂点《ちょうてん》イを中心にして，三角形アイウの 2 倍と 3 倍の拡大図《かくだいず》をかきましょう。

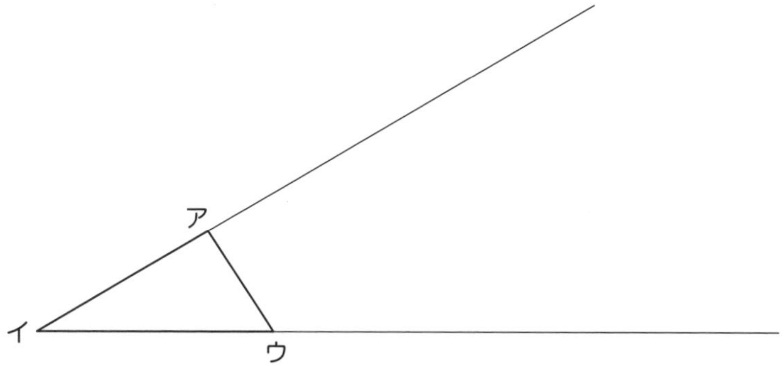

2　頂点《ちょうてん》イを中心にして，四角形アイウエの 2 倍の拡大図と，$\frac{1}{2}$ の縮図《しゅくず》をかきましょう。

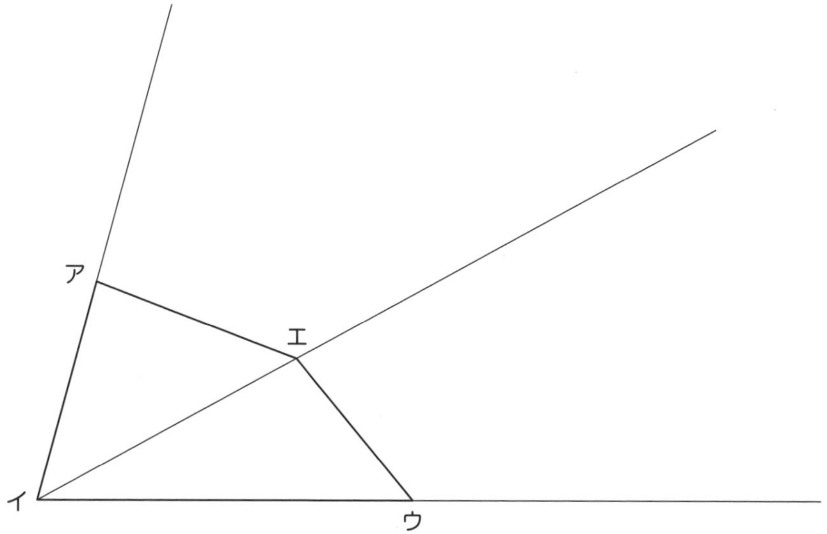

6 拡大図と縮図
拡大図と縮図（7）

月　日

名前

□1 頂点《ちょうてん》イを中心にして，三角形アイウの $\frac{1}{2}$ と $\frac{1}{3}$ の縮図《しゅくず》をかきましょう。

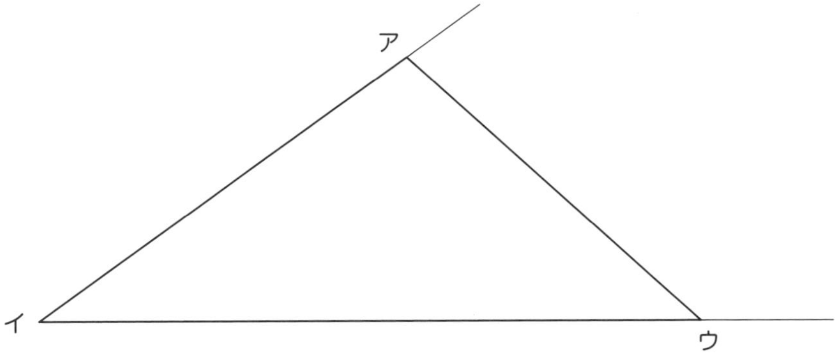

トライ

□2 四角形 ABCD の 2 倍の拡大図《かくだいず》を，対角線が交わった点 O を中心にしてかきましょう。

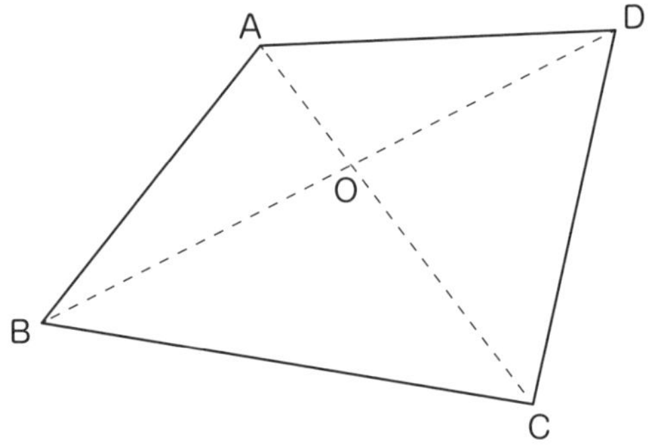

6 拡大図と縮図
拡大図と縮図（8）

月　日

名前

□1 正三角形 ABC の 1.5 倍の拡大図《かくだいず》と，$\frac{1}{2}$ の縮図《しゅくず》をかきましょう。

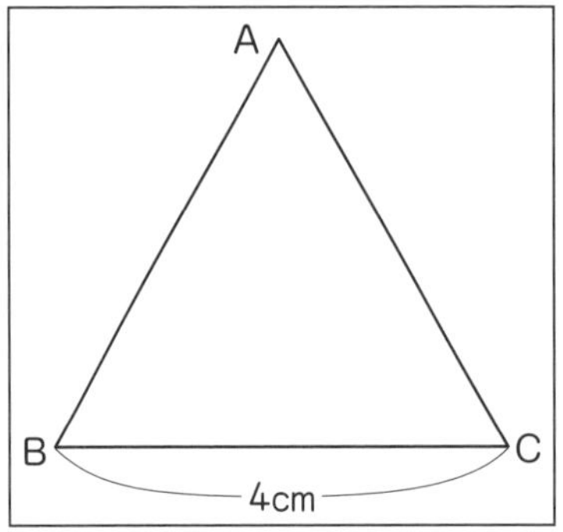

拡大図

縮図

□2 正方形アイウエの 2.5 倍の拡大図と，$\frac{1}{2}$ の縮図をかきましょう。

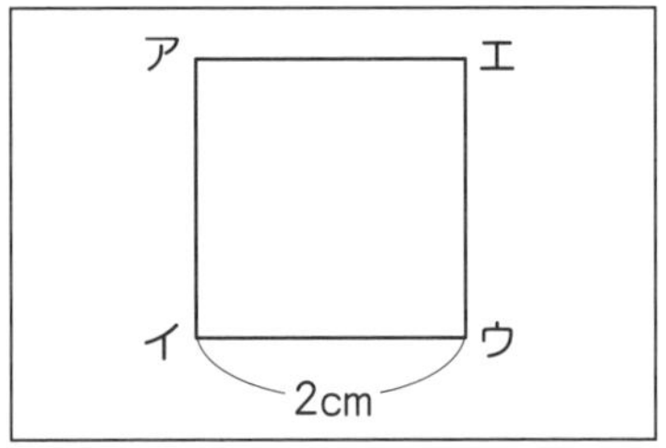

拡大図

縮図

6 拡大図と縮図

縮図の利用（1）

名前

● 下の図は、自分の家のまわりの縮図《しゅくず》です。
家の前 A から B までの 500m を 5cm に縮《ちぢ》めて表しています。
家から公園入口までのきょりや道のりを
求めましょう。

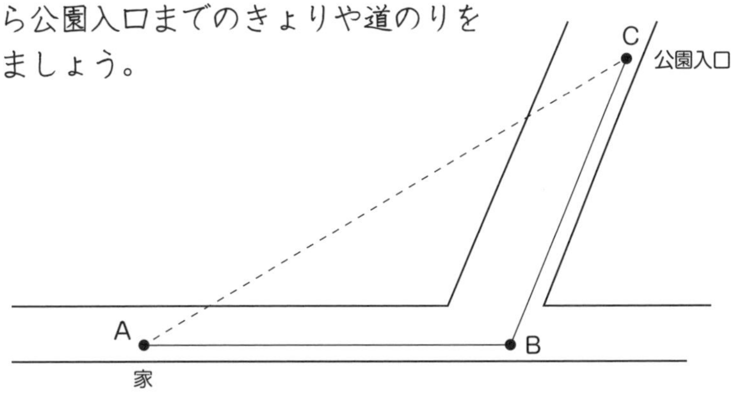
C
公園入口
A
B
家

① 縮尺《しゅくしゃく》(縮めた割合《わりあい》)を，分数で表しましょう。

(　　　　　　　　)

② A(家)から C(公園入口)までの，実際のきょりを求めましょう。
(AC の長さは，7.7cm とします。)

式

答え ＿＿＿＿＿＿

③ A (家) から B を通って C (公園入口) までの実際の道のりを
求めましょう。(BC の長さは 4cm とします。)

式

答え ＿＿＿＿＿＿

6 拡大図と縮図

縮図の利用（2）

名前

● 下の図で池のはば AB の実際の長さは何 m ですか。
$\frac{1}{500}$ の縮図《しゅくず》をかいて求めましょう。

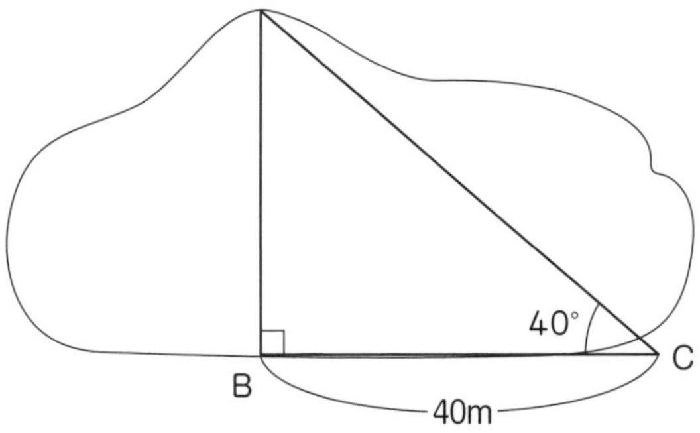
A
40°
B
C
40m

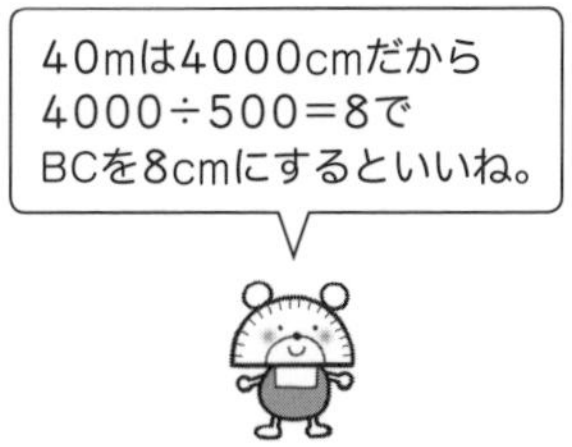
40mは4000cmだから
4000÷500＝8で
BCを8cmにするといいね。

① $\frac{1}{500}$ の縮図を
かきましょう。

② 実際の長さを求めましょう。

式

答え ＿＿＿＿＿＿

月　　日

6 ふりかえり・たしかめ (1)
拡大図と縮図

名前

1　方眼を使って，下の台形 ABCD の 2 倍の拡大図《かくだいず》と，$\frac{1}{2}$ の縮図《しゅくず》をかきましょう。

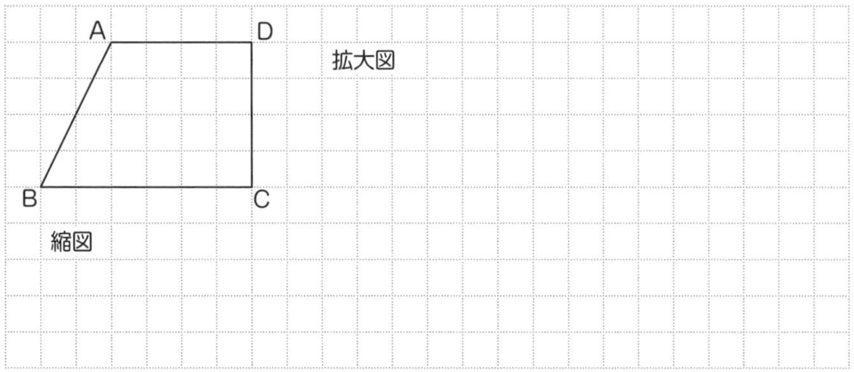

2　下の図は，家から学校までの道を表しています。
AB の実際の長さ 400m を 4cm に縮《ちぢ》めて表しています。

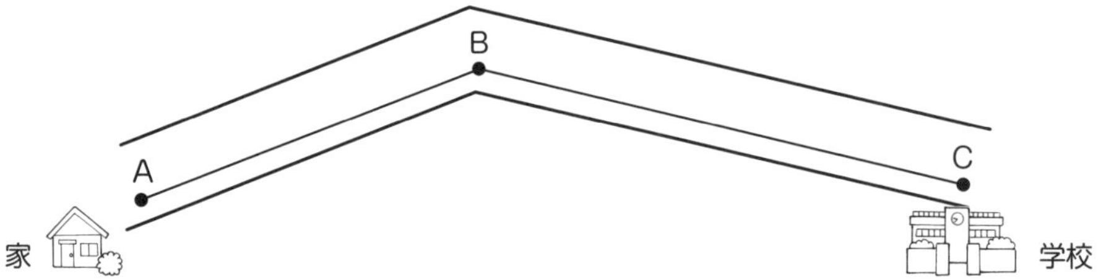

① この図の縮尺《しゅくしゃく》を分数で表しましょう。

（　　　　　）

② A（家）から C（学校）までの実際の道のりを求めましょう。

（BC の長さは 5.5cm とします。）

式

答え

月　　日

6 ふりかえり・たしかめ (2)
拡大図と縮図

名前

1　下の三角形 ABC の $\frac{1}{3}$ の縮図《しゅくず》をかきましょう。

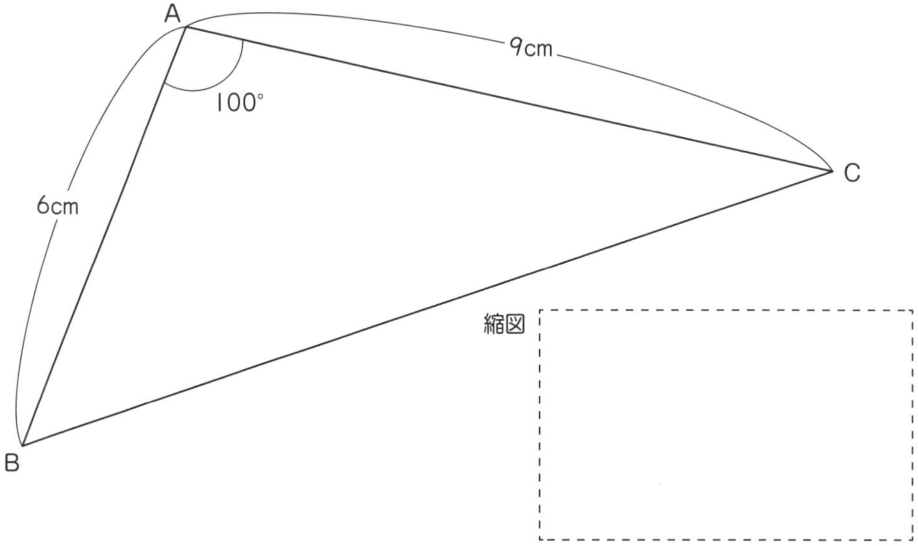

2　四角形アイウエの 2 倍の拡大図《かくだいず》と，$\frac{1}{2}$ の縮図《しゅくず》を，頂点《ちょうてん》イを中心にかきましょう。

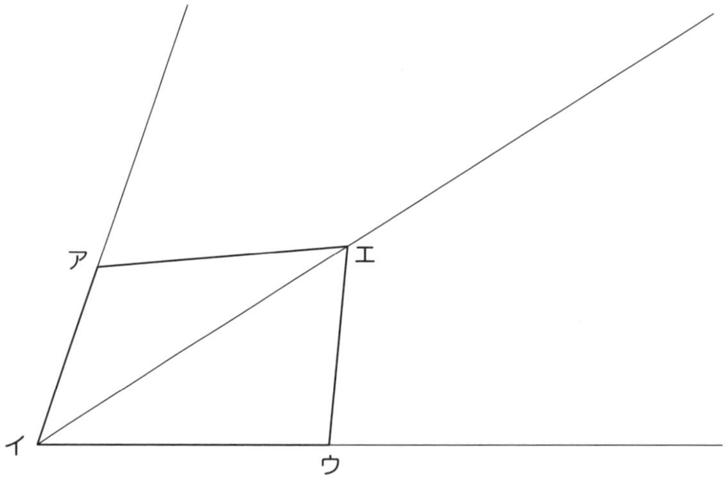

月　　日

6 まとめのテスト
拡大図と縮図

名前

【知識・技能】

1　四角形カキクケは，四角形アイウエの拡大《かくだい》図《ず》です。(5 × 4)

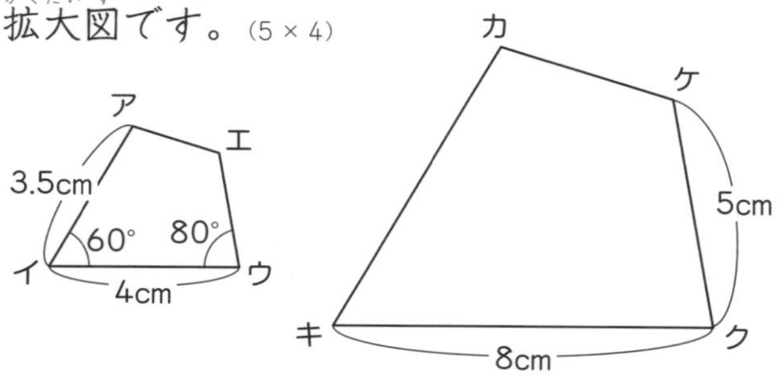

(1)　四角形カキクケは，四角形アイウエの何倍の拡大図ですか。　(　　　　)

(2)　角クの大きさは何度ですか。(　　　　)

(3)　次の辺の長さは何 cm ですか。

①　辺カキ　(　　　　)

②　辺エウ　(　　　　)

2　次の三角形の２倍の拡大図をかきましょう。(10)

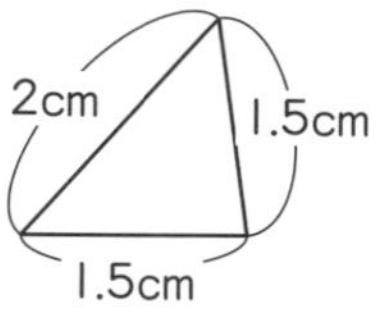

3　下の四角形アイウエの頂点《ちょうてん》イを中心にして，２倍の拡大図と，$\frac{1}{2}$ の縮図《しゅくず》をかきましょう。(10 × 2)

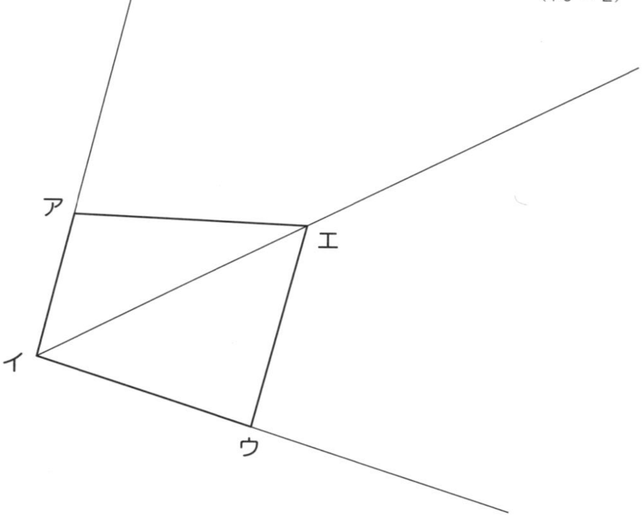

【思考・判断・表現】

4　下の図は，ある小学校の縮図です。

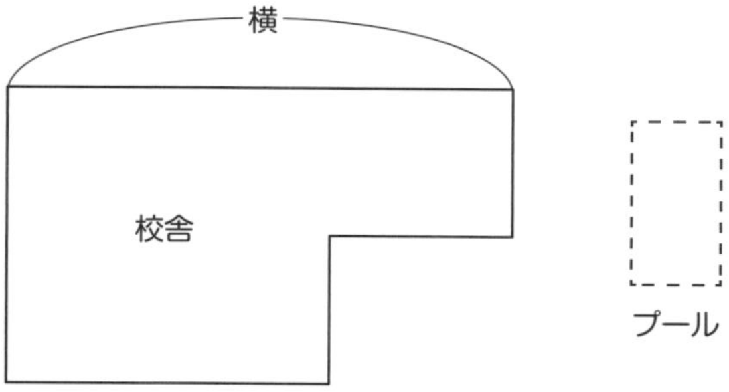

①　縮図では実際の縦《たて》の長さ 30m が 3cm で表されています。縮尺《しゅくしゃく》を分数で表しましょう。(10)

(　　　　)

②　縮図で校舎の横の長さは 5cm です。実際の長さは，何 m ですか。(10 × 2)

式

答え

③　上の縮図に，縦 25m，横 10m の長方形のプールをかき加えます。
縮図では，縦何 cm，横何 cm になりますか。(10 × 2)

式

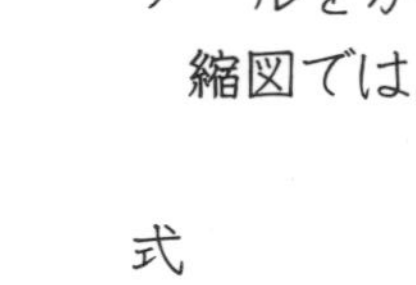

答え　縦　　　　　　横

月　　日

7 円の面積

円の面積（1）

名前

● 円の面積を 1cm^2 が何個あるかで調べましょう。

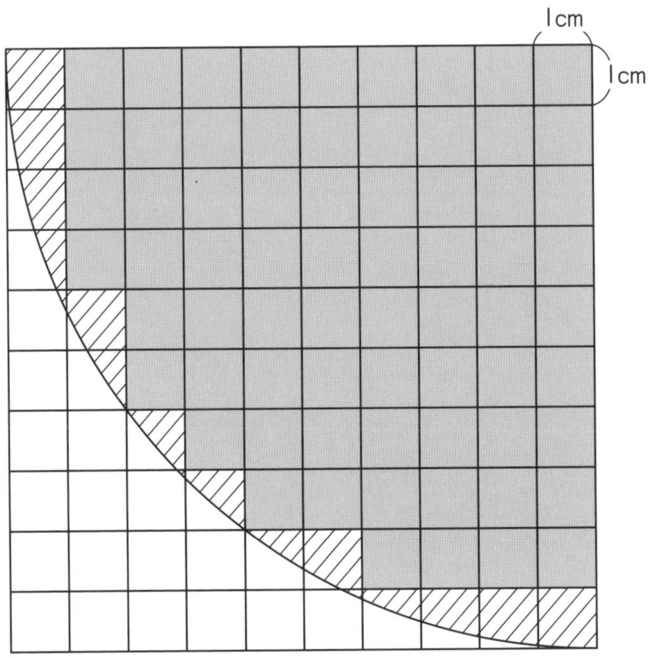

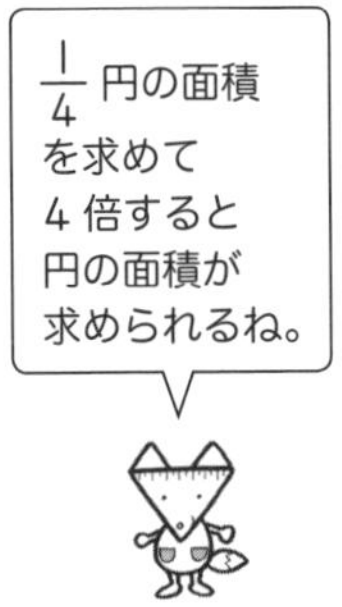

①  は（　　　）個で，（　　　）cm^2

②  は（　　　）個，すべて半分の 0.5cm^2 と考えて，

（　　　）cm^2

③ ①と②を合わせると，（　　　）cm^2

④ 円の面積は，上の図の 4 倍だから

（　　　）× 4 =（　　　）

答え 約（　　　）cm^2

月　　日

7 円の面積

円の面積（2）

名前

● 円の中に正十六角形をかいて，面積を求めてみましょう。

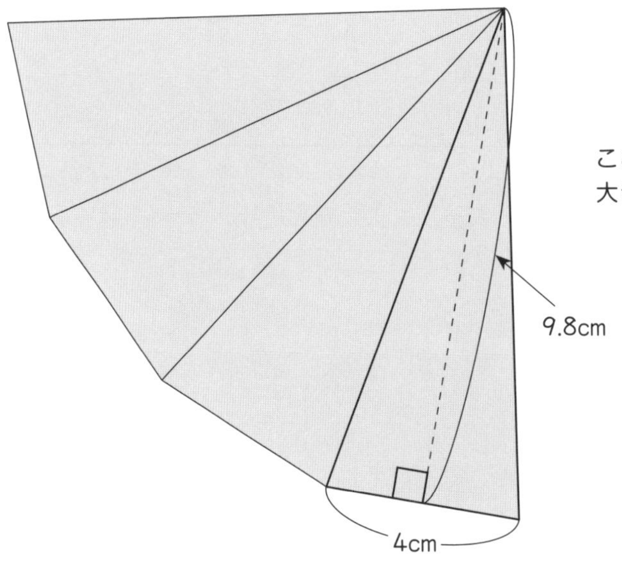

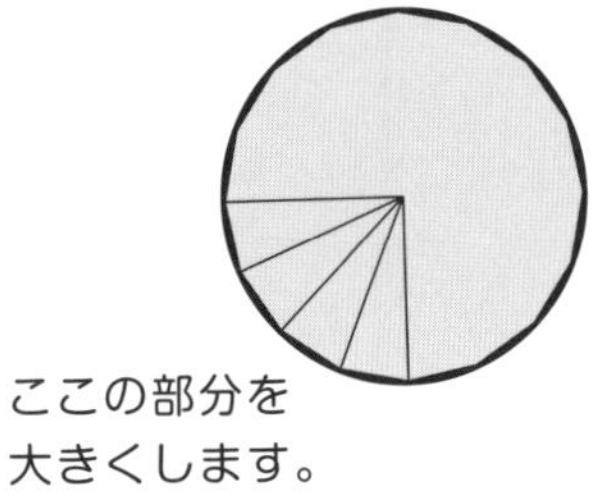

① 1 つの三角形の面積を求めます。
底辺は 4cm，高さは 9.8cm として求めましょう。

式

答え

② ①で面積を求めた三角形が，円の中に 16 個あると考え，円のおよその面積を求めましょう。

式

答え 約（　　　）cm^2

月　　日

7 円の面積
円の面積 (3)

名前

● 円をどんどん細かく等分して並《なら》べかえていくと，長方形に近づいていきます。長方形として，円の面積を求める公式を考えます。(　　) にあてはまることばを書きましょう。

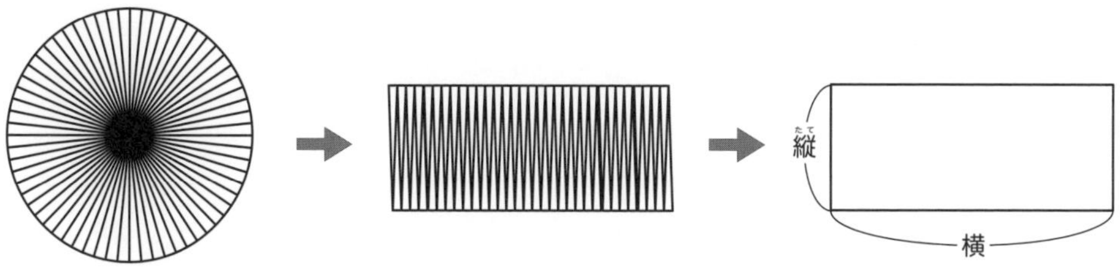

① 長方形の縦は，円のどの部分と同じ長さですか。

(　　　　　　)

② 長方形の横は，円のどの部分と同じ長さですか。

(　　　　　　　　)

③ 長方形の面積 ＝ 縦 × 横

↓　↓

(　　　　) 円周の半分

④ 円周の半分 ＝ (　　　　) ×円周率÷ 2

＝ (　　　　) ×円周率

⑤ 円の面積 ＝ (　　　　) × (　　　　) ×円周率

月　　日

7 円の面積
円の面積 (4)

名前

1 円の面積を求める公式を書きましょう。

円の面積 ＝ (　　　　) × (　　　　) × (　　　　)

2 次の円の面積を求めましょう。

①

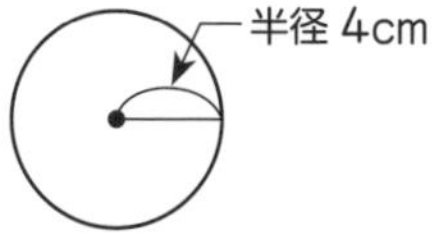

式

答え

②

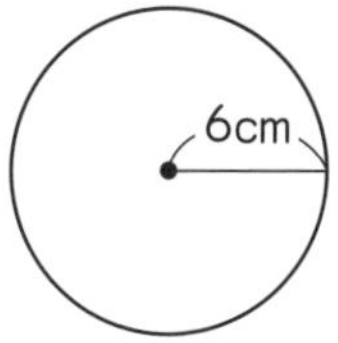

式

答え

③

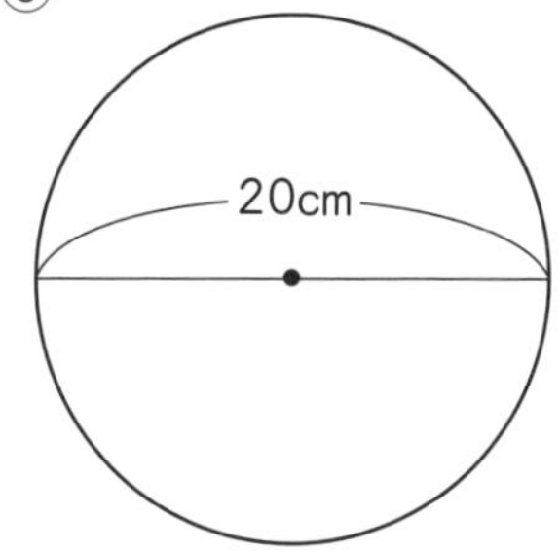

式

答え

④ 直径 4m の円の面積

式

答え

月　　日

7 円の面積

円の面積（5）

名前

● 下の図形の面積を求めましょう。

①

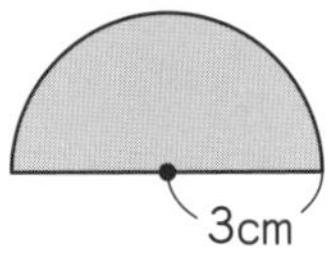

式

答え

②

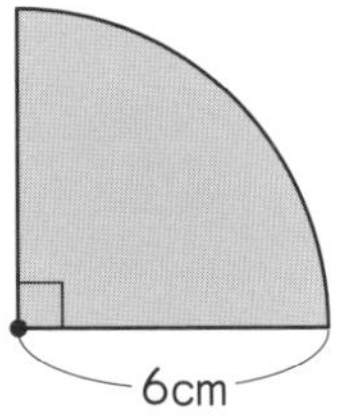

式

答え

③

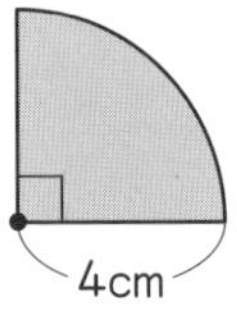

式

答え

④

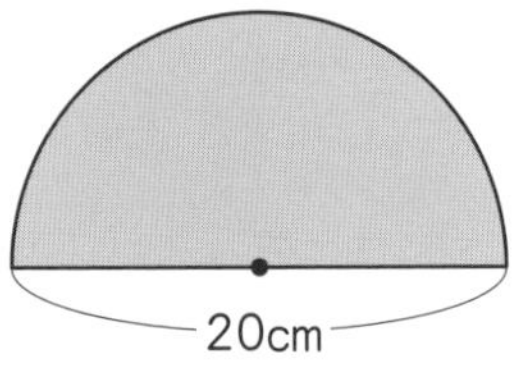

式

答え

月　　日

7 円の面積

円の面積（6）

名前

● ①～④の色をぬった部分の面積を求めます。
①→②→③→④の順に考えて求めましょう。

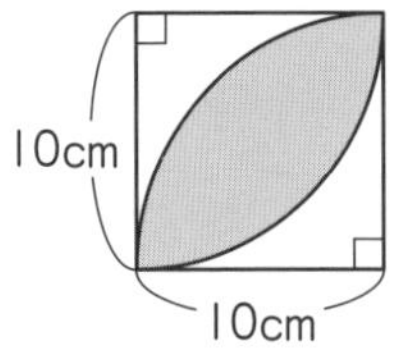

考え方

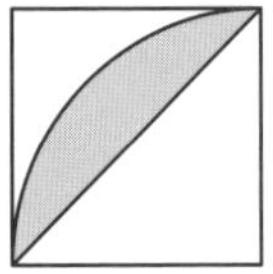

左の図の 2 つ分と
考えて面積を求めます。

①

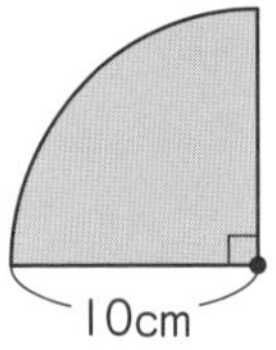

式

答え

②

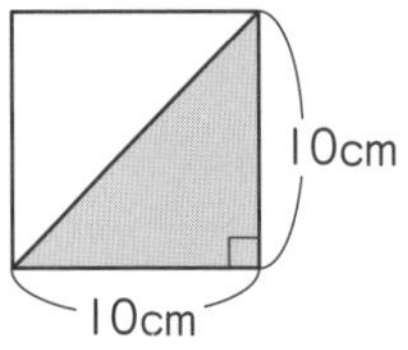

式

答え

③

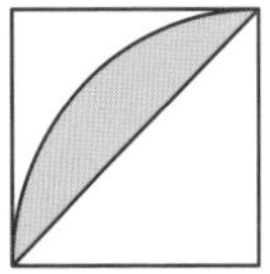

式

答え

④

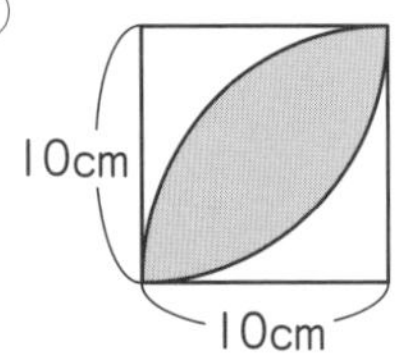

式

答え

月　　日

7 円の面積
円の面積（7）

名前

1　右の図のように，1辺が20cmの正方形にぴったり入る円の面積を求めましょう。

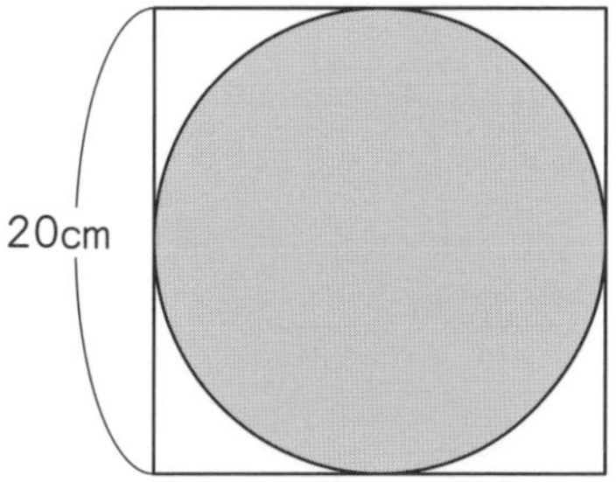

式

答え ＿＿＿＿＿＿＿＿

2　円周が次の長さのときの，円の面積を求めましょう。

①　円周の長さが 31.4cm

式

答え ＿＿＿＿＿＿＿＿

②　円周の長さが 50.24cm

式

答え ＿＿＿＿＿＿＿＿

月　　日

7 円の面積
円の面積（8）

名前

●　色をぬった部分の面積を求めましょう。

①

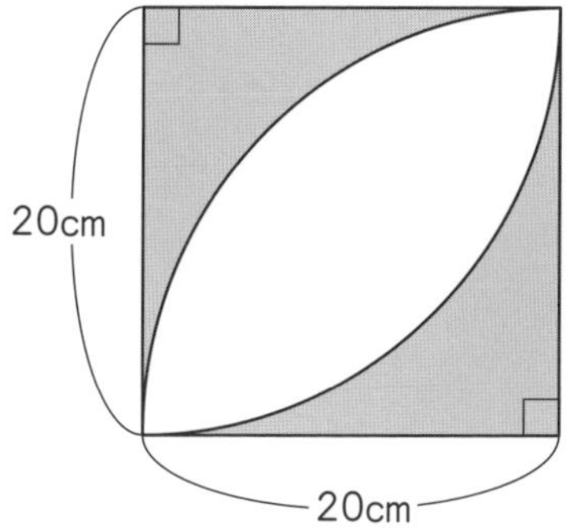

式

答え ＿＿＿＿＿＿＿＿

②

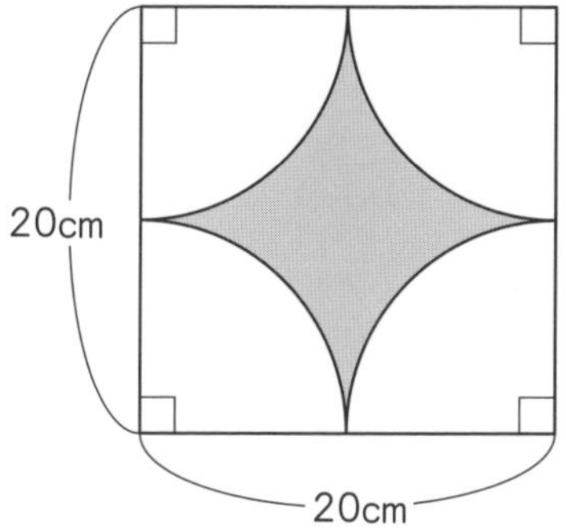

式

答え ＿＿＿＿＿＿＿＿

③

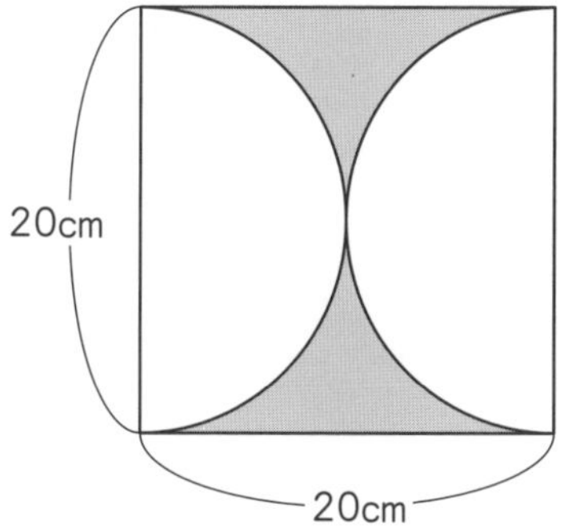

式

答え ＿＿＿＿＿＿＿＿

月　　日

7 円の面積

円の面積（9）

名前

● 色をぬった部分の面積を求めましょう。

①

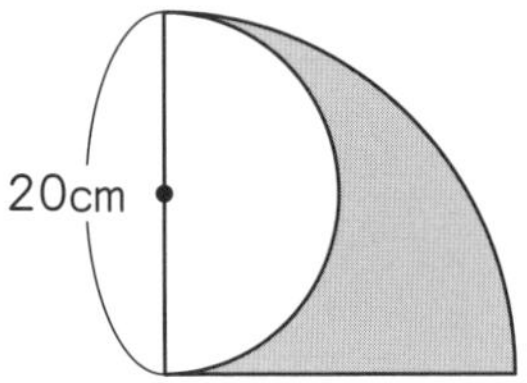

式

答え ＿＿＿＿＿＿＿＿

②

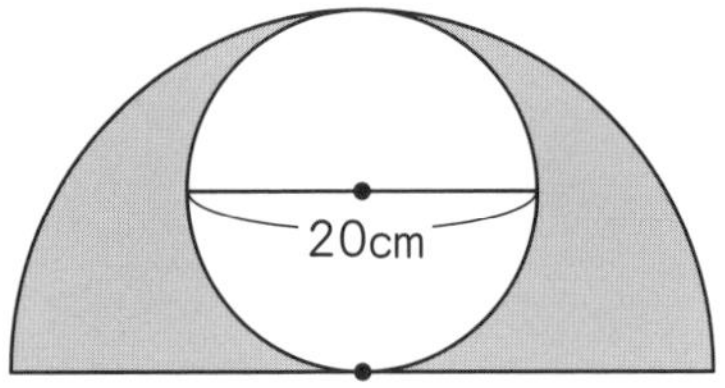

式

答え ＿＿＿＿＿＿＿＿

③

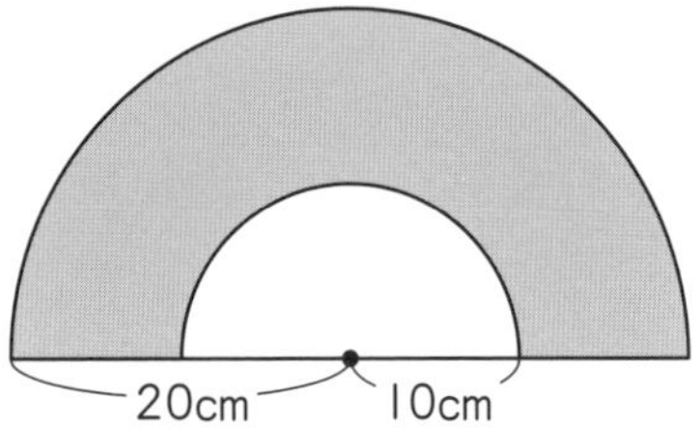

式

答え ＿＿＿＿＿＿＿＿

月　　日

7 円の面積

円の面積（10）

名前

1 1辺が20cmの正方形の中に，4つの円が，ぴったりと入っています。

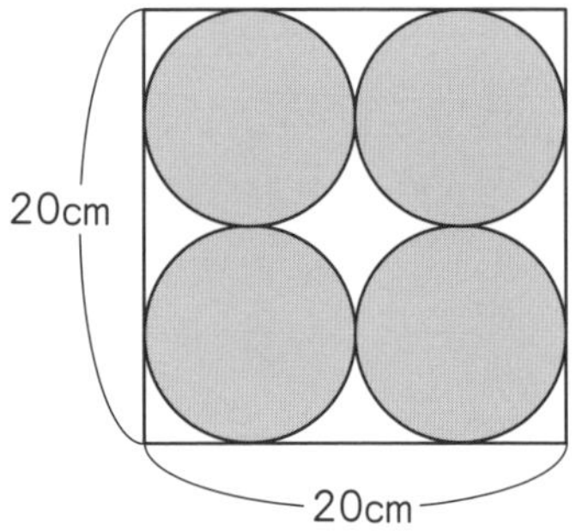

① 色をぬった部分の面積を求めましょう。

式

答え ＿＿＿＿＿＿＿＿

② 色をぬっていない部分の面積を求めましょう。

式

答え ＿＿＿＿＿＿＿＿

2 円の中に，直径10cmの円が2つぴったりと入っています。

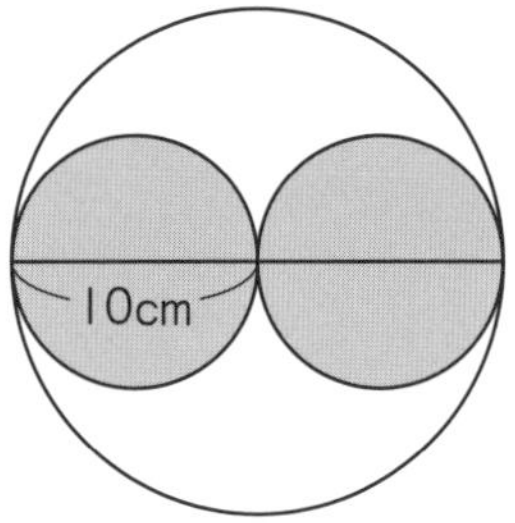

① 色をぬった部分の面積を求めましょう。

式

答え ＿＿＿＿＿＿＿＿

② 色をぬっていない部分の面積を求めましょう。

式

答え ＿＿＿＿＿＿＿＿

月　　日

7 ふりかえり・たしかめ (1)

円の面積

名前

● 色をぬった部分の面積と，まわりの長さを求めましょう。

① 面積

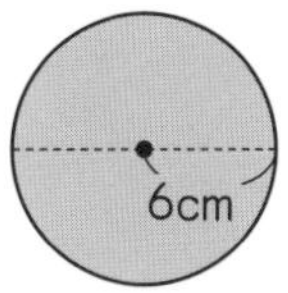

式

答え＿＿＿＿

まわりの長さ

式

答え＿＿＿＿

② 面積

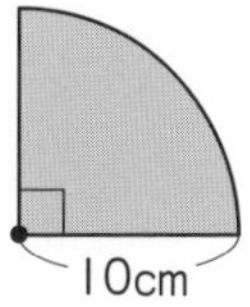

式

答え＿＿＿＿

まわりの長さ

式

答え＿＿＿＿

③ 面積

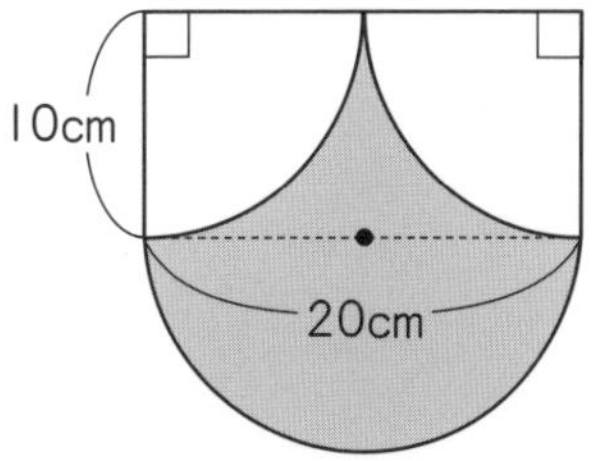

式

答え＿＿＿＿

まわりの長さ

式

答え＿＿＿＿

月　　日

7 ふりかえり・たしかめ (2)

円の面積

名前

1 色をぬった部分の面積を求めましょう。

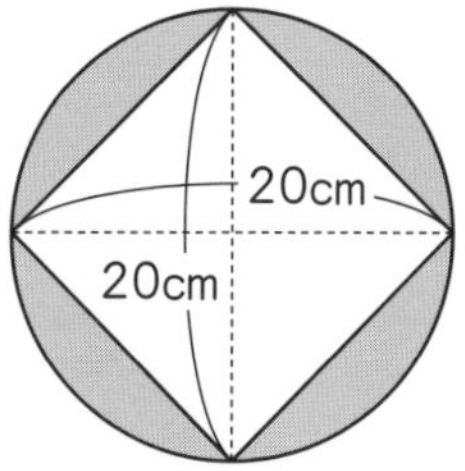

式

答え＿＿＿＿

2 直径が 2cm の円Ａと，直径がその２倍の 4cm の円Ｂがあります。

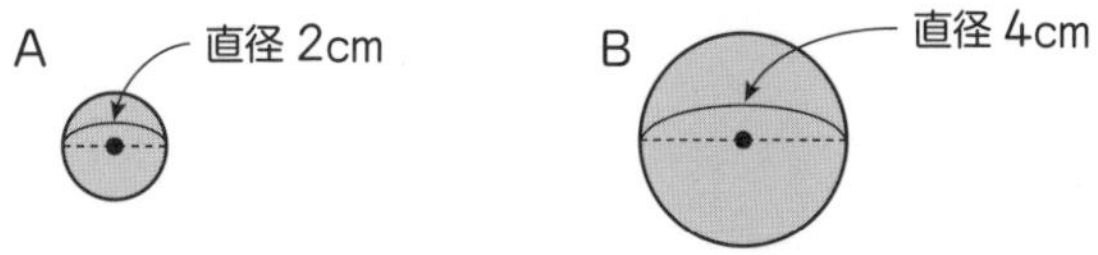

① 円Ｂの円周の長さは，円Ａの円周の長さの何倍ですか。

式

答え＿＿＿＿

② 円Ｂの面積は，円Ａの面積の何倍ですか。

式

答え＿＿＿＿

月　　日

7 まとめのテスト
円の面積

名前

【知識・技能】

1　円の面積を，下の図のように円を細かく等分し，長方形に並《なら》べかえて求めます。(5 × 4)

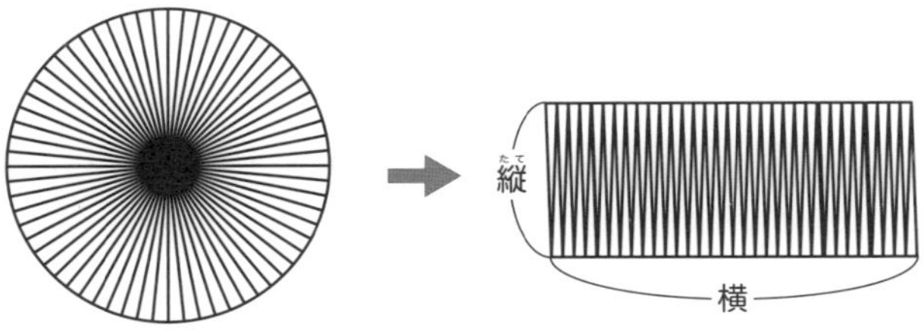

① 長方形の縦は，円のどの部分の長さと等しいですか。　(　　　　　)

② 長方形の横は，円のどの部分の長さと等しいですか。　(　　　　　　　　)

③ 長方形の横の長さを求めます。
□にあてはまることばを書きましょう。

横の長さ＝ □ × 円周率÷2

④ 円の面積を求める公式を書きましょう。

円の面積＝ □ × □ × 円周率

2　色をぬった部分の面積を求めましょう。(5×6)

①

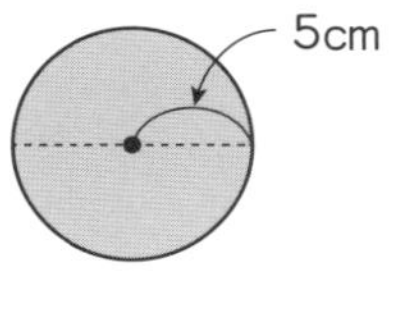

式

答え

②

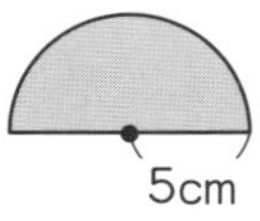

式

答え

③

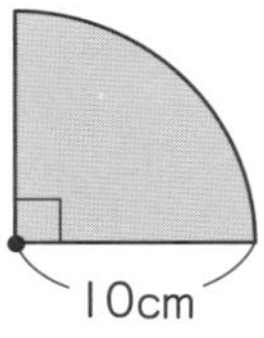

式

答え

【思考・判断・表現】

3　右の図を見て面積を求めましょう。(5 × 4)

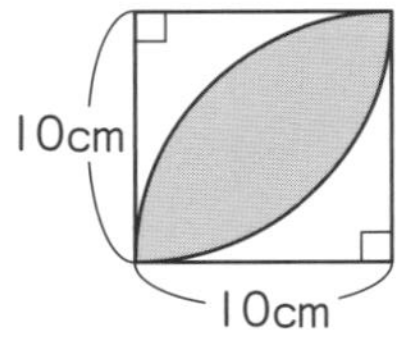

① 色をぬった部分の面積を求めましょう。

式

答え

② 白い部分の面積を求めましょう。

式

答え

4　下の図の，色をぬった部分の面積とまわりの長さを求めましょう。(5 × 4)

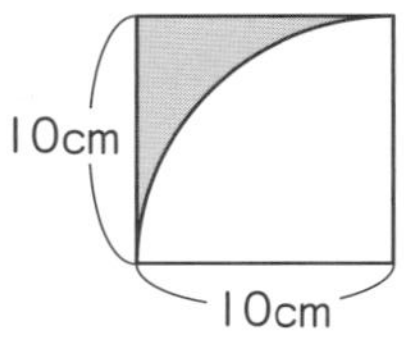

【面積】

式

答え

【まわりの長さ】

式

答え

5　Aの円は半径4cm，Bの円は半径8cmです。半径が2倍になると，面積も2倍になるでしょうか。
調べて，どちらかに○をつけましょう。(10)

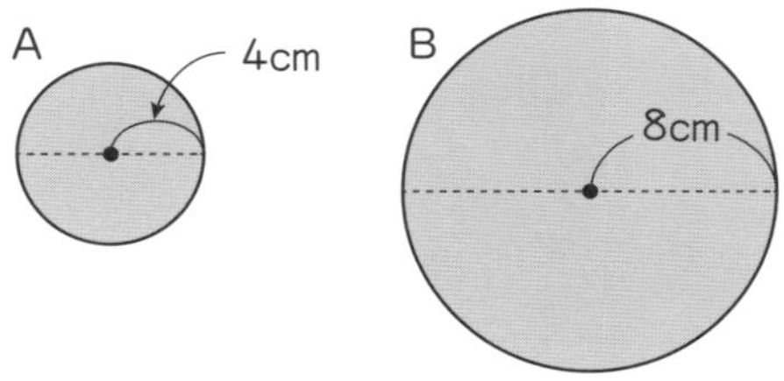

(　面積も2倍　・　面積は2倍ではない　)

月　　日

8 角柱と円柱の体積

角柱と円柱の体積（1）

名前

1　体積を求める公式を，底面積を使って見直しましょう。
（　　　）にあてはまることばを書きましょう。

直方体の体積 ＝ 縦《たて》 × 横 × 高さ

四角柱の体積 ＝（　　　　　　）×（　　　　）

2　下の図のような四角柱の体積を求めましょう。

①

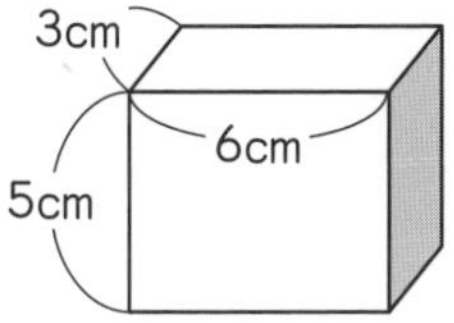

式

答え

②

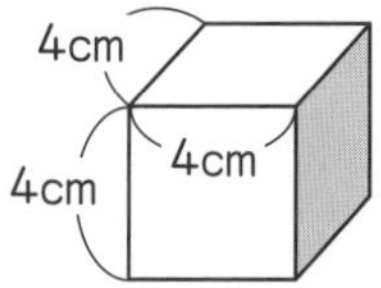

式

答え

③

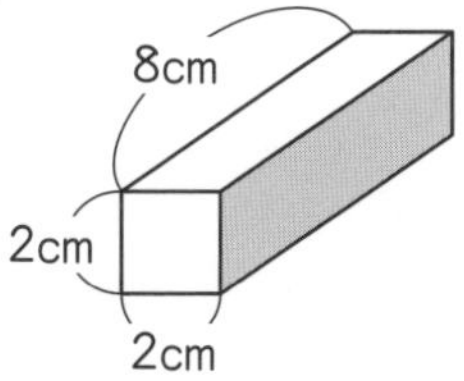

式

答え

月　　日

8 角柱と円柱の体積

角柱と円柱の体積（2）

名前

1　角柱の体積を求める公式を書きましょう。

角柱の体積　＝

2　下の図のような角柱の体積を求めましょう。

①

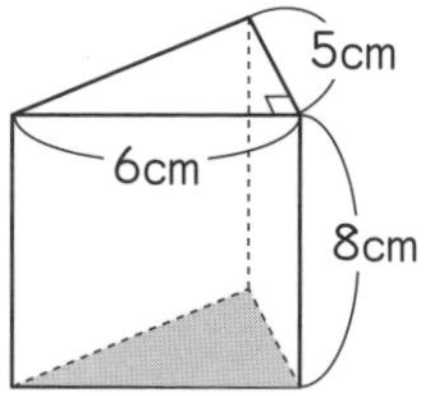

式

答え

②

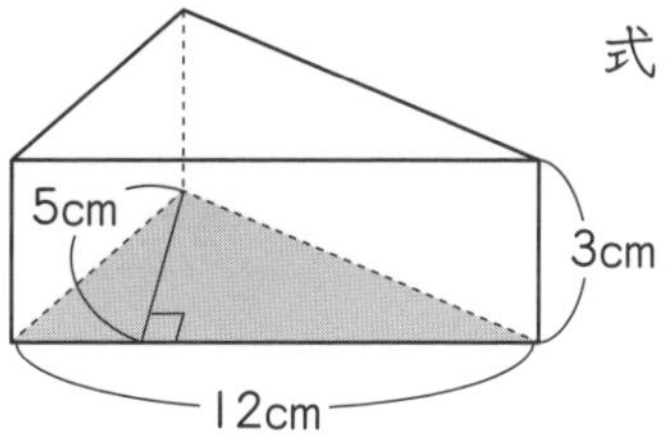

式

答え

③

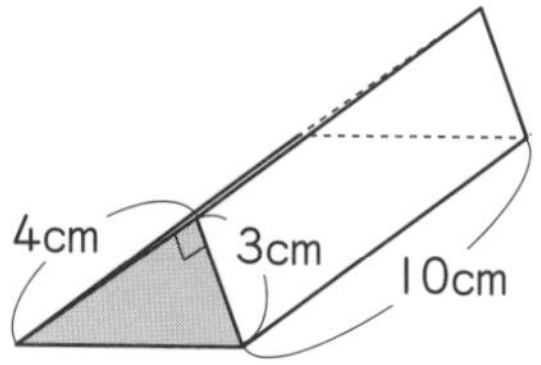

式

答え

月　日

8 角柱と円柱の体積

角柱と円柱の体積（3）

名前

● 下の図のような角柱の体積を求めましょう。

①

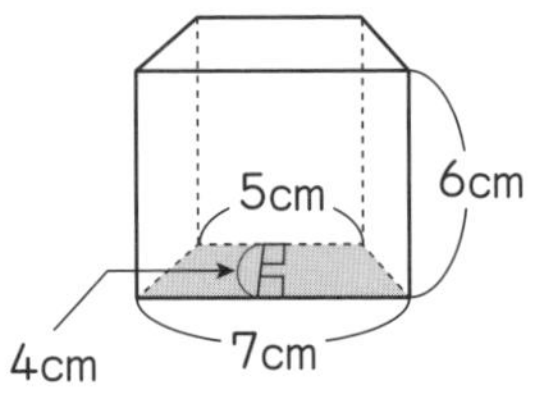

式

答え

②

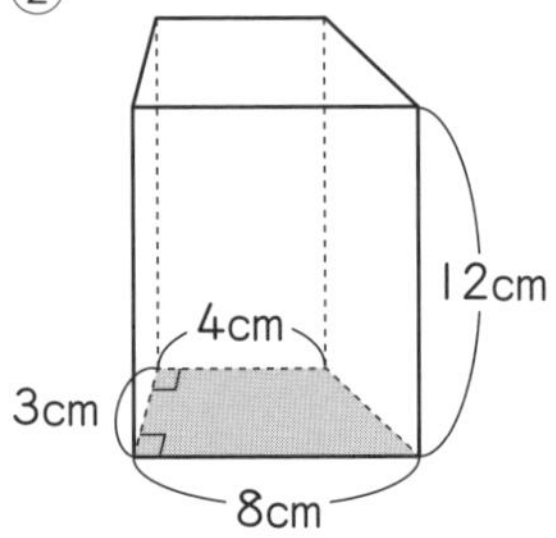

式

答え

③

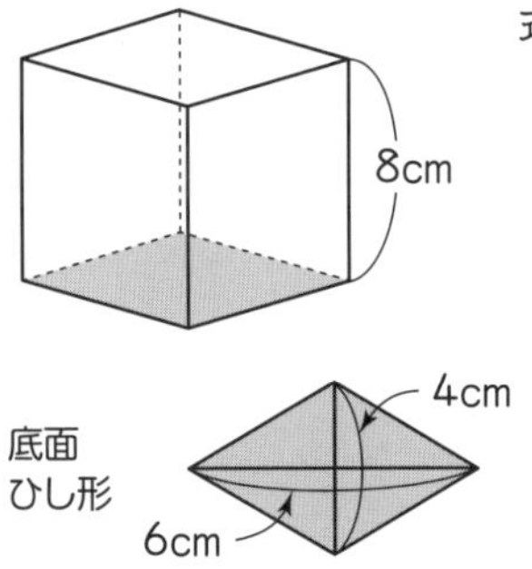

式

答え

月　日

8 角柱と円柱の体積

角柱と円柱の体積（4）

名前

● 下の図のような角柱の体積を求めましょう。

①

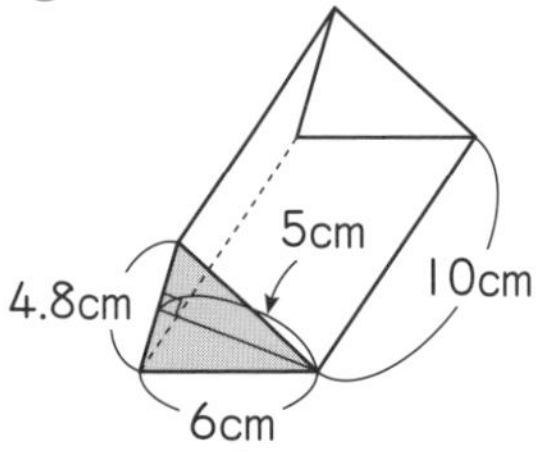

式

答え

②

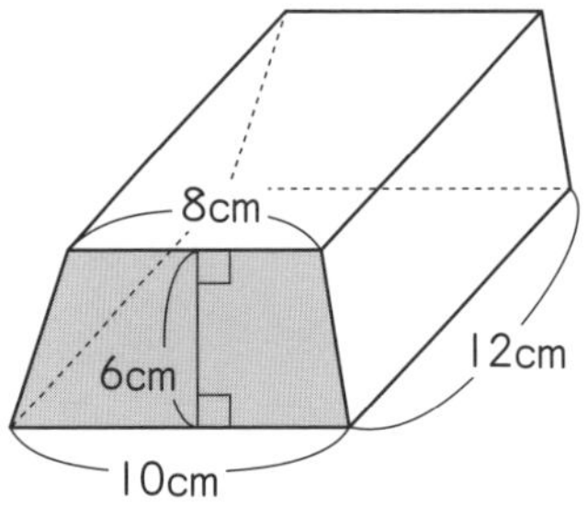

式

答え

③

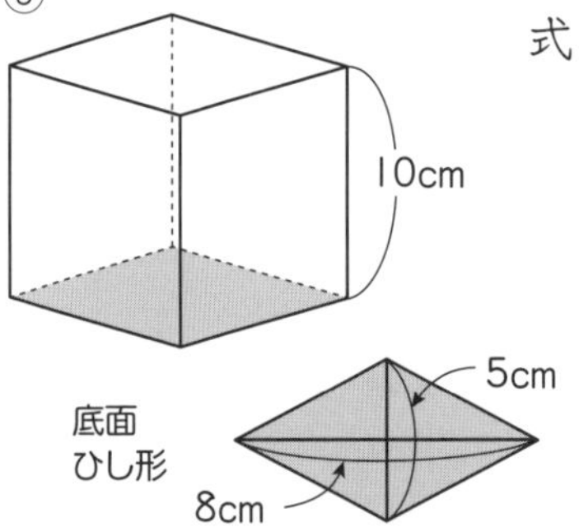

式

答え

月　日

8 角柱と円柱の体積

角柱と円柱の体積（5）

名前

□1 円柱の体積を求める公式を書きましょう。

円柱の体積　＝

□2 下の図のような円柱の体積を求めましょう。

①

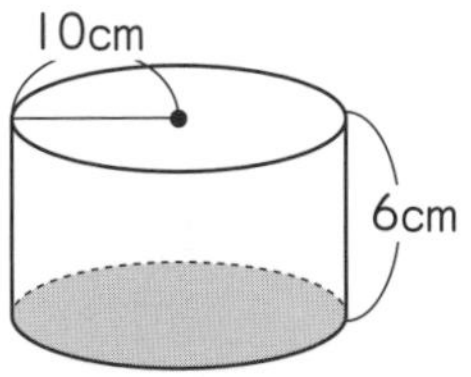

式

答え

②

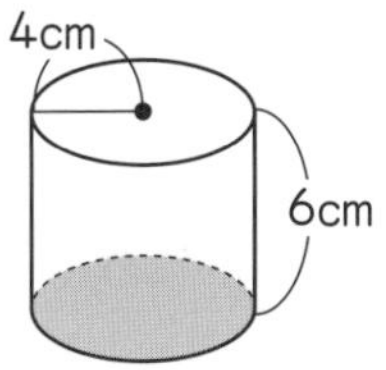

式

答え

③

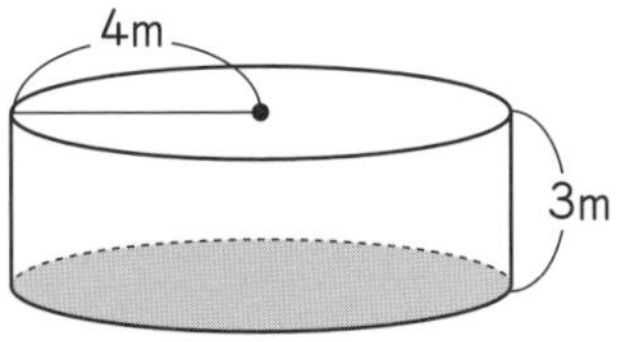

式

答え

月　日

8 角柱と円柱の体積

角柱と円柱の体積（6）

名前

● 下の図のような円柱の体積を求めましょう。

①

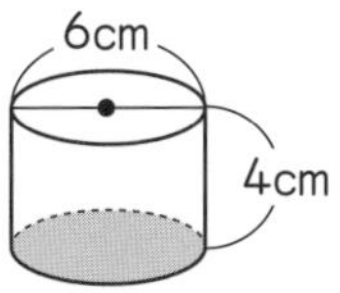

式

答え

②

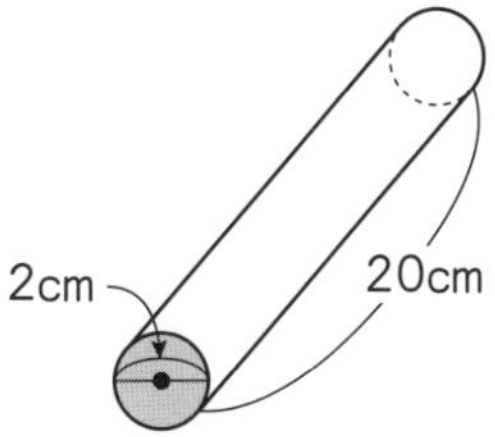

式

答え

③

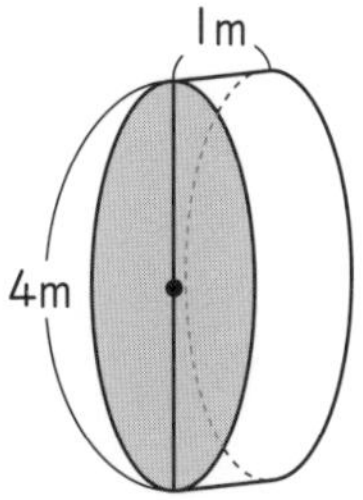

式

答え

月　　日

8 角柱と円柱の体積

角柱と円柱の体積（7）

名前

● 下の図のような立体の体積を求めましょう。

①

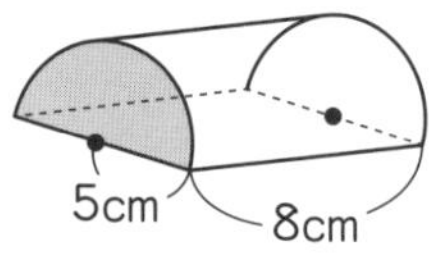

式

答え

②

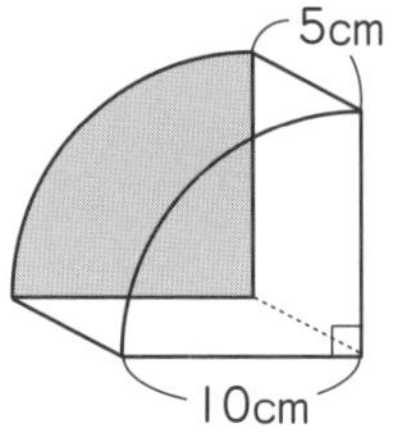

式

答え

③

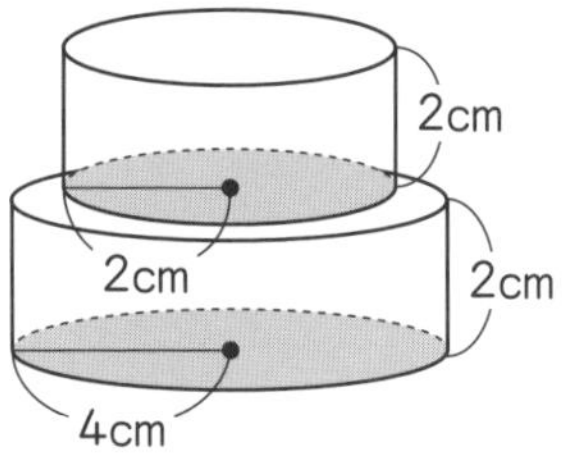

式

答え

月　　日

8 角柱と円柱の体積

角柱と円柱の体積（8）

名前

● 下の図のような立体の体積を求めましょう。

①

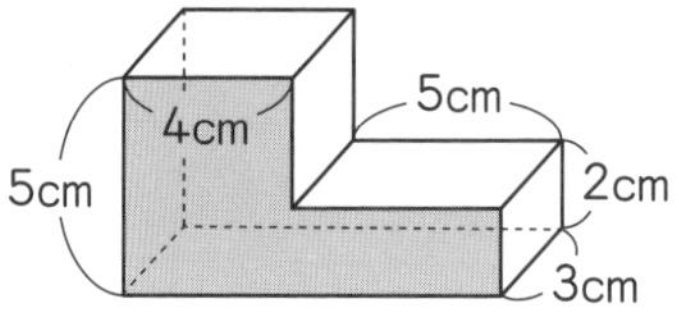

式

答え

②

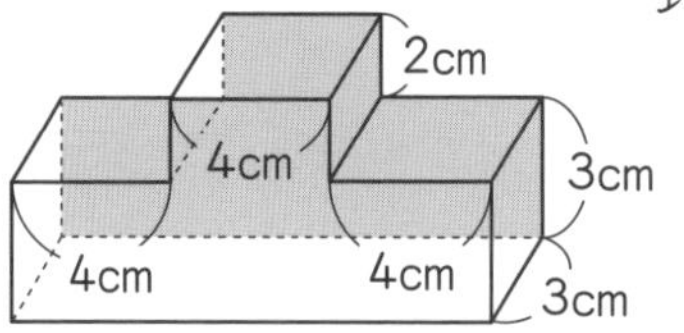

式

答え

③

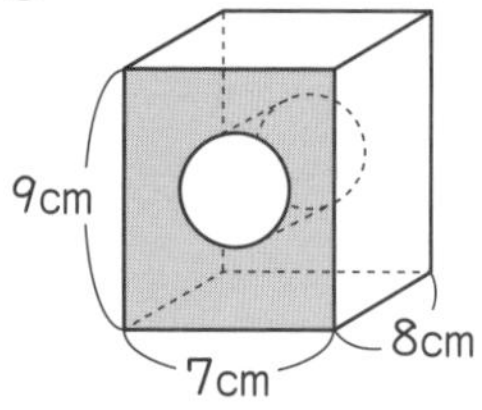

直径 4cm のあなが
あいている。

式

答え

月　　日

8 ふりかえり・たしかめ (1)

角柱と円柱の体積

名前

1　次の角柱や円柱の体積を求めましょう。

①

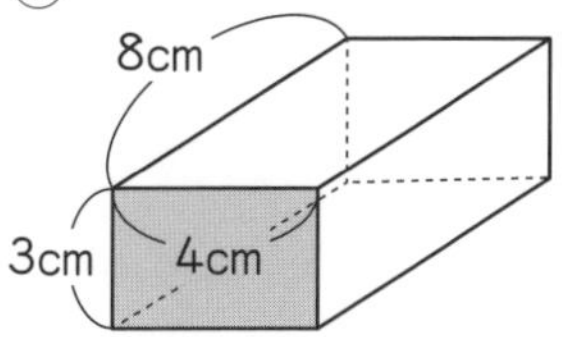

式

答え

②

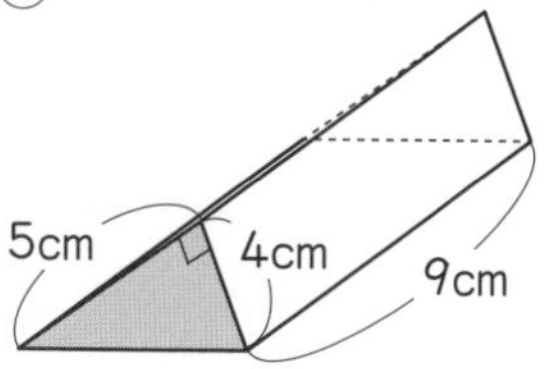

式

答え

③

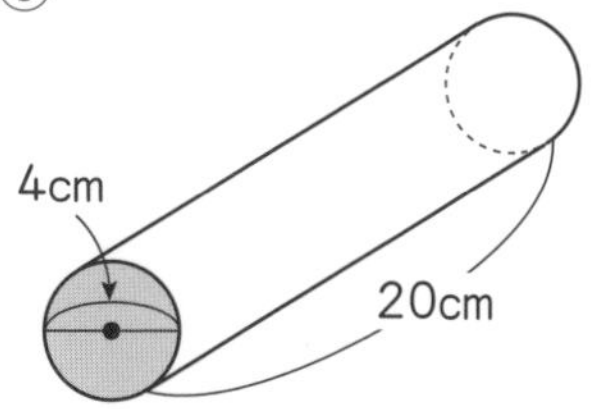

式

答え

2　下の四角柱の体積は 240cm^3 です。
底面積は，48cm^2 です。
高さは，何 cm ですか。

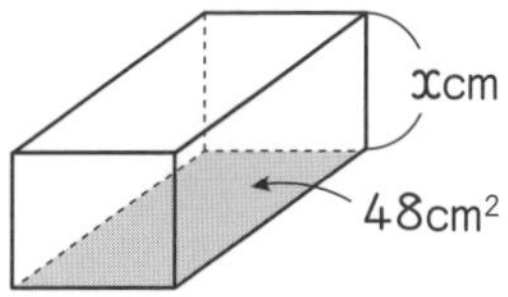

式

答え

月　　日

8 ふりかえり・たしかめ (2)

角柱と円柱の体積

名前

1　下の図のような立体の体積を求めましょう。

①

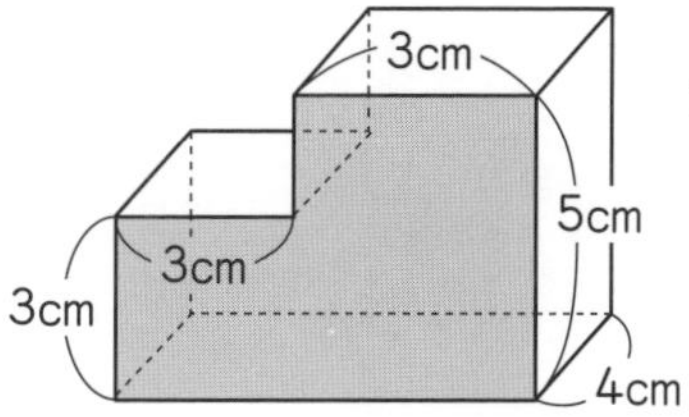

式

答え

②

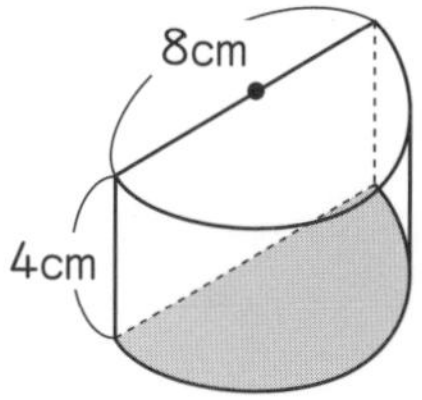

式

答え

2　角柱㋐（底面が台形）と同じ体積の四角柱㋑を作ります。
四角柱㋑の底面積は｜辺が 4cm の正方形です。高さは何 cm にすればよいですか。

㋐

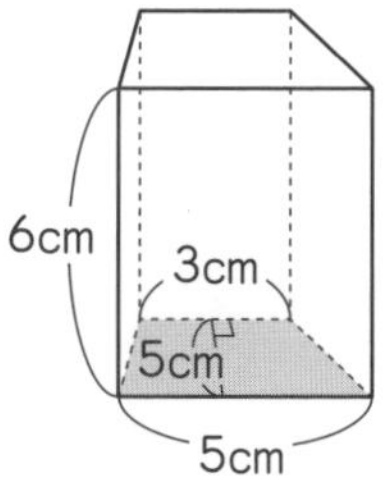

㋑

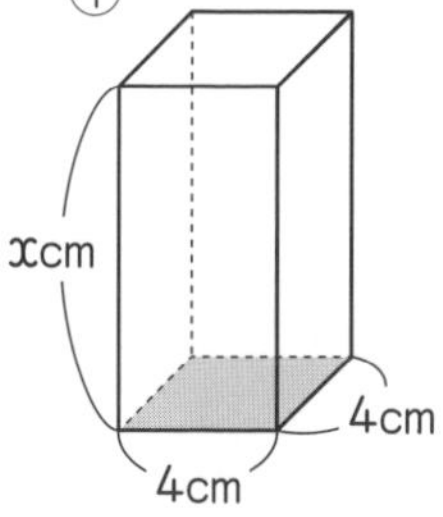

式

答え

月　日

8 まとめのテスト
角柱と円柱の体積

名前

【知識・技能】

1　角柱や円柱の体積を求める公式を書きましょう。(10)

角柱・円柱の体積　＝

2　次の角柱や円柱の体積を求めましょう。(5×8)

①
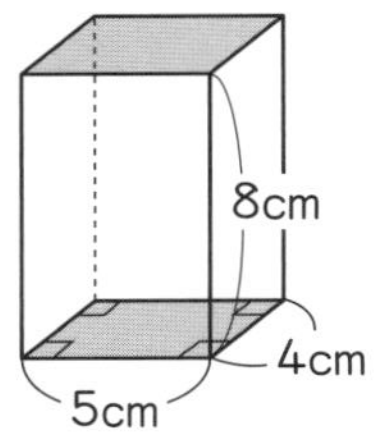

式

答え

②
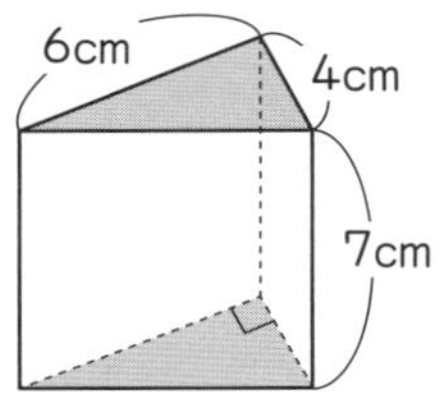

式

答え

③
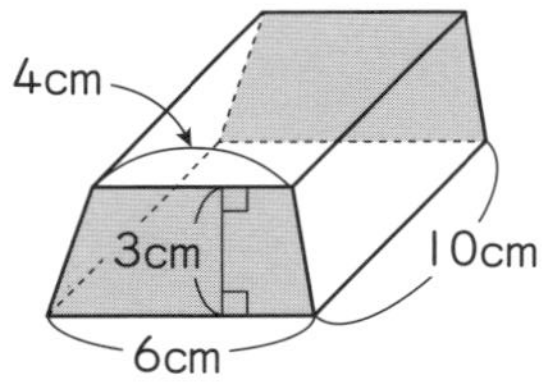

式

答え

④
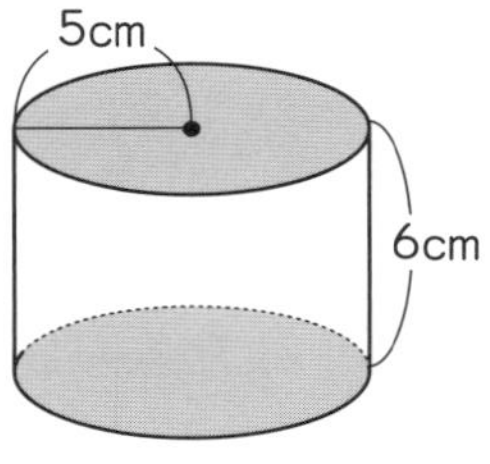

式

答え

【思考・判断・表現】

3　下の図のような立体の体積を求めましょう。(5×6)

①
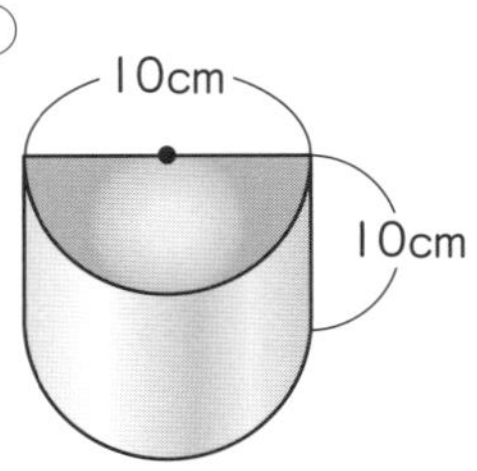

式

答え

②
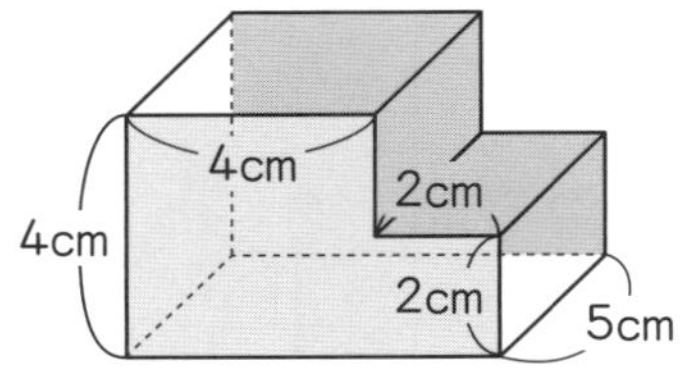

式

答え

③
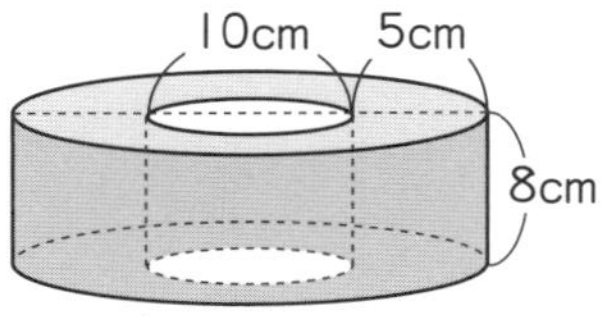

式

答え

4　次の角柱の高さを求めましょう。(5×4)

①
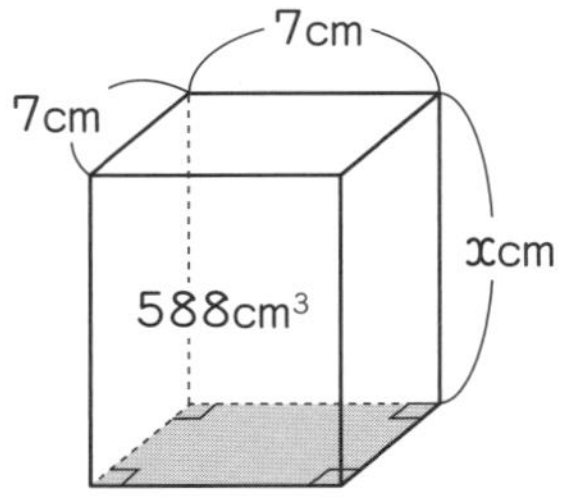

式

答え

②
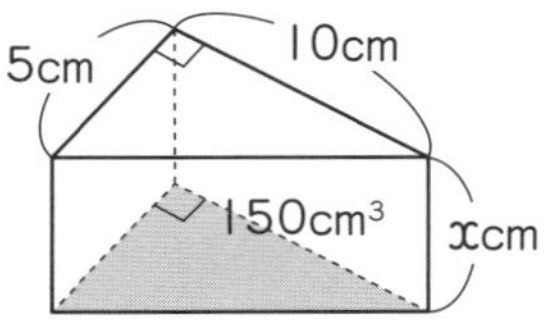

式

答え

月　日

計算練習（1）

名前

① $\frac{5}{8} \times \frac{2}{3}$

② $\frac{21}{4} \times \frac{5}{14}$

③ $\frac{12}{55} \times \frac{11}{8}$

④ $\frac{16}{9} \times \frac{27}{28}$

⑤ $\frac{25}{18} \times \frac{36}{35}$

⑥ $3\frac{1}{5} \times 1\frac{7}{8}$

⑦ $2\frac{5}{8} \times 1\frac{1}{7}$

⑧ $2\frac{2}{5} \times 3\frac{1}{3}$

⑨ $8 \times \frac{5}{12}$

⑩ $6 \times 2\frac{1}{4}$

⑪ $4\frac{1}{5} \times 1\frac{3}{7}$

⑫ $3\frac{3}{4} \times 1\frac{1}{9}$

月　日

計算練習（2）

名前

① $\frac{5}{6} \div \frac{3}{5}$

② $\frac{5}{6} \div \frac{3}{4}$

③ $\frac{5}{12} \div \frac{3}{20}$

④ $\frac{15}{28} \div \frac{25}{49}$

⑤ $\frac{8}{15} \div \frac{2}{9}$

⑥ $\frac{9}{22} \div \frac{6}{11}$

⑦ $3\frac{1}{5} \div 3\frac{1}{3}$

⑧ $2\frac{5}{6} \div 1\frac{8}{9}$

⑨ $2 \div \frac{2}{5}$

⑩ $4 \div \frac{1}{4}$

⑪ $3\frac{1}{3} \div 2\frac{1}{2}$

⑫ $3\frac{2}{3} \div 4\frac{1}{8}$

月　　日

計算練習（3）

名前

① $\frac{3}{8} \times \frac{2}{5}$

② $\frac{5}{8} \times 6\frac{2}{5}$

③ $1\frac{2}{3} \times \frac{4}{5}$

④ $48 \times \frac{5}{6}$

⑤ $2\frac{1}{10} \times 3\frac{2}{21}$

⑥ $\frac{4}{15} \times 6$

⑦ $1\frac{4}{11} \times \frac{44}{45}$

⑧ $3\frac{1}{5} \times 4\frac{3}{8}$

⑨ $\frac{7}{10} \div \frac{3}{5}$

⑩ $\frac{26}{9} \div \frac{13}{6}$

⑪ $1\frac{1}{9} \div 3\frac{1}{3}$

⑫ $7 \div 5\frac{4}{9}$

⑬ $2\frac{5}{6} \div 3\frac{7}{9}$

⑭ $\frac{4}{7} \div 2$

⑮ $\frac{2}{5} \div \frac{8}{55}$

⑯ $8\frac{3}{4} \div 10\frac{1}{2}$

月　　日

計算練習（4）

名前

① $3\frac{3}{4} \times 8$

② $6 \times \frac{7}{12}$

③ $\frac{7}{12} \times \frac{45}{14}$

④ $3\frac{1}{8} \times 2\frac{2}{15}$

⑤ $3\frac{3}{4} \times 1\frac{1}{9}$

⑥ $2\frac{4}{5} \times 3\frac{1}{3}$

⑦ $4\frac{1}{2} \times 2\frac{2}{3}$

⑧ $3\frac{1}{8} \times 4\frac{4}{5}$

⑨ $\frac{4}{7} \div 2$

⑩ $4 \div \frac{2}{5}$

⑪ $\frac{7}{12} \div \frac{5}{6}$

⑫ $\frac{20}{3} \div \frac{25}{27}$

⑬ $1\frac{5}{8} \div 6\frac{1}{2}$

⑭ $\frac{5}{6} \div 6\frac{1}{4}$

⑮ $\frac{8}{25} \div 1\frac{1}{15}$

⑯ $3\frac{2}{3} \div 4\frac{1}{8}$

月　　日

計算練習（5）

名前

● □にあてはまる整数や分数を書きましょう。

① 10分 ＝ □ 時間

② 15分 ＝ □ 時間

③ 20分 ＝ □ 時間

④ 40分 ＝ □ 時間

⑤ 1分 ＝ □ 時間

⑥ 1時間30分 ＝ □ 時間

⑦ $\frac{1}{2}$ 時間 ＝ □ 分

⑧ $\frac{3}{4}$ 時間 ＝ □ 分

⑨ $\frac{5}{6}$ 時間 ＝ □ 分

⑩ $\frac{1}{5}$ 時間 ＝ □ 分

⑪ $1\frac{2}{3}$ 時間＝ □ 時間 □ 分

⑫ $1\frac{1}{6}$ 時間 ＝ □ 時間 □ 分

⑬ 20秒 ＝ □ 分

⑭ 15秒 ＝ □ 分

⑮ $\frac{2}{3}$ 分 ＝ □ 秒

⑯ $\frac{5}{6}$ 分 ＝ □ 秒

月　　日

計算練習（6）

名前

1 次の数の逆数を書きましょう。

① $\frac{5}{7}$ （　　　）

② $\frac{1}{8}$ （　　　）

③ 0.7 （　　　）

④ 0.45 （　　　）

⑤ 3 （　　　）

⑥ 0.02 （　　　）

2 次の計算をしましょう。

① $\frac{1}{4} \div \frac{1}{2} \times \frac{2}{5}$

② $3 \times \frac{1}{6} \times \frac{4}{5}$

③ $2\frac{1}{2} \times \frac{8}{15} \div \frac{2}{3}$

④ $\frac{2}{3} \times 3\frac{6}{7} \div 9$

⑤ $\frac{5}{9} \div \frac{1}{3} \times \frac{4}{5}$

月　日

計算練習（7）

名前

① $\frac{1}{4} \div \frac{1}{2} \times \frac{6}{5}$

② $\frac{1}{3} \times \frac{3}{4} \div \frac{3}{8}$

③ $\frac{1}{6} \div \frac{8}{9} \times \frac{2}{3}$

④ $10 \div \frac{2}{9} \times \frac{1}{6}$

⑤ $\frac{2}{3} \div 8 \div \frac{2}{5}$

⑥ $\frac{8}{9} \times \frac{3}{4} \div \frac{1}{2}$

⑦ $\frac{2}{3} \times 3\frac{6}{7} \div 3$

⑧ $4\frac{9}{10} \times \frac{4}{7} \div 1\frac{3}{5}$

⑨ $6 \div 1\frac{1}{8} \times 1\frac{1}{4}$

⑩ $16 \times \frac{3}{8} \div \frac{2}{5}$

月　日

計算練習（8）

名前

● 小数や整数を分数で表して計算しましょう。

① $0.3 \div \frac{9}{10} \div \frac{4}{5}$

② $\frac{5}{7} \times 3.5 \div 1.5$

③ $\frac{4}{7} \div 9 \times \frac{3}{2}$

④ $1.2 \div \frac{4}{9} \div 9$

⑤ $\frac{6}{7} \div 0.45 \times 0.27$

⑥ $1\frac{1}{4} \times 0.16 \div 1\frac{1}{2}$

⑦ $2.1 \times \frac{5}{4} \div 0.7$

⑧ $\frac{3}{8} \times 12 \div 0.09$

⑨ $0.72 \div 9 \times 8$

⑩ $0.24 \times 2.7 \div 0.36$

月　　日

計算練習（9）

名前

1　次の比を簡単《かんたん》にして（　　）に書きましょう。

① 12：18 （　　　　）　② 28：42 （　　　　）

③ 4.5：8.1 （　　　　）　④ 5：2.5 （　　　　）

⑤ $\frac{1}{2}:\frac{2}{5}$ （　　　　）　⑥ $\frac{4}{5}:\frac{4}{7}$ （　　　　）

2　次の式で，x の表す数を求めましょう。

① $5:2=15:x$　$x=$ □

② $45:20=x:4$　$x=$ □

③ $x:5=50:125$　$x=$ □

④ $8:x=72:54$　$x=$ □

⑤ $7:x=49:91$　$x=$ □

⑥ $45:60=3:x$　$x=$ □

⑦ $30:x=5:3$　$x=$ □

⑧ $80:x=16:9$　$x=$ □

月　　日

計算練習（10）

名前

1　次の比を簡単《かんたん》にして（　　）に書きましょう。

① 24：32 （　　　　）　② 0.2：1.4 （　　　　）

③ 3：0.2 （　　　　）　④ 1.8：3 （　　　　）

⑤ $\frac{2}{3}:\frac{3}{4}$ （　　　　）　⑥ $\frac{2}{5}:0.3$ （　　　　）

⑦ $1.5:1\frac{3}{4}$ （　　　　）　⑧ $3\frac{1}{2}:2.1$ （　　　　）

2　次の式で，x の表す数を求めましょう。

① $3:5=x:25$　$x=$ □

② $4:x=72:90$　$x=$ □

③ $11:6=x:36$　$x=$ □

④ $45:75=3:x$　$x=$ □

⑤ $5:4=80:x$　$x=$ □

⑥ $9:5=x:300$　$x=$ □

⑦ $6:5=x:100$　$x=$ □

⑧ $x:150=3:2$　$x=$ □

解答

児童に実施させる前に，必ず指導される方が問題を解いてください。本書の解答は，あくまでも１つの例です。指導される方の作られた解答をもとに，本書の解答例を参考に児童の多様な考えに寄り添って○つけをお願いします。

P.4

1 対称な図形 線対称 (1)

月　日　名前

1　右の形は，２つに折ってぴったり重なる形です。
（　）の中にあてはまることばを書きましょう。

１本の直線を折り目にして二つ折りにしたとき，両側の部分がぴったり重なる図形を，（線対称）な図形といいます。
また，この直線を（対称の軸）といいます。

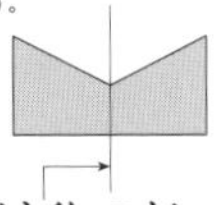

2　下の図形から，線対称《せんたいしょう》な図形を選んで（　）に○をつけましょう。

①
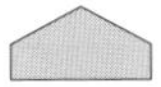
（○）

②

（○）

③
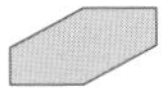
（　）

④
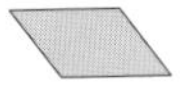
（　）

⑤

（○）

⑥
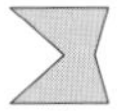
（○）

⑦

（○）

⑧

（○）

⑨
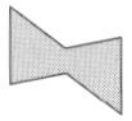
（　）

1 対称な図形 線対称 (2)

月　日　名前

1　右の図形は線対称《せんたいしょう》な図形で，直線アイは対称の軸《じく》です。対応する辺，角，頂点《ちょうてん》を書きましょう。

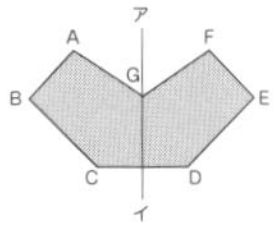

① 辺 AB　（辺 FE）
② 辺 AG　（辺 FG）
③ 角 C　（角 D）
④ 角 E　（角 B）
⑤ 頂点 F　（点 A）

2　右下の線対称な図形を見て答えましょう。

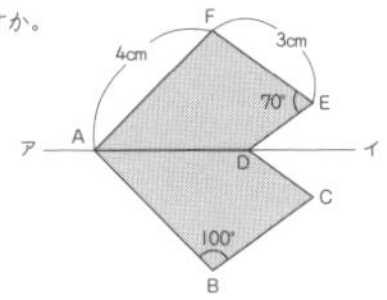

① 次の辺の長さは，何 cm ですか。
辺 AB　（4cm）
辺 BC　（3cm）

② 次の角度は，何度ですか。
角 C　（70°）
角 F　（100°）

4

P.5

1 対称な図形 線対称 (3)

月　日　名前

1　右の線対称《せんたいしょう》な図形を見て答えましょう。
直線アイは対称の軸《じく》です。

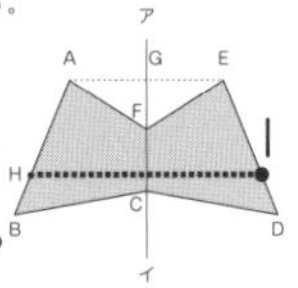

① 対応する２つの点を結ぶ直線 AE は対称の軸アイと，どのように交わっていますか。
垂直に交わっている。

② 直線 AG の長さは 3cm です。
直線 AE の長さは何 cm ですか。
（6cm）

③ 点Hに対応する点Iを図にかきましょう。

2　右の線対称な図形を見て答えましょう。
直線アイは対称の軸です。

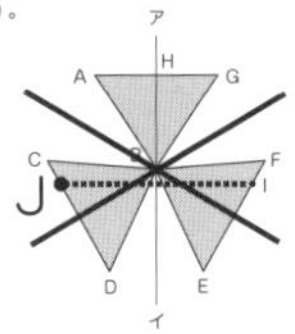

① 直線 AH の長さは 2.5cm です。
直線 AG の長さは，何 cm ですか。
（5cm）

② アイのほかの対称の軸をすべて図にかきましょう。

③ 直線アイを対称の軸にしたとき，点Iに対応する点Jを図にかきましょう。

5

1 対称な図形 線対称 (4)

月　日　名前

1　直線アイが対称《たいしょう》の軸《じく》になるように，線対称な図形をかきましょう。

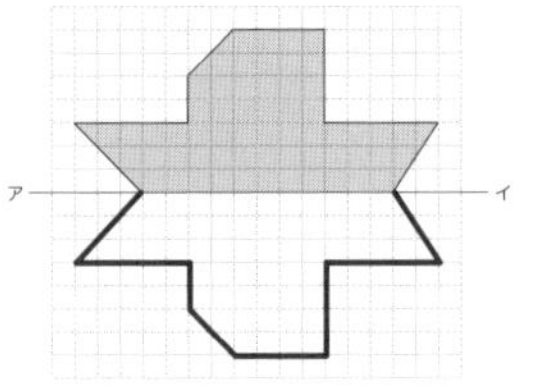

2　直線アイが対称の軸になるように，線対称な図形をかきましょう。

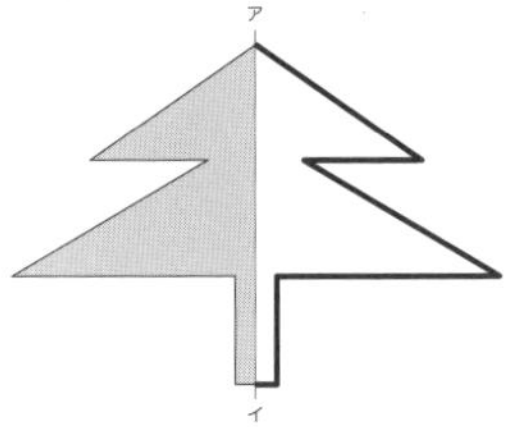

P.6

1 対称な図形 点対称 (1)

月　日　名前

1　右の図形は，点O・を中心にして 180°回転させると，もとの図形にぴったり重なりました。（　）にあてはまることばを書きましょう。

１つの点のまわりに 180°回転させたとき，もとの図形にぴったり重なる図形を，（点対称）な図形といいます。
また，中心にある点を（対称の中心）といいます。

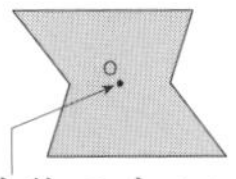

2　下の図形から，点対称《てんたいしょう》な図形を選んで（　）に○をつけましょう。

①
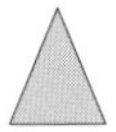
（　）

②

（○）

③

（　）

④
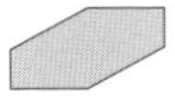
（○）

⑤
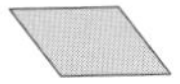
（○）

⑥
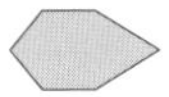
（　）

⑦
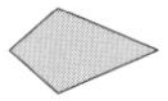
（　）

⑧

（○）

⑨
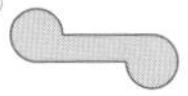
（○）

1 対称な図形 点対称 (2)

月　日　名前

1　右の点対称《てんたいしょう》な図形を見て，答えましょう。
点Oは，対称の中心です。
対応する辺，角，頂点《ちょうてん》を書きましょう。

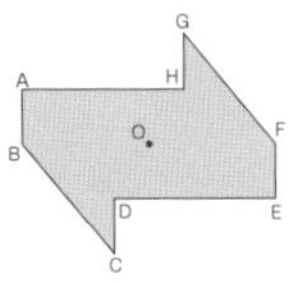

① 辺 AB　（辺 EF）
② 辺 FG　（辺 BC）
③ 角 C　（角 G）
④ 角 E　（角 A）
⑤ 頂点 H　（頂点 D）

2　右の点対称な図形を見て，答えましょう。
点Oは，対称の中心です。
対応する辺，角，頂点を書きましょう。

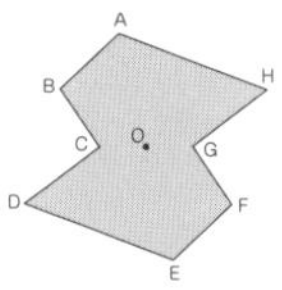

① 辺 AB　（辺 EF）
② 辺 FG　（辺 BC）
③ 角 C　（角 G）
④ 角 E　（角 A）
⑤ 頂点 H　（頂点 D）
⑥ 頂点 F　（頂点 B）

6

P.7

1 対称な図形 点対称 (3)

月　日　名前

1　右の図は，点対称《てんたいしょう》な図形で，点Oは対称の中心です。

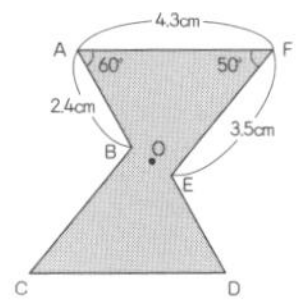

① 辺 CD は何 cm ですか。
（4.3cm）
② 辺 BC は何 cm ですか。
（3.5cm）
③ 角 D の大きさは何度ですか。
（60°）
④ 角 C の大きさは何度ですか。
（50°）

2　右の図は，点対称な図形で，点Oは対称の中心です。

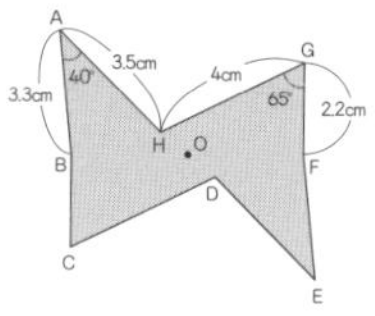

① 辺 BC は何 cm ですか。
（2.2cm）
② 辺 CD は何 cm ですか。
（4cm）
③ 辺 EF は何 cm ですか。
（3.3cm）
④ 角 C の大きさは何度ですか。
（65°）
⑤ 角 E の大きさは何度ですか。
（40°）

7

1 対称な図形 点対称 (4)

月　日　名前

● 右の図は，点対称《てんたいしょう》な図形で，点Oは対称の中心です。

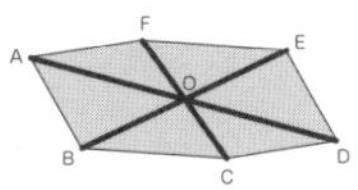

(1) 次の問いに答えましょう。

① 頂点《ちょうてん》A と対応する頂点とを直線で結びましょう。
② 頂点 B と対応する頂点とを直線で結びましょう。
③ 頂点 C と対応する頂点とを直線で結びましょう。
④ ①②③で対応する点を結んだ直線は，どこで交わりますか。
（対称の中心）
⑤ 対称の中心 O から，頂点 C までの長さは 2.5cm です。
対称の中心 O から，頂点 F までの長さは何 cm ですか。
（2.5cm）

(2) （　）にあてはまることばや記号を書きましょう。

① 点対称な図形では，対応する２つの点を結ぶ直線は，（対称の中心）を通る。
② 対称の中心から対応する２つの点までの長さは，（等しい）。
AO = DO　BO =（EO）　CO =（FO）

7

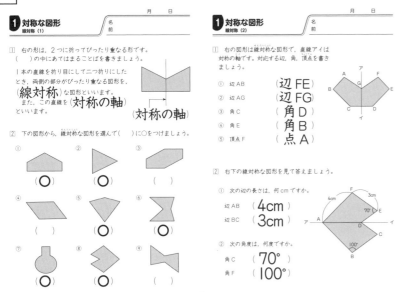

P.8

月　日

1 対称な図形
点対称（5）

名前

□1 右の長方形は点対称《てんたいしょう》な図形です。
（長方形は線対称な図形でもあります。）

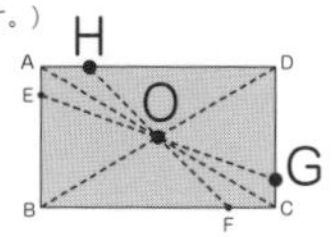

(1) 対称の中心Oを見つけて，図にかきましょう。

(2) 長方形を点対称な図形とみて，対応する点を図にかきましょう。

① 点Eに対応する点G
② 点Fに対応する点H

□2 右の平行四辺形は点対称な図形です。

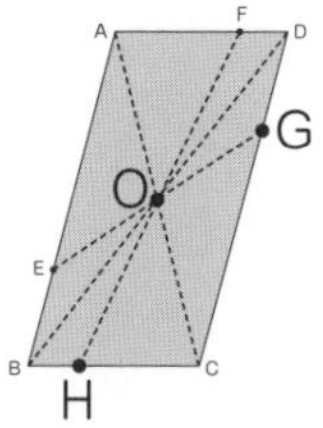

(1) 対称の中心Oを見つけて，図にかきましょう。

(2) 平行四辺形を点対称な図形とみて，対応する点を図にかきましょう。

① 点Eに対応する点G
② 点Fに対応する点H

8

月　日

1 対称な図形
点対称（6）

名前

● 点対称《てんたいしょう》な図形をかきましょう。

① 下の図で，点Oが対称の中心になるように，点対称な図形をかきましょう。

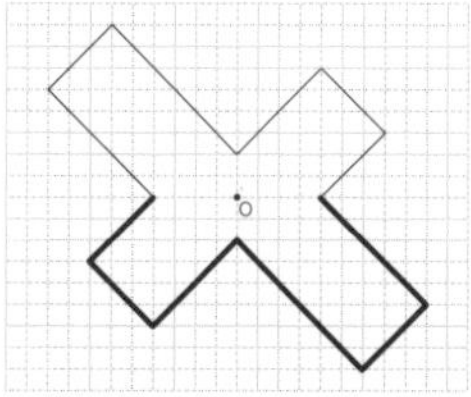

② 下の図で，点Oが対称の中心になるように，点対称な図形をかきましょう。

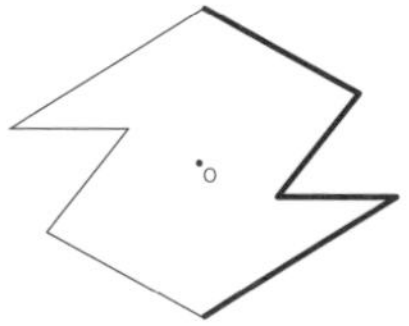

P.9

月　日

1 対称な図形
多角形と対称（1）

名前

□1 下の四角形について，線対称《せんたいしょう》な図形か，点対称な図形かを調べましょう。

① 線対称な四角形には，対称の軸《じく》をすべてかきましょう。
② 点対称な四角形には，対称の中心をかきましょう。

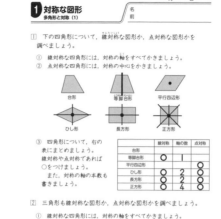

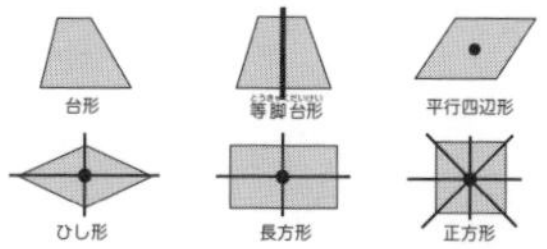

③ 四角形について，右の表にまとめましょう。
線対称や点対称であれば○をつけましょう。
また，対称の軸の本数も書きましょう。

	線対称	軸の数	点対称
台形			
等脚台形	○	1	
平行四辺形			○
ひし形	○	2	○
長方形	○	2	○
正方形	○	4	○

□2 三角形も線対称な図形か，点対称な図形かを調べましょう。

① 線対称な四角形には，対称の軸をすべてかきましょう。

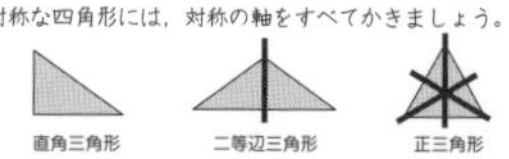

② 三角形の中に，点対称な図形はありますか。

（ありません。）

9

月　日

1 対称な図形
多角形と対称（2）

名前

● 下の正多角形について，線対称《せんたいしょう》な図形か，点対称な図形かを調べて，下の表にまとめます。正多角形について線対称や点対称であれば，○をつけましょう。
また，対称の軸の本数も書きましょう。

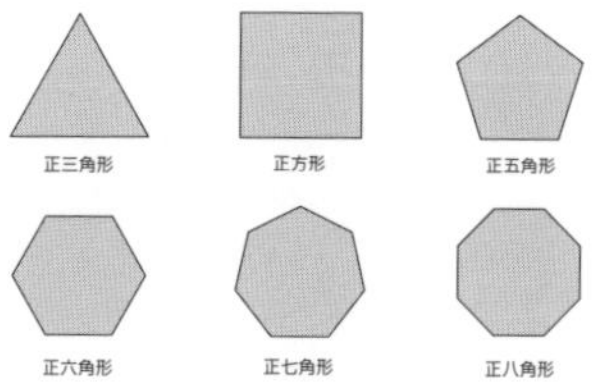

	線対称	軸の数	点対称
正三角形	○	3	
正方形	○	4	○
正五角形	○	5	
正六角形	○	6	○
正七角形	○	7	
正八角形	○	8	○

P.10

月　日

1 対称な図形
多角形と対称（3）

名前

□1 円について，線対称《せんたいしょう》な図形か，点対称な図形かを調べましょう。

① 円は線対称な図形ですか。また，線対称な図形のとき，対称の軸《じく》の数は，どうですか。

線対称な図形ですか。　（はい。）
対称の軸《じく》の数　（無数にある。）

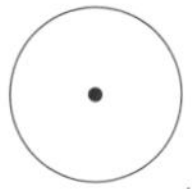

② 円は点対称な図形ですか。また，点対称な図形のとき，対称の中心を右の図にかきましょう。

点対称な図形ですか。　（はい。）

□2 下の図形で，線対称でも点対称でもある図形を選び，（　）に○をつけましょう。

正三角形（　）　平行四辺形（　）　長方形（○）

正方形（○）　正五角形（　）　正八角形（○）

10

月　日

1 ふりかえり・たしかめ（1）
対称な図形

名前

□1 下の線対称な図形を見て答えましょう。

① 図に対称の軸《じく》をかきましょう。
② 点A，点Bに対応する点C，点Dを図にかきましょう。

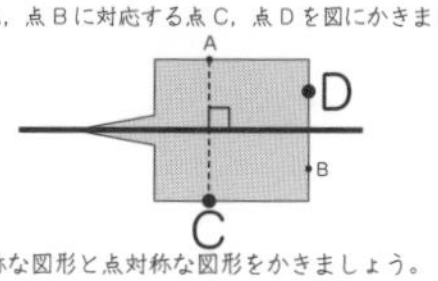

□2 線対称な図形と点対称な図形をかきましょう。

① 直線アイが対称の軸になる線対称な図形をかきましょう。

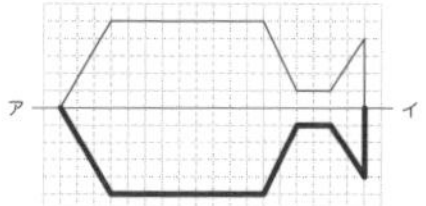

② 点Oが対称の中心になる点対称な図形をかきましょう。

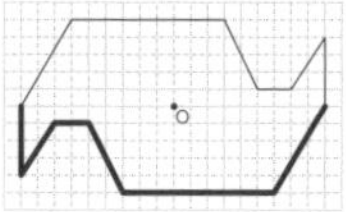

P.11

月　日

1 ふりかえり・たしかめ（2）
対称な図形

名前

□1 右の正三角形は，線対称《せんたいしょう》な図形です。

(1) 直線アイ以外の対称の軸《じく》をすべて右の図にかきましょう。

(2) 直線アイを対称の軸にしたとき次の点に対応する点を，右の図にかきましょう。
① 点Dに対応する点F
② 点Eに対応する点G

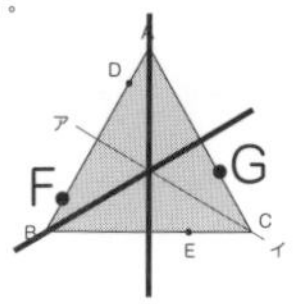

□2 右の図は，点対称な図形で，点Oは対称の中心です。

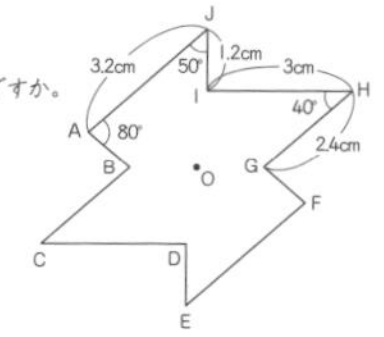

(1) 次の辺に対応する辺はどれですか。
① 辺AB
（辺FG）
② 辺AJ
（辺FE）

(2) 辺BC，辺EFの長さはそれぞれ何cmですか。
① 辺BC　（2.4cm）
② 辺EF　（3.2cm）

(3) 角C，角Fはそれぞれ何度ですか。
① 角C　（40°）
② 角F　（80°）

11

月　日

1 ふりかえり・たしかめ（3）
対称な図形

名前

□1 線対称《せんたいしょう》な図形と点対称な図形をかきましょう。

① 直線アイが対称の軸《じく》になる線対称な図形をかきましょう。

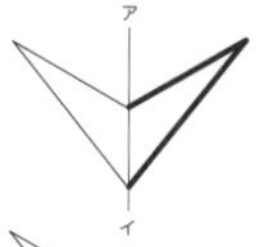

② 点Oが対称の中心になる点対称な図形をかきましょう。

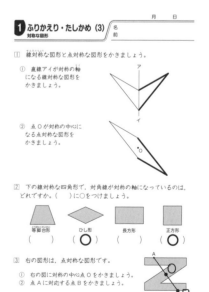

□2 下の線対称な四角形で，対角線が対称の軸になっているのは，どれですか。（　）に○をつけましょう。

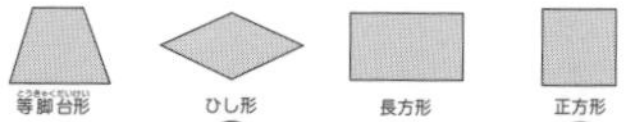

等脚台形《とうきゃくだいけい》（　）　ひし形（○）　長方形（　）　正方形（○）

□3 右の図形は，点対称な図形です。

① 右の図に対称の中心点Oをかきましょう。
② 点Aに対応する点Bをかきましょう。

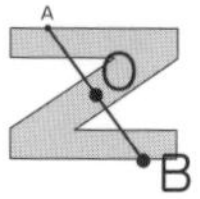

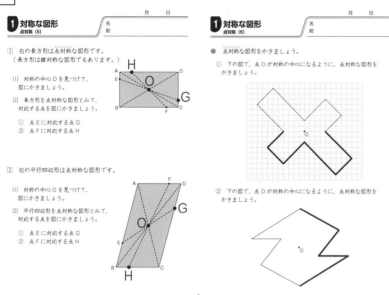

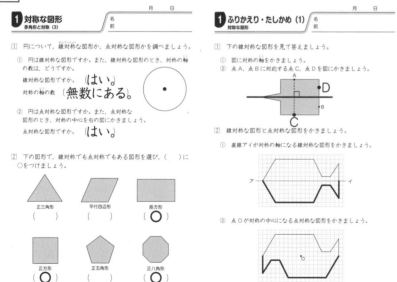

解答

児童に実施させる前に，必ず指導される方が問題を解いてください。本書の解答は，あくまでも１つの例です。指導される方の作られた解答をもとに，本書の解答例を参考に児童の多様な考えに寄り添って○つけをお願いします。

P.12

月　日

1 まとめのテスト（1）

対称な図形

名前

【知識・技能】

1 右の図は線対称《せんたいしょう》な図形で，直線アイは対称の軸《じく》です。次の問いに答えましょう。(7×5)

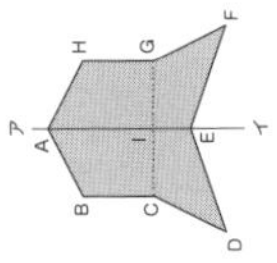

(1) 対応する辺や角，頂点《ちょうてん》を答えましょう。

① 辺 AB　（辺 AH）

② 角 D　（角 F）

③ 頂点 G　（頂点 C）

(2) 対応する点を結んだ直線と対称の軸はどのように交わりますか。　（垂直に交わる。）

(3) 直線 CI が 3.2cm のとき，直線 CG は何 cm ですか。　（6.4cm）

2 右の図は点対称《てんたいしょう》な図形です。次の問いに答えましょう。(7×5)

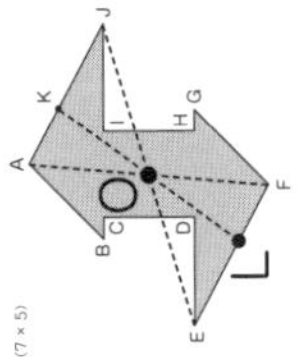

(1) 対称の中心 O を図にかきましょう。

(2) 対応する辺や頂点を答えましょう。

① 辺 AB　（辺 FG）

② 頂点 J　（頂点 E）

(3) 点 K に対応する点 L を図にかきましょう。

(4) 頂点 A から対称の中心までの長さが 5.5cm です。頂点 A と対応する頂点 F を結んだ直線は何 cm ですか。　（11cm）

3 対称な図形をかきましょう。(15×2)

① 直線アイが対称の軸になるように線対称な図形をかきましょう。

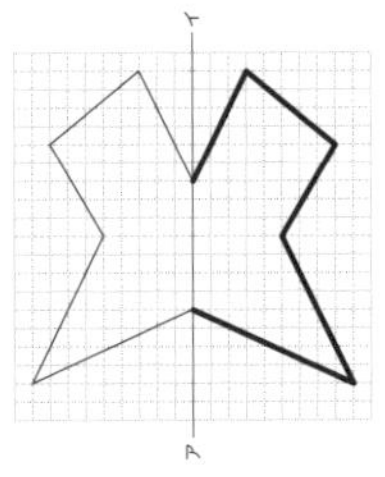

② 点 O が対称の中心になるように点対称な図形をかきましょう。

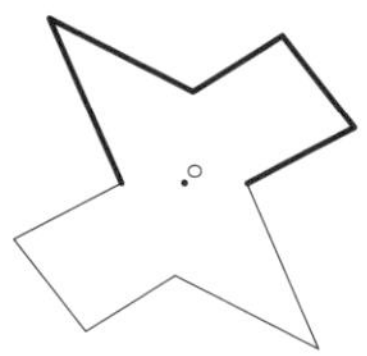

12

P.13

月　日

1 まとめのテスト（2）

対称な図形

名前

【思考・判断・表現】

1 右の図形は，正五角形で，線対称《せんたいしょう》な図形です。(5×6)

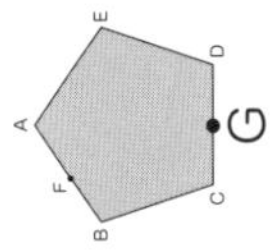

(1) 対称の軸《じく》は何本ありますか。

（5本）

(2) 頂点《ちょうてん》A を通る直線を対称の軸とすると，次の頂点に対応する頂点は何ですか。

① 頂点 B（頂点 E）　② 頂点 C（頂点 D）

(3) 頂点 B を通る直線を対称の軸とすると，次の辺に対応する辺は何ですか。

① 辺 BC（辺 BA）　② 辺 AE（辺 CD）

(4) 頂点 E を通る直線を対称の軸とすると，点 F に対応する点 G を図にかきましょう。

2 次の文は，下の［　］の中のどの図形のことですか。選んで（　）に書きましょう。(5×4)

① 線対称な図形でも，点対称な図形でもあります。対称の軸は４本あります。　（正方形）

② 線対称な図形ですが，点対称な図形ではありません。対称の軸は５本あります。　（正五角形）

③ 線対称な図形でも，点対称な図形でもあります。対称の軸は２本です。この図形の対角線は対称の軸ではありません。　（長方形）

④ 線対称な図形ですが，点対称な図形ではありません。対称の軸は３本あります。　（正三角形）

［正五角形 ・ 正三角形 ・ 平行四辺形 ・ 長方形 ・ ひし形 ・ 正方形］

3 右の図のひし形は，線対称な図形でも点対称な図形でもあります。(10×5)

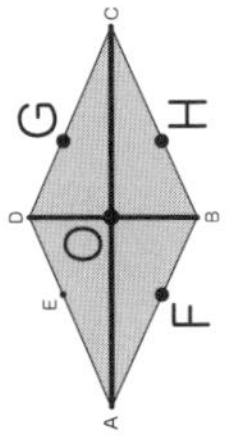

(1) ひし形に対称の軸をかきましょう。

(2) ひし形を①②のような線対称な図形とみたとき，点 E に対応する点をかきましょう。

① 直線 AC を対称の軸としたときの対応する点 F

② 直線 BD を対称の軸としたときの対応する点 G

(3) ひし形に対称の中心 O をかきましょう。

(4) ひし形を点対称な図形とみたとき，点 E に対応する点 H をかきましょう。

13

P.14

月　日

2 文字と式

文字と式（1）

名前

● 縦 4cm のテープの面積を求めます。

(1) 図を見て□に数を入れ，面積を求める式を書きましょう。

①
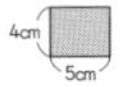

4 × [5] (cm²)

②
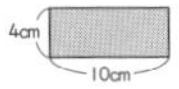

4 × [10] (cm²)

③
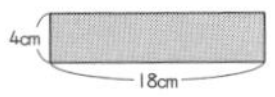

4 × [18] (cm²)

(2) 上の式で，変わる数を x にして，式を書きましょう。

（$4 \times x$）

(3) 上でつくった式の x に，次の長さをあてはめて計算して，面積を求めましょう。

① 20cm
式 $4 \times 20 = 80$　答え $80cm^2$

② 25cm
式 $4 \times 25 = 100$　答え $100cm^2$

③ 12.5cm
式 $4 \times 12.5 = 50$　答え $50cm^2$

月　日

2 文字と式

文字と式（2）

名前

1 1本80円のえんぴつを x 本と，120円の消しゴムを1個買います。代金の合計はいくらでしょう。

(1) 代金の合計を式に表します。□にあてはまる数を書きましょう。

[80] × x + [120]

(2) 上でつくった式の x に，次の値をあてはめて計算して，代金の合計を求めましょう。

① 6本のとき
式 $80 \times 6 + 120$　答え 600円

② 10本のとき
式 $80 \times 10 + 120$　答え 920円

2 120円のドーナツ x 個と，250円のジュースを1本買います。

(1) 代金の合計を式に表しましょう。

[$120 \times x + 250$]

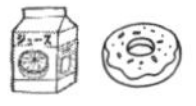

(2) x が次の値のときの代金の合計を，(1)で書いた式を使って求めましょう。

① 8個のとき
$120 \times 8 + 250 = 1210$　答え 1210円

② 12個のとき
$120 \times 12 + 250 = 1690$　答え 1690円

14

P.15

月　日

2 文字と式

文字と式（3）

名前

1 1.8kg の米を同じ量ずつ x 人に分けます。

(1) 1人分のお米の重さを求める式を x を使って書きましょう。

（$1.8 \div x$）

(2) 次の人数に分けると，1人分のお米は何 kg になりますか。式を書いて，求めましょう。

① 3人のとき
式 $1.8 \div 3 = 0.6$　答え 0.6kg

② 5人のとき
式 $1.8 \div 5 = 0.36$　答え 0.36kg

2 底辺が 6cm で，高さが $x$cm の三角形があります。

(1) 三角形の面積を求める式を書きましょう。

（$6 \times x \div 2$）

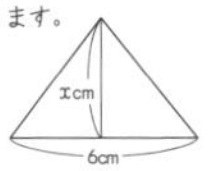

(2) 高さが，次の長さになったときの面積を，式を書いて求めましょう。

① 4cm のとき
式 $6 \times 4 \div 2 = 12$　答え $12cm^2$

② 15cm のとき
式 $6 \times 15 \div 2 = 45$　答え $45cm^2$

月　日

2 文字と式

文字と式（4）

名前

● 円の直径の長さを変えて，円周の長さを求めます。

直径×円周率＝円周

(1) 直径が次の長さのときの，円周の長さを求めます。□にあてはまる数を書きましょう。

① 1cm のとき　[1] × 3.14 = [3.14]

② 2cm のとき　[2] × 3.14 = [6.28]

③ 5cm のとき　[5] × 3.14 = [15.7]

(2) 直径を x，円周の長さを y として，関係を表す式を書きましょう。

（$x \times 3.14 = y$）

(3) x の値が 7.5 のとき，対応する y の値を求めましょう。

式 $7.5 \times 3.14 = 23.55$

答え 23.55

(4) y の値が 23.55 になるときの，x の値を求めましょう。

式 $23.55 \div 3.14 = 7.5$

答え 7.5

15

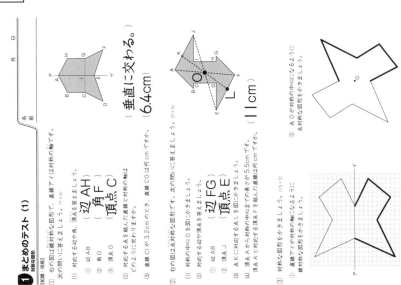

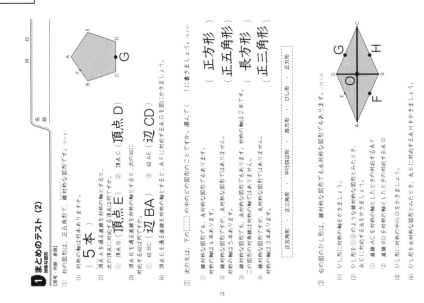

P.16

2 文字と式
文字と式 (5)

月　日　名前

● 次の場面で，x と y の関係を式に表しましょう。

① 3m のテープのうち，xm 使いました。残りは，ym です。

($3 - x = y$)

② $x$kg の本やノートを 0.9kg のランドセルに入れると，全部の重さは，$y$kg になりました。

($x + 0.9 = y$)

③ 320 ページの本があります。これまでに x ページ読みました。残りは y ページです。

($320 - x = y$)

④ １日に運動場を x 周ずつ走ります。６日間続けると，全部で y 周走ることになります。

($x \times 6 = y$)

⑤ 花のなえが全部で x 本あります。学級園に１列６本ずつ植えると y 列に植えることができます。

($x \div 6 = y$)

⑥ xL のジュースの原液に，0.4L の水を入れると，yL の飲み物ができました。

($x + 0.4 = y$)

2 文字と式
文字と式 (6)

月　日　名前

① 次のような図形の面積を求めます。x と y の関係を式に表しましょう。

① 底辺が 7cm で，高さが $x$cm の平行四辺形の面積は $y$cm² です。

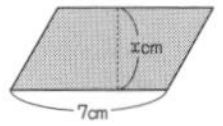

($7 \times x = y$)

② 対角線の長さが 4cm と $x$cm のひし形の面積は $y$cm² です。

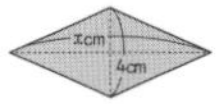

($4 \times x \div 2 = y$)

トライ ③ 上底が $x$cm，下底が 7cm，高さが 5cm の台形の面積は $y$cm² です。

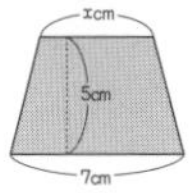

($(x + 7) \times 5 \div 2 = y$)

② 次の場面で，x と y の関係を式に表しましょう。

① 5m のロープを x 本に等しく分けると，１本の長さは，ym です。

($5 \div x = y$)

② １個 70 円のおかしを x 個買うと，代金は y 円になります。

($70 \times x = y$)

P.17

2 文字と式
文字と式 (7)

月　日　名前

① 次の式にあう文を下から選んで，□に記号を書きましょう。

① $100 + x = y$ 　エ　② $100 - x = y$ 　ア

③ $100 \times x = y$ 　イ　④ $100 \div x = y$ 　ウ

㋐ x 円のおかしを買って，100 円をはらいました。おつりは，y 円です。

㋑ １個が 100 円のパンを x 個買うと，代金は y 円です。

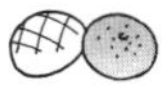

㋒ さとうが 100g あります。ケーキ１個を作るのに xg ずつさとうを使うと，y 個のケーキが作れます。

㋓ 100mL のコーヒーに，xmL の牛乳《ぎゅうにゅう》を入れると，できるコーヒー牛乳は ymL になります。

② 次の式になる場面を，文で書きましょう。

$80 - x = y$

(例) 折り紙が 80 まいありました。x まい使ったので，残りは y まいになりました。

2 文字と式
文字と式 (8)

月　日　名前

● わからない数量を x の文字にして，式を書きましょう。また，x にあてはまる数も求めましょう。

(1) 右の長方形の横の長さは，6cm で面積は，30cm² です。

① 縦《たて》の長さを $x$cm として，数量の関係を式に表しましょう。

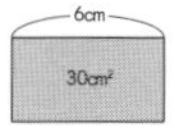

($x \times 6 = 30$)

② 縦の長さを求めましょう。

式 $x = 30 \div 6$
$= 5$ 　答え 5cm

(2) 右の平行四辺形の底辺は 5cm で面積は，24cm² です。

① 高さを $x$cm として，数量の関係を式に表しましょう。

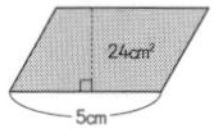

($5 \times x = 24$)

② 高さを求めましょう。

式 $x = 24 \div 5$
$= 4.8$ 　答え 4.8cm

(3) 時速 40km で走る自動車が，何時間かで 100km 走りました。

① かかった時間を x 時間として，数量の関係を式に表しましょう。

($40 \times x = 100$

② かかった時間を求めましょう。

式 $x = 100 \div 40$
$= 2.5$ 　答え 2.5 時間 (2時間30分)

P.18

2 ふりかえり・たしかめ (1)
文字と式

月　日　名前

① 右の平行四辺形の底辺を $x$cm，面積を $y$cm² とします。

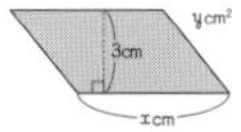

(1) x と y の関係を式に表しましょう。

($x \times 3 = y$)

(2) x の値《あたい》が次のときの，y の値を求めましょう。

① x の値が６のとき

式 $6 \times 3 = 18$ 　答え 18

② x の値《あたい》が 7.5 のとき

式 $7.5 \times 3 = 22.5$ 　答え 22.5

② 次の場面を式に表しましょう。

① ジュースが 350mL あります。xmL 飲むと，残りは，ymL になります。

($350 - x = y$)

② 1m が 150 円のリボンを xm 買うと，代金は y 円になります。

($150 \times x = y$)

③ xg あるスイカを 200g のはこに入れると，全部の重さは yg になります。

($x + 200 = y$)

④ x 個あるいちごを，8 人で同じ数ずつ分けると，１人分は y 個です。

($x \div 8 = y$)

2 ふりかえり・たしかめ (2)
文字と式

月　日　名前

① 正方形の１辺の長さを $x$cm，まわりの長さを $y$cm とします。

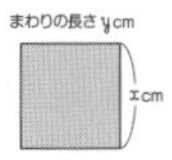

(1) x と y の関係を式に表しましょう。

($x \times 4 = y$)

(2) x の値《あたい》が 7.5 のときの，y の値を求めましょう。

式 $7.5 \times 4 = 30$ 　答え 30

(3) y の値が 26 になるときの，x の値を求めましょう。

式 $x \times 4 = 26$
$x = 26 \div 4$
$= 6.5$ 　答え 6.5

② 次の式になる場面を，下から選んで，□に記号を書きましょう。

① $x + 6 = y$ 　ウ　② $x - 6 = y$ 　ア

③ $x \times 6 = y$ 　イ　④ $x \div 6 = y$ 　エ

㋐ マスクが x 枚《まい》ありましたが，６枚使ったので，残りは y 枚になりました。

㋑ １個 x 円のパンを６個買うと，代金は y 円です。

㋒ 公園で x 人遊んでいます。そこへ６人やってきて，あわせて y 人になりました。

㋓ もも x 個を１箱に６こずつ入れていくと，y 箱できました。

P.19

2 まとめのテスト
文字と式

月　日　名前

【知識・技能】

① 1m の重さが 28g の針金《はりがね》があります。この針金 xm の重さは yg になります。(5×7)

(1) x と y の関係を式に表しましょう。

($28 \times x = y$)

(2) x の値《あたい》が次のときの，y の値を求めましょう。

① x の値が４のとき

式 $28 \times 4 = 112$ 　答え 112

② x の値が 7.5 のとき

式 $28 \times 7.5 = 210$ 　答え 210

(3) y の値が 420 ときの，x の値を求めましょう。

式 $420 \div 28 = 15$ 　答え 15

② x と y の関係を式で表しましょう。(5×3)

① 48 枚《まい》あった色紙を x 枚使ったので，残りは y 枚になりました。

($48 - x = y$)

② 直径が $x$cm の円の円周の長さは，$y$cm です。

($x \times 3.14 = y$)

③ 28 人いました。x 人ずつの班《はん》をつくると，y 班できました。

($28 \div x = y$)

【思考・判断・表現】

③ 下のような台形があります。(10×3)

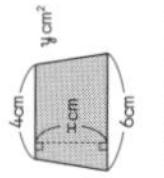

(1) x と y の関係を式に表しましょう。

($(4 + 6) \times x \div 2 = y$

(2) 台形の高さが 8cm のときの面積を求めましょう。

式 $(4 + 6) \times 8 \div 2 = 40$ 　答え 40cm²

④ 次の式になる場面を下から選んで，□に記号を書きましょう。(5×4)

① $15 \times x = y$ …イ

② $15 + x = y$ …ウ

③ $15 - x = y$ …ア

④ $15 \div x = y$ …エ

㋐ チョコレートが 15 個ありました。x 個食べたら，y 個になりました。

㋑ ペンキ 1L で 15m² のかべをぬります。ペンキ xL では ym² のかべをぬることができます。

㋒ 15m のロープに xm をつぎたして，ym になりました。

㋓ xm² に 15L の水をまくと，1m² あたり yL の水をまいたことになります。

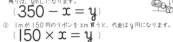

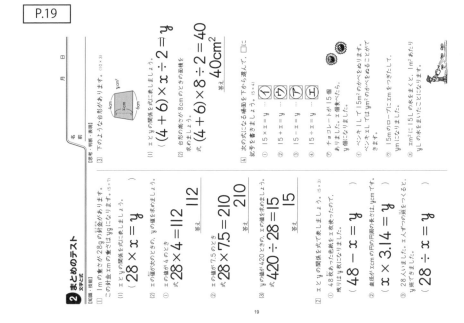

解答

児童に実施させる前に，必ず指導される方が問題を解いてください。本書の解答は，あくまでも１つの例です。指導される方の作られた解答をもとに，本書の解答例を参考に児童の多様な考えに寄り添って○つけをお願いします。

P.20

3 分数のかけ算
分数のかけ算とわり算 (1)

月　日　名前

● 1dL で，$\frac{3}{5}$ m² のかべがぬれるペンキがあります。
このペンキ 2dL では，何 m² のかべがぬれますか。

① 式を書きましょう。

$\left(\frac{3}{5} \times 2\right)$

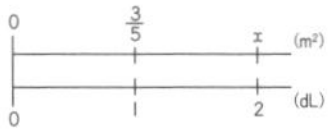

② 答えの求め方を説明しています。□にあてはまる数を書きましょう。

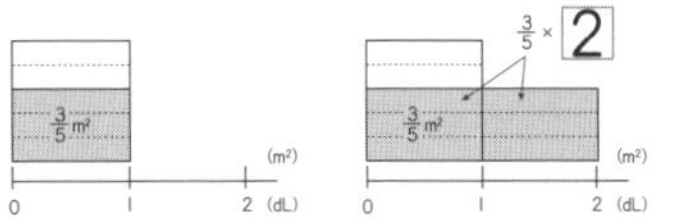

$\frac{3}{5}$ は，$\frac{1}{5}$ の 3 こ分

だから，$\frac{3}{5} \times 2$ は，$\frac{1}{5}$ の（3 × 2）こ分になる。

③ 計算と答えを書きましょう。

$\frac{3}{5} \times 2 = \frac{3 \times 2}{5}$

$= \frac{6}{5}$

答え $\frac{6}{5}$ m²

20

3 分数のかけ算
分数のかけ算とわり算 (2)

月　日　名前

1 $\frac{2}{9} \times 4$ の計算をします。□にあてはまる数を書きましょう。

$\frac{2}{9} \times 4 = \frac{2 \times 4}{9}$

$= \frac{8}{9}$

2 次の計算をしましょう。

① $\frac{1}{9} \times 7$ $\frac{7}{9}$

② $\frac{3}{7} \times 2$ $\frac{6}{7}$

③ $\frac{5}{11} \times 3$ $\frac{15}{11}\left(1\frac{4}{11}\right)$

④ $\frac{3}{2} \times 5$ $\frac{15}{2}\left(7\frac{1}{2}\right)$

⑤ $\frac{5}{8} \times 7$ $\frac{35}{8}\left(4\frac{3}{8}\right)$

⑥ $\frac{5}{14} \times 5$ $\frac{25}{14}\left(1\frac{11}{14}\right)$

P.21

3 分数のかけ算
分数のかけ算とわり算 (3)

月　日　名前

1 1m あたり $\frac{5}{12}$ kg のパイプがあります。
このパイプ 4m の重さは何 kg ですか。

式 $\frac{5}{12} \times 4 = \frac{5}{3}$

答え $\frac{5}{3}\left(1\frac{2}{3}\right)$ kg

2 次の計算をしましょう。

① $\frac{5}{6} \times 2$ $\frac{5}{3}\left(1\frac{2}{3}\right)$

② $\frac{4}{9} \times 3$ $\frac{4}{3}\left(1\frac{1}{3}\right)$

③ $\frac{5}{12} \times 8$ $\frac{10}{3}\left(3\frac{1}{3}\right)$

④ $\frac{3}{8} \times 10$ $\frac{15}{4}\left(3\frac{3}{4}\right)$

⑤ $\frac{3}{4} \times 12$ 9

⑥ $\frac{4}{25} \times 100$ 16

21

3 分数のかけ算
分数のかけ算とわり算 (4)

月　日　名前

① $\frac{3}{8} \times 4$ $\frac{3}{2}\left(1\frac{1}{2}\right)$

② $\frac{4}{9} \times 6$ $\frac{8}{3}\left(2\frac{2}{3}\right)$

③ $\frac{5}{6} \times 8$ $\frac{20}{3}\left(6\frac{2}{3}\right)$

④ $\frac{1}{16} \times 8$ $\frac{1}{2}$

⑤ $\frac{5}{3} \times 12$ 20

⑥ $\frac{6}{25} \times 100$ 24

⑦ $\frac{2}{7} \times 14$ 4

⑧ $\frac{4}{11} \times 33$ 12

⑨ $\frac{9}{14} \times 28$ 18

⑩ $\frac{5}{24} \times 16$ $\frac{10}{3}\left(3\frac{1}{3}\right)$

⑪ $\frac{2}{5} \times 75$ 30

⑫ $\frac{7}{12} \times 36$ 21

P.22

3 分数のかけ算
分数のかけ算とわり算 (5)

月　日　名前

● 2dL で，$\frac{2}{3}$ m² のかべがぬれるペンキがあります。
このペンキ 1dL では，何 m² のかべがぬれますか。

① 式を書きましょう。

$\left(\frac{2}{3} \div 2\right)$

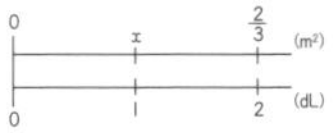

② 答えの求め方を説明しています。□にあてはまる数を書きましょう。

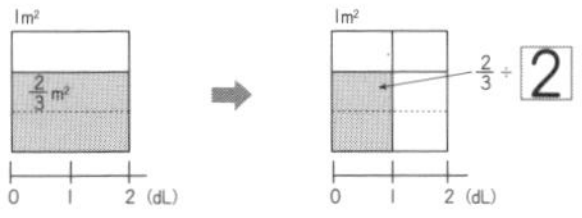

$\frac{2}{3}$ は，$\frac{1}{3}$ の 2 こ分

だから，$\frac{2}{3} \div 2$ は，$\frac{1}{3}$ の（2 ÷ 2）こ分になる。

③ 計算と答えを書きましょう。

$\frac{2}{3} \div 2 = \frac{2 \div 2}{3}$

$= \frac{1}{3}$

答え $\frac{1}{3}$ m²

22

3 分数のかけ算
分数のかけ算とわり算 (6)

月　日　名前

1 $\frac{3}{5} \div 2$ の計算のしかたを考えます。□にあてはまる数を書きましょう。

$\frac{3}{5} \div 2 = \frac{3 \times 2}{5 \times 2} \div 2$

$= \frac{3 \times 2 \div 2}{5 \times 2}$

$= \frac{3}{5 \times 2}$

$= \frac{3}{10}$

結局は，分子はそのままで，分母にわる数をかければいいね。

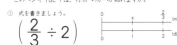

2 次の計算をしましょう。

① $\frac{3}{4} \div 2$ $\frac{3}{8}$

② $\frac{3}{5} \div 4$ $\frac{3}{20}$

③ $\frac{5}{8} \div 4$ $\frac{5}{32}$

④ $\frac{1}{6} \div 4$ $\frac{1}{24}$

⑤ $\frac{1}{12} \div 3$ $\frac{1}{36}$

⑥ $\frac{3}{7} \div 7$ $\frac{3}{49}$

P.23

3 分数のかけ算
分数のかけ算とわり算 (7)

月　日　名前

① $\frac{6}{7} \div 4$ $\frac{3}{14}$

② $\frac{10}{9} \div 5$ $\frac{2}{9}$

③ $\frac{5}{7} \div 5$ $\frac{1}{7}$

④ $\frac{6}{11} \div 8$ $\frac{3}{44}$

⑤ $\frac{25}{12} \div 20$ $\frac{5}{48}$

⑥ $\frac{3}{5} \div 6$ $\frac{1}{10}$

⑦ $\frac{25}{4} \div 100$ $\frac{1}{16}$

⑧ $\frac{9}{4} \div 6$ $\frac{3}{8}$

⑨ $\frac{22}{9} \div 44$ $\frac{1}{18}$

⑩ $\frac{12}{7} \div 8$ $\frac{3}{14}$

⑪ $\frac{21}{4} \div 7$ $\frac{3}{4}$

⑫ $\frac{16}{13} \div 24$ $\frac{2}{39}$

23

3 分数のかけ算
分数のかけ算とわり算 (8)

月　日　名前

① $\frac{4}{5} \times 2 \div 3$ $\frac{8}{15}$

② $\frac{3}{4} \times 5 \div 6$ $\frac{5}{8}$

③ $\frac{5}{8} \times 6 \div 5$ $\frac{3}{4}$

④ $\frac{35}{4} \div 14 \times 3$ $\frac{15}{8}\left(1\frac{7}{8}\right)$

⑤ $\frac{21}{20} \div 49 \times 25$ $\frac{15}{28}$

⑥ $\frac{16}{25} \div 8 \times 100$ 8

⑦ $\frac{18}{25} \div 9 \times 15$ $\frac{6}{5}\left(1\frac{1}{5}\right)$

⑧ $\frac{9}{7} \times 14 \div 18$ 1

児童に実施させる前に，必ず指導される方が問題を解いてください。本書の解答は，あくまでも１つの例です。指導される方の作られた解答をもとに，本書の解答例を参考に児童の多様な考えに寄り添って○つけをお願いします。

解答

P.24

3 分数のかけ算
分数のかけ算とわり算 (9)

月　日　名前

① $\frac{3}{5}\times2$　$\frac{6}{5}\left(1\frac{1}{5}\right)$　② $\frac{5}{8}\times6$　$\frac{15}{4}\left(3\frac{3}{4}\right)$

③ $\frac{7}{9}\times3$　$\frac{7}{3}\left(2\frac{1}{3}\right)$　④ $\frac{5}{9}\times18$　10

⑤ $\frac{9}{20}\times5$　$\frac{9}{4}\left(2\frac{1}{4}\right)$　⑥ $\frac{8}{15}\times6$　$\frac{16}{5}\left(3\frac{1}{5}\right)$

⑦ $\frac{6}{7}\times21$　18　⑧ $\frac{15}{34}\times17$　$\frac{15}{2}\left(7\frac{1}{2}\right)$

⑨ $\frac{5}{6}\div4$　$\frac{5}{24}$　⑩ $\frac{1}{5}\div4$　$\frac{1}{20}$

⑪ $\frac{3}{5}\div6$　$\frac{1}{10}$　⑫ $\frac{5}{9}\div5$　$\frac{1}{9}$

⑬ $\frac{5}{12}\div20$　$\frac{1}{48}$　⑭ $\frac{16}{27}\div8$　$\frac{2}{27}$

⑮ $\frac{4}{15}\div2$　$\frac{2}{15}$　⑯ $\frac{22}{25}\div11$　$\frac{2}{25}$

24

3 分数のかけ算
分数のかけ算とわり算 (10)

月　日　名前

① $\frac{5}{9}\div4\times6$　$\frac{5}{6}$

② $\frac{7}{12}\div14\times3$　$\frac{1}{8}$

③ $\frac{3}{8}\div6\times4$　$\frac{1}{4}$

④ $\frac{5}{18}\div10\times3$　$\frac{1}{12}$

⑤ $\frac{8}{15}\div2\times6$　$\frac{8}{5}\left(1\frac{3}{5}\right)$

⑥ $\frac{7}{20}\times5\div21$　$\frac{1}{12}$

⑦ $\frac{15}{8}\times12\div10$　$\frac{9}{4}\left(2\frac{1}{4}\right)$

⑧ $\frac{24}{13}\times39\div40$　$\frac{9}{5}\left(1\frac{4}{5}\right)$

P.25

3 分数のかけ算
練習

月　日　名前

1 4mで，$\frac{8}{5}$kgの針金《はりがね》があります。

① この針金，1mの重さは何kgですか。

式 $\frac{8}{5}\div4=\frac{2}{5}$　答え $\frac{2}{5}$kg

② この針金，10mの重さは何kgですか。

式 $\frac{2}{5}\times10=4$　答え 4kg

2 次の計算をしましょう。

① $\frac{2}{5}\times3$　$\frac{6}{5}\left(1\frac{1}{5}\right)$　② $\frac{5}{6}\times4$　$\frac{10}{3}\left(3\frac{1}{3}\right)$

③ $\frac{5}{7}\times14$　10　④ $\frac{2}{3}\div3$　$\frac{2}{9}$

⑤ $\frac{12}{7}\div18$　$\frac{2}{21}$　⑥ $\frac{15}{4}\div20$　$\frac{3}{16}$

25

3 分数のかけ算
分数のかけ算 (1)

月　日　名前

● 1dLで，$\frac{2}{3}m^2$のかべがぬれるペンキがあります。

このペンキ$\frac{2}{5}$dLでは，何m^2のかべがぬれますか。

① 式を書きましょう。

$\left(\frac{2}{3}\times\frac{2}{5}\right)$

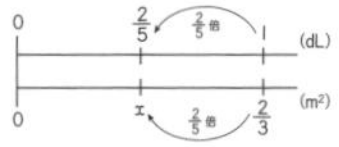

② 答えの求め方を説明しています。

□にあてはまる数と答えを書きましょう。

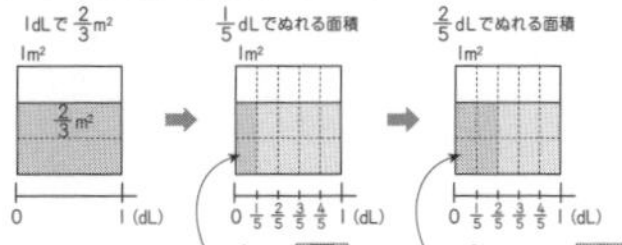

$\frac{2}{3}\div$ [5]　　$(\frac{2}{3}\div5)\times$ [2]

$\frac{2}{3}$を５つに分けた，２つ分が答え

$\frac{2}{3}\times\frac{2}{5}=(\frac{2}{3}\div$ [5] $)\times$ [2]

$=\frac{2}{3\times5}\times$ [2]

$=\frac{2\times [2]}{3\times5}=$ [$\frac{4}{15}$]　　答え $\frac{4}{15}m^2$

P.26

3 分数のかけ算
分数のかけ算 (2)

月　日　名前

1 計算をしましょう。

① $\frac{1}{2}\times\frac{3}{4}$　$\frac{3}{8}$　② $\frac{2}{3}\times\frac{4}{5}$　$\frac{8}{15}$

③ $\frac{3}{4}\times\frac{5}{4}$　$\frac{15}{16}$　④ $\frac{7}{2}\times\frac{5}{3}$　$\frac{35}{6}\left(5\frac{5}{6}\right)$

⑤ $\frac{5}{3}\times\frac{7}{4}$　$\frac{35}{12}\left(2\frac{11}{12}\right)$　⑥ $\frac{8}{5}\times\frac{2}{3}$　$\frac{16}{15}\left(1\frac{1}{15}\right)$

⑦ $\frac{11}{12}\times\frac{5}{6}$　$\frac{55}{72}$　⑧ $\frac{3}{10}\times\frac{7}{8}$　$\frac{21}{80}$

2 1mの重さが$\frac{3}{4}$kgのパイプがあります。

このパイプ$\frac{3}{5}$mの重さは何kgですか。

式 $\frac{3}{4}\times\frac{3}{5}=\frac{9}{20}$　答え $\frac{9}{20}$kg

26

3 分数のかけ算
分数のかけ算 (3)

月　日　名前

① $\frac{3}{4}\times\frac{2}{7}$　$\frac{3}{14}$　② $\frac{7}{10}\times\frac{5}{6}$　$\frac{7}{12}$

③ $\frac{3}{5}\times\frac{5}{9}$　$\frac{1}{3}$　④ $\frac{7}{12}\times\frac{9}{14}$　$\frac{3}{8}$

⑤ $\frac{24}{25}\times\frac{5}{8}$　$\frac{3}{5}$　⑥ $\frac{14}{5}\times\frac{15}{28}$　$\frac{3}{2}\left(1\frac{1}{2}\right)$

⑦ $\frac{20}{21}\times\frac{14}{15}$　$\frac{8}{9}$　⑧ $\frac{63}{100}\times\frac{25}{36}$　$\frac{7}{16}$

⑨ $\frac{2}{3}\times\frac{1}{3}\times\frac{4}{5}$　$\frac{8}{45}$　⑩ $\frac{3}{4}\times\frac{2}{5}\times\frac{5}{8}$　$\frac{3}{16}$

⑪ $\frac{9}{100}\times\frac{4}{3}\times\frac{5}{3}$　$\frac{1}{5}$　⑫ $\frac{25}{36}\times\frac{16}{5}\times\frac{9}{5}$　4

P.27

3 分数のかけ算
分数のかけ算 (4)

月　日　名前

● 分数のかけ算をしましょう。また，分数を小数で表して計算し，分数の積と小数の積が等しいことを確かめましょう。

(1) $\frac{7}{10}\times\frac{1}{2}=$ [$\frac{7}{20}$]

① 分数のかけ算の計算をしましょう。
② 分数を小数に直して計算しましょう。（　）に小数を書きましょう。

$\frac{7}{10}=$ (0.7)　$\frac{1}{2}=$ (0.5)

(0.7) × (0.5) = (0.35)

③ 分数の積を小数に直して，積が等しいことを確かめましょう。

[$\frac{7}{20}$] = [7 ÷ 20 = 0.35]

(2) $\frac{3}{4}\times\frac{2}{5}=$ [$\frac{3}{10}$]

① 分数のかけ算の計算をしましょう。
② 分数を小数に直して計算しましょう。（　）に小数を書きましょう。

$\frac{3}{4}=$ (0.75)　$\frac{2}{5}=$ (0.4)

(0.75) × (0.4) = (0.3)

③ 小数の積を分数に直して，積が等しいことを確かめましょう。

[0.3] = [$\frac{3}{10}$]

27

3 分数のかけ算
分数のかけ算 (5)

月　日　名前

1 1Lが150円の牛乳《ぎゅうにゅう》があります。

この牛乳の$\frac{2}{3}$L，$1\frac{2}{5}$Lの代金を，それぞれ求めましょう。

① $\frac{2}{3}$Lの代金

式 $150\times\frac{2}{3}=100$　答え 100円

② $1\frac{2}{5}$Lの代金

式 $150\times1\frac{2}{5}=210$　答え 210円

2 計算をしましょう。

① $4\times\frac{3}{5}$　$\frac{12}{5}\left(2\frac{2}{5}\right)$　② $6\times\frac{4}{9}$　$\frac{8}{3}\left(2\frac{2}{3}\right)$

③ $1\frac{3}{4}\times\frac{5}{8}$　$\frac{35}{32}\left(1\frac{3}{32}\right)$　④ $1\frac{2}{5}\times\frac{20}{21}$　$\frac{4}{3}\left(1\frac{1}{3}\right)$

⑤ $\frac{2}{3}\times1\frac{1}{5}$　$\frac{4}{5}$　⑥ $1\frac{1}{2}\times1\frac{1}{3}$　2

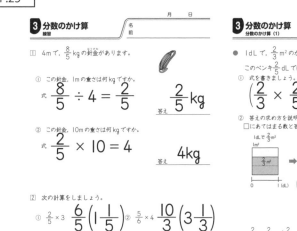

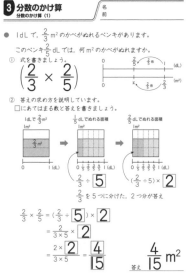

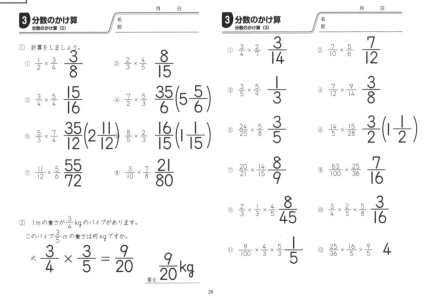

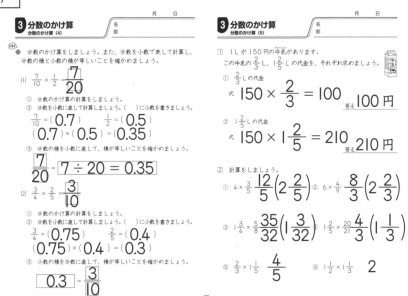

解答　児童に実施させる前に，必ず指導される方が問題を解いてください。本書の解答は，あくまでも１つの例です。指導される方の作られた解答をもとに，本書の解答例を参考に児童の多様な考えに寄り添って○つけをお願いします。

P.28

3 分数のかけ算
分数のかけ算（6）

月　日　名前

① $9\times\frac{2}{5}$　$\frac{18}{5}\left(3\frac{3}{5}\right)$
② $12\times\frac{5}{6}$　10
③ $\frac{3}{8}\times3$　$\frac{9}{8}\left(1\frac{1}{8}\right)$
④ $\frac{11}{12}\times4$　$\frac{11}{3}\left(3\frac{2}{3}\right)$
⑤ $\frac{5}{6}\times2\frac{1}{2}$　$\frac{25}{12}\left(2\frac{1}{12}\right)$
⑥ $3\frac{1}{3}\times\frac{3}{5}$　2
⑦ $1\frac{5}{7}\times1\frac{3}{4}$　3
⑧ $2\frac{1}{7}\times2\frac{4}{5}$　6
⑨ $4\frac{3}{8}\times3\frac{3}{7}$　15
⑩ $2\frac{3}{5}\times2\frac{2}{9}$　$\frac{52}{9}\left(5\frac{7}{9}\right)$
⑪ $9\times1\frac{1}{6}$　$\frac{21}{2}\left(10\frac{1}{2}\right)$
⑫ $3\frac{1}{3}\times12$　40

28

3 分数のかけ算
分数のかけ算（7）

月　日　名前

① $\frac{5}{8}\times\frac{2}{15}$　$\frac{1}{12}$
② $\frac{9}{20}\times\frac{4}{3}$　$\frac{3}{5}$
③ $2\frac{1}{2}\times\frac{8}{25}$　$\frac{4}{5}$
④ $4\times2\frac{1}{6}$　$\frac{26}{3}\left(8\frac{2}{3}\right)$
⑤ $4\times\frac{5}{12}$　$\frac{5}{3}\left(1\frac{2}{3}\right)$
⑥ $3\frac{3}{10}\times1\frac{4}{11}$　$\frac{9}{2}\left(4\frac{1}{2}\right)$
⑦ $3\frac{1}{8}\times2\frac{2}{15}$　$\frac{20}{3}\left(6\frac{2}{3}\right)$
⑧ $1\frac{1}{6}\times18$　21
⑨ $3\frac{3}{5}\times3\frac{1}{3}$　12
⑩ $7\frac{1}{2}\times\frac{4}{35}$　$\frac{6}{7}$
⑪ $3\times2\frac{1}{12}$　$\frac{25}{4}\left(6\frac{1}{4}\right)$
⑫ $3\frac{1}{5}\times3\frac{3}{4}$　12

P.29

3 分数のかけ算
分数のかけ算（8）

月　日　名前

1　□にあてはまる不等号を書きましょう。

① $3\times1\frac{1}{6}$ [>] 3
② 5 [>] $5\times\frac{7}{9}$
③ $\frac{4}{5}$ [<] $\frac{4}{5}\times\frac{7}{6}$
④ $\frac{5}{6}$ [>] $\frac{5}{6}\times\frac{3}{4}$
⑤ $\frac{2}{7}\times\frac{7}{5}$ [>] $\frac{2}{7}$
⑥ $\frac{3}{7}$ [>] $\frac{3}{7}\times\frac{4}{5}$

2　次の計算で，積が４より大きくなるものには○を，積が４より小さくなるものには△を，（　）に書きましょう。

① $4\times\frac{11}{12}$　（ △ ）
② $4\times1\frac{1}{6}$　（ ○ ）
③ $4\times\frac{5}{6}$　（ △ ）
④ $4\times\frac{13}{12}$　（ ○ ）

3　まとめの文です。（　）にあてはまる数や不等号を書きましょう。

分数をかける計算でも，（ 1 ）より小さい数をかけると「積（ < ）かけられる数」となる。

29

3 分数のかけ算
分数のかけ算（9）

月　日　名前

● 右の長方形や正方形，平行四辺形の面積を求めましょう。

① 長方形

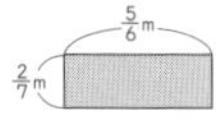

式 $\frac{2}{7}\times\frac{5}{6}=\frac{5}{21}$

答え $\frac{5}{21}\,m^2$

② 正方形

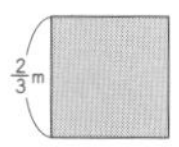

式 $\frac{2}{3}\times\frac{2}{3}=\frac{4}{9}$

答え $\frac{4}{9}\,m^2$

③ 平行四辺形

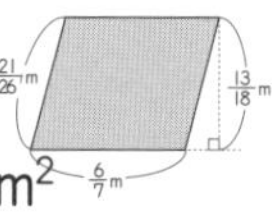

式 $\frac{6}{7}\times\frac{13}{18}=\frac{13}{21}$

答え $\frac{13}{21}\,m^2$

④ 長方形

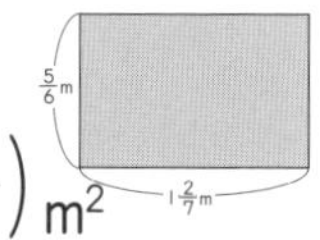

式 $\frac{5}{6}\times1\frac{2}{7}=\frac{15}{14}$

$\frac{15}{14}\left(1\frac{1}{14}\right)m^2$

29

P.30

3 分数のかけ算
分数のかけ算（10）

月　日　名前

● 右の直方体や立方体の体積を求めましょう。

① 直方体

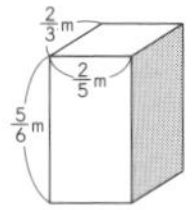

式 $\frac{2}{3}\times\frac{2}{5}\times\frac{5}{6}=\frac{2}{9}$

答え $\frac{2}{9}\,m^3$

② 立方体

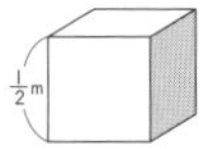

式 $\frac{1}{2}\times\frac{1}{2}\times\frac{1}{2}=\frac{1}{8}$

答え $\frac{1}{8}\,m^3$

③ 直方体

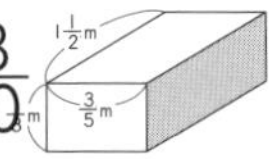

式 $1\frac{1}{2}\times\frac{3}{5}\times\frac{1}{3}=\frac{3}{10}$

答え $\frac{3}{10}\,m^3$

30

3 分数のかけ算
分数のかけ算（11）

月　日　名前

1　計算のきまりを使って計算します。□にあてはまる数を書きましょう。

① $\left(\frac{7}{9}\times\frac{3}{4}\right)\times\frac{4}{3}=\frac{7}{9}\times\left(\frac{3}{4}\times\boxed{\frac{4}{3}}\right)$
$=\boxed{\frac{7}{9}}$

② $\left(\frac{5}{8}+\frac{5}{6}\right)\times24=\left(\frac{5}{8}\times\boxed{24}\right)+\left(\frac{5}{6}\times\boxed{24}\right)$
$=\boxed{35}$

③ $\frac{2}{7}+3\times\frac{2}{7}+4=\frac{2}{7}\times\left(\boxed{3}+\boxed{4}\right)$
$=\boxed{2}$

2　計算のきまりを使って，くふうして計算しましょう。

① $\left(\frac{11}{14}\times\frac{5}{9}\right)\times\frac{9}{5}$　$\frac{11}{14}$
② $\left(\frac{5}{6}+\frac{7}{9}\right)\times18$　29
③ $\frac{5}{9}\times10+\frac{5}{9}\times8$　10

P.31

3 分数のかけ算
分数のかけ算（12）

月　日　名前

● 次の数の逆数を求めましょう。

① $\frac{3}{8}$　$\left(\frac{8}{3}\right)$
② $\frac{7}{12}$　$\left(\frac{12}{7}\right)$
③ $\frac{1}{5}$　(5)
④ $\frac{1}{16}$　(16)
⑤ $\frac{14}{5}$　$\left(\frac{5}{14}\right)$
⑥ $\frac{12}{7}$　$\left(\frac{7}{12}\right)$
⑦ $1\frac{1}{3}$　$\left(\frac{3}{4}\right)$
⑧ $2\frac{3}{5}$　$\left(\frac{5}{13}\right)$
⑨ 6　$\left(\frac{1}{6}\right)$
⑩ 21　$\left(\frac{1}{21}\right)$
⑪ 0.3　$\left(\frac{10}{3}\right)$
⑫ 1.7　$\left(\frac{10}{17}\right)$
⑬ 0.5　(2)
⑭ 0.06　$\left(\frac{50}{3}\right)$
⑮ 1.8　$\left(\frac{5}{9}\right)$
⑯ 1.25　$\left(\frac{4}{5}\right)$

31

3 分数のかけ算
分数のかけ算（13）

月　日　名前

1　計算のきまりを使って計算します。□にあてはまる数を書きましょう。

① $\frac{5}{9}\times6+\frac{5}{9}\times3=\frac{5}{9}\times\left(\boxed{6}+\boxed{3}\right)$
$=\boxed{5}$

② $\frac{7}{12}\times5+\frac{7}{12}\times7=\boxed{\frac{7}{12}}\times\left(5+\boxed{7}\right)$
$=\boxed{7}$

③ $\frac{5}{8}\times4+\frac{3}{8}\times4=\left(\boxed{\frac{3}{8}}+\boxed{\frac{5}{8}}\right)\times4$
$=\boxed{4}$

2　次の数の逆数を求めましょう。

① $\frac{4}{7}$　$\left(\frac{7}{4}\right)$
② $\frac{1}{7}$　(7)
③ $1\frac{2}{9}$　$\left(\frac{9}{11}\right)$
④ 12　$\left(\frac{1}{12}\right)$
⑤ 1.5　$\left(\frac{2}{3}\right)$
⑥ 0.8　$\left(\frac{5}{4}\right)$
⑦ 0.04　(25)
⑧ 0.75　$\left(\frac{4}{3}\right)$

31

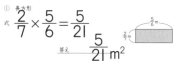

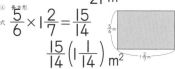

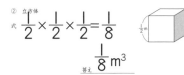

P.32

3 ふりかえり・たしかめ (1)
分数のかけ算

月　日　名前

1 計算をしましょう。

① $\frac{5}{12}\times 8$　$\frac{10}{3}\left(3\frac{1}{3}\right)$

② $\frac{6}{7}\div 3$　$\frac{2}{7}$

③ $\frac{4}{5}\times\frac{7}{16}$　$\frac{7}{20}$

④ $\frac{16}{21}\times\frac{7}{24}$　$\frac{2}{9}$

⑤ $12\times\frac{3}{8}$　$\frac{9}{2}\left(4\frac{1}{2}\right)$

⑥ $\frac{16}{15}\times\frac{5}{6}\times\frac{3}{4}$　$\frac{2}{3}$

⑦ $1\frac{1}{6}\times 2\frac{4}{7}$　3

⑧ $\left(\frac{5}{8}+\frac{3}{4}\right)\times 16$　22

2 1dLで $\frac{5}{6}$m² のかべがぬれるペンキがあります。

① このペンキ4dLでは，何m²のかべがぬれますか。

式 $\frac{5}{6}\times 4=\frac{10}{3}\left(3\frac{1}{3}\right)$

答え $\frac{10}{3}\left(3\frac{1}{3}\right)$m²

② このペンキ $\frac{3}{5}$dLでは，何m²のかべがぬれますか。

式 $\frac{5}{6}\times\frac{3}{5}=\frac{1}{2}$

答え $\frac{1}{2}$m²

3 ふりかえり・たしかめ (2)
分数のかけ算

月　日　名前

1 次の数の逆数を求めましょう。

① $\frac{3}{7}$　$\left(\frac{7}{3}\right)$

② $\frac{1}{12}$　(12)

③ 4　$\left(\frac{1}{4}\right)$

④ 0.17　$\left(\frac{100}{17}\right)$

2 積が7より小さくなるのはどれですか。下の□に記号を書きましょう。

㋐ $7\times\frac{16}{15}$　㋑ $7\times 1\frac{1}{13}$　㋒ $7\times\frac{9}{8}$　㋓ $7\times\frac{5}{6}$

㋓

3 新幹線「のぞみ」は，時速280kmで走り，北九州市の小倉駅から，広島駅まで45分で着きました。

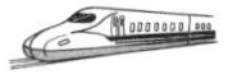

① 45分は何時間ですか。分数で表しましょう。

$\frac{3}{4}$ 時間

② 北九州市の小倉駅から，広島駅までは何kmですか。

式 $280\times\frac{3}{4}=210$

答え 210km

P.33

3 まとめのテスト
分数のかけ算

月　日　名前

[知識・技能]

1 計算をしましょう。(5×6)

① $\frac{5}{6}\times 4$　$\frac{10}{3}\left(3\frac{1}{3}\right)$

② $\frac{3}{10}\times\frac{5}{9}$　$\frac{1}{6}$

③ $6\times\frac{7}{12}$　$\frac{7}{2}\left(3\frac{1}{2}\right)$

④ $1\frac{1}{14}\times 2\frac{1}{3}$　$\frac{5}{2}\left(2\frac{1}{2}\right)$

⑤ $\frac{3}{14}\times\frac{5}{6}\times\frac{7}{5}$　$\frac{1}{4}$

⑥ $\left(\frac{4}{9}+\frac{1}{6}\right)\times 18$　11

2 次の数の逆数を書きましょう。(5×2)

① $\frac{1}{8}$　(8)

② 0.7　$\left(\frac{10}{7}\right)$

3 □にあてはまる不等号を書きましょう。(5×2)

① $9 > 9\times\frac{6}{7}$

② $9 < 9\times\frac{8}{7}$

[思考・判断・表現]

4 1Lの重さが $\frac{8}{9}$kgの油があります。(5×4)

① この油 $\frac{3}{4}$Lの重さは何kgですか。

式 $\frac{8}{9}\times\frac{3}{4}=\frac{2}{3}$

答え $\frac{2}{3}$kg

② この油 $2\frac{1}{2}$Lの重さは何kgですか。

式 $\frac{8}{9}\times 2\frac{1}{2}=\frac{20}{9}$

答え $\frac{20}{9}\left(2\frac{2}{9}\right)$kg

5 右の長方形の面積を求めましょう。(5×2)

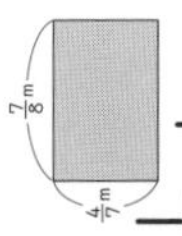

式 $\frac{4}{7}\times\frac{7}{8}=\frac{1}{2}$

答え $\frac{1}{2}$m²

6 時速60kmで走る自動車があります。(5×4)

① この自動車が40分間走ると，何km進みますか。

式 $60\times\frac{2}{3}=40$

答え 40km

② この自動車が2時間20分間走ると，何km進みますか。

式 $60\times 2\frac{1}{3}=140$

答え 140km

P.34

4 分数のわり算
分数のわり算 (1)

月　日　名前

$\frac{2}{3}$dLのペンキで，$\frac{3}{4}$m²のかべがぬれました。
このペンキ1dLでは，何m²のかべがぬれますか。

● どんな式を書けばよいかを考えます。□にあてはまる数を書きましょう。

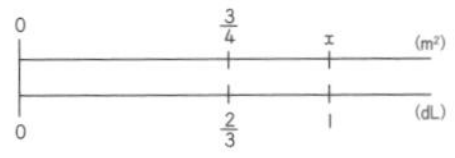

1dLでぬれる面積をxm²とします。

使ったペンキの量が $\frac{2}{3}$ 倍になれば，ぬれる面積も $\boxed{\frac{2}{3}}$ 倍になるから

$x\times\frac{2}{3}=\frac{3}{4}$ となります。

xを求めるには，わり算を使います。

xを求める式を書きましょう。

$\boxed{\frac{3}{4}}\div\boxed{\frac{2}{3}}$

1dLでぬれる面積を求めるときは，整数や小数のときと同じようにわり算の式をたてるよ。

4 分数のわり算
分数のわり算 (2)

月　日　名前

1 $\frac{3}{4}\div\frac{2}{3}$ の計算のしかたを考えます。□にあてはまる数を書きましょう。

【わる数を整数にする方法】

$\frac{2}{3}$ に3をかければ整数になります。　$\frac{2}{3}\times\boxed{3}=\boxed{2}$

わり算では，わられる数とわる数に同じ数をかけても，答えは同じになります。

だから，わられる数にも3をかけます。　$\frac{3}{4}\times\boxed{3}$

式にまとめて書いてみましょう。

$\frac{3}{4}\div\frac{2}{3}=\left(\frac{3}{4}\times 3\right)\div\left(\frac{2}{3}\times 3\right)$

$=\left(\frac{3}{4}\times 3\right)\div 2$

$=\frac{3\times\boxed{3}}{4}\div 2$

$=\frac{3\times\boxed{3}}{4\times\boxed{2}}$

$=\frac{\boxed{9}}{\boxed{8}}$

分数でわる計算は，わる数の逆数をかけることになるね。

2 次の計算をしましょう。

① $\frac{2}{5}\div\frac{3}{4}$　$\frac{8}{15}$

② $\frac{3}{7}\div\frac{4}{5}$　$\frac{15}{28}$

P.35

4 分数のわり算
分数のわり算 (3)

月　日　名前

1 計算をしましょう。

① $\frac{3}{4}\div\frac{5}{7}$　$\frac{21}{20}\left(1\frac{1}{20}\right)$

② $\frac{2}{3}\div\frac{3}{5}$　$\frac{10}{9}\left(1\frac{1}{9}\right)$

③ $\frac{5}{8}\div\frac{2}{9}$　$\frac{45}{16}\left(2\frac{13}{16}\right)$

④ $\frac{2}{7}\div\frac{1}{4}$　$\frac{8}{7}\left(1\frac{1}{7}\right)$

⑤ $\frac{5}{12}\div\frac{2}{5}$　$\frac{25}{24}\left(1\frac{1}{24}\right)$

⑥ $\frac{1}{5}\div\frac{1}{3}$　$\frac{3}{5}$

2 ある数に $\frac{3}{4}$ をかけるのを，まちがって $\frac{4}{3}$ をかけて，答えが $\frac{1}{2}$ になりました。

$x\times\frac{4}{3}=\frac{1}{2}$（x：ある数）

① ある数を求めましょう。

式 $\frac{1}{2}\div\frac{4}{3}=\frac{3}{8}$

答え $\frac{3}{8}$

② ①で求めた数に $\frac{3}{4}$ をかけて，正しい答えを求めましょう。

式 $\frac{3}{8}\times\frac{3}{4}=\frac{9}{32}$

答え $\frac{9}{32}$

4 分数のわり算
分数のわり算 (4)

月　日　名前

① $\frac{9}{5}\div\frac{3}{7}$　$\frac{21}{5}\left(4\frac{1}{5}\right)$

② $\frac{7}{15}\div\frac{9}{10}$　$\frac{14}{27}$

③ $\frac{5}{6}\div\frac{15}{8}$　$\frac{4}{9}$

④ $\frac{15}{16}\div\frac{5}{12}$　$\frac{9}{4}\left(2\frac{1}{4}\right)$

⑤ $\frac{3}{20}\div\frac{9}{100}$　$\frac{5}{3}\left(1\frac{2}{3}\right)$

⑥ $\frac{21}{4}\div\frac{7}{20}$　15

⑦ $\frac{3}{4}\times\frac{2}{5}\div\frac{6}{7}$　$\frac{7}{20}$

⑧ $8\div\frac{4}{5}\times\frac{3}{4}$　$\frac{15}{2}\left(7\frac{1}{2}\right)$

⑨ $\frac{15}{14}\div\frac{3}{7}\div\frac{3}{2}$　$\frac{5}{3}\left(1\frac{2}{3}\right)$

⑩ $\frac{9}{10}\div 6\times\frac{2}{3}$　$\frac{1}{10}$

⑪ $\frac{9}{100}\times\frac{5}{3}\div\frac{2}{5}$　$\frac{3}{8}$

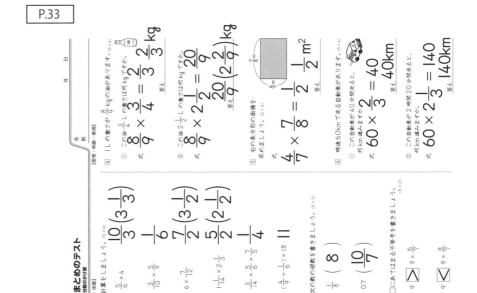

解答

児童に実施させる前に，必ず指導される方が問題を解いてください。本書の解答は，あくまでも１つの例です。指導される方の作られた解答をもとに，本書の解答例を参考に児童の多様な考えに寄り添って○つけをお願いします。

P.36

4 分数のわり算
分数のわり算（5）

月　日　名前

① $5 \div \frac{2}{3}$　$\frac{15}{2}\left(7\frac{1}{2}\right)$
② $4 \div \frac{3}{7}$　$\frac{28}{3}\left(9\frac{1}{3}\right)$
③ $3 \div \frac{4}{5}$　$\frac{15}{4}\left(3\frac{3}{4}\right)$
④ $12 \div \frac{4}{3}$　9
⑤ $\frac{3}{4} \div 1\frac{1}{3}$　$\frac{9}{16}$
⑥ $\frac{5}{9} \div 3\frac{3}{4}$　$\frac{4}{27}$
⑦ $3\frac{1}{3} \div \frac{5}{6}$　4
⑧ $\frac{4}{7} \div 1\frac{3}{7}$　$\frac{2}{5}$
⑨ $2\frac{2}{5} \div 1\frac{1}{7}$　$\frac{21}{10}\left(2\frac{1}{10}\right)$
⑩ $3\frac{1}{3} \div 8\frac{3}{4}$　$\frac{8}{21}$
⑪ $1\frac{1}{5} \div 3\frac{3}{10}$　$\frac{4}{11}$
⑫ $2\frac{5}{8} \div 3\frac{1}{2}$　$\frac{3}{4}$

4 分数のわり算
分数のわり算（6）

月　日　名前

1 計算をしましょう。

① $8 \div \frac{4}{3}$　6
② $5 \div \frac{15}{8}$　$\frac{8}{3}\left(2\frac{2}{3}\right)$
③ $3 \div \frac{1}{3}$　9
④ $\frac{5}{6} \div 2$　$\frac{5}{12}$
⑤ $\frac{4}{5} \div 2$　$\frac{2}{5}$
⑥ $\frac{1}{4} \div 1\frac{1}{3}$　$\frac{3}{16}$
⑦ $\frac{5}{6} \div 1\frac{3}{7}$　$\frac{7}{12}$
⑧ $3\frac{3}{5} \div 2\frac{2}{5}$　$\frac{3}{2}\left(1\frac{1}{2}\right)$
⑨ $2\frac{3}{11} \div 1\frac{1}{4}$　$\frac{20}{11}\left(1\frac{9}{11}\right)$
⑩ $5\frac{1}{4} \div 4\frac{2}{3}$　$\frac{9}{8}\left(1\frac{1}{8}\right)$

トライ
2 2，3，4の３つの数を右の□に入れて，式を完成させます。□にあてはまる数を書きましょう。

$\frac{\boxed{3}}{\boxed{4}} \div 1\frac{1}{\boxed{2}} = \frac{1}{2}$

36

P.37

4 分数のわり算
分数のわり算（7）

月　日　名前

① $\frac{1}{3} \times \frac{1}{4} \div \frac{1}{2}$　$\frac{1}{6}$
② $\frac{2}{9} \div \frac{1}{3} \times \frac{9}{10}$　$\frac{3}{5}$
③ $\frac{2}{3} \times \frac{6}{7} \div 2$　$\frac{2}{7}$
④ $\frac{2}{15} \times \frac{3}{8} \div \frac{5}{9}$　$\frac{9}{100}$
⑤ $\frac{5}{4} \times \frac{8}{15} \div \frac{4}{9}$　$\frac{3}{2}\left(1\frac{1}{2}\right)$
⑥ $\frac{4}{5} \div \frac{2}{9} \times \frac{5}{6}$　3
⑦ $\frac{5}{12} \div \frac{1}{3} \times \frac{2}{5}$　$\frac{1}{2}$
⑧ $\frac{5}{6} \div 8 \div \frac{3}{4}$　$\frac{5}{36}$
⑨ $\frac{2}{3} \times \frac{6}{7} \div 8$　$\frac{1}{14}$
⑩ $4\frac{9}{10} \times 1\frac{3}{7} \div 4$　$\frac{7}{4}\left(1\frac{3}{4}\right)$

4 分数のわり算
分数のわり算（8）

月　日　名前

① $\frac{2}{5} \times \frac{5}{6} \div \frac{1}{4}$　$\frac{4}{3}\left(1\frac{1}{3}\right)$
② $\frac{1}{10} \div \frac{1}{2} \div \frac{4}{15}$　$\frac{3}{4}$
③ $1\frac{3}{5} \div \frac{4}{9} \div \frac{3}{5}$　6
④ $\frac{4}{5} \div \frac{1}{2} \times \frac{15}{16}$　$\frac{3}{2}\left(1\frac{1}{2}\right)$
⑤ $\frac{3}{4} \times 2\frac{1}{2} \div \frac{5}{6}$　$\frac{9}{4}\left(2\frac{1}{4}\right)$
⑥ $\frac{5}{7} \times 4\frac{1}{5} \div \frac{9}{10}$　$\frac{10}{3}\left(3\frac{1}{3}\right)$
⑦ $\frac{2}{5} \times 10 \div 8$　$\frac{1}{2}$
⑧ $\frac{2}{9} \div \frac{1}{18} \div 4$　1
⑨ $\frac{1}{10} \times 6 \div 3$　$\frac{1}{5}$
⑩ $\frac{5}{9} \div \frac{2}{3} \times \frac{4}{5}$　$\frac{2}{3}$

37

P.38

4 分数のわり算
分数のわり算（9）

月　日　名前

1 Ⓐ，Ⓑどちらも24gの針金があります。
Ⓐは，$1\frac{1}{3}$mで24gです。
Ⓑは，$\frac{2}{3}$mで24gです。

① Ⓐ，Ⓑどちらも1mの重さを求めましょう。

Ⓐの針金
式 $24 \div 1\frac{1}{3} = 18$

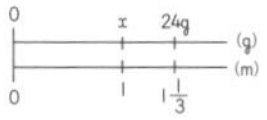

答え 18g

Ⓑの針金
式 $24 \div \frac{2}{3} = 36$

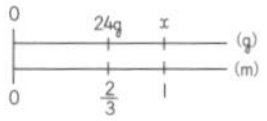

答え 36g

② 1mが24gよりも重いのは，Ⓐ，Ⓑどちらですか。
（ Ⓑ ）

2 □にあてはまる不等号を書きましょう。

① $5 \div \frac{5}{6}$ [>] 5
② 9 [<] $9 \div \frac{5}{8}$
③ $\frac{5}{7} \div \frac{9}{8}$ [<] $\frac{5}{7}$
④ $\frac{2}{3}$ [>] $\frac{2}{3} \div 1\frac{1}{4}$

4 分数のわり算
分数のわり算（10）

月　日　名前

1 $\frac{5}{6}$mの重さが$\frac{8}{3}$kgのパイプがあります。

①
式 $\frac{8}{3} \div \frac{5}{6} = \frac{16}{5}\left(3\frac{1}{5}\right)$

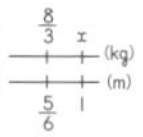

$\frac{16}{5}\left(3\frac{1}{5}\right)$kg

②
式 $\frac{5}{6} \div \frac{8}{3} = \frac{5}{16}$

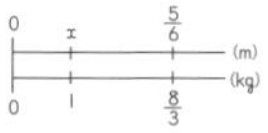

答え $\frac{5}{16}$m

2 $\frac{3}{4}$dLのペンキで$\frac{9}{2}$m²のかべをぬりました。

①
式 $\frac{9}{2} \div \frac{3}{4} = 6$

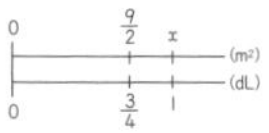

答え $6m^2$

② 何dLのペンキがいりますか。
式 $\frac{3}{4} \div \frac{9}{2} = \frac{1}{6}$

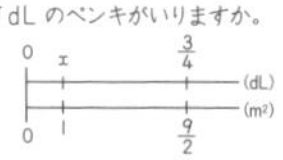

答え $\frac{1}{6}$dL

38

P.39

4 分数のわり算
分数のわり算（11）

月　日　名前

● 次の計算を小数だけ，または，分数だけにして計算しましょう。

$0.6 \div \frac{2}{5} \times 5$

【小数にして計算しましょう。】

㋐ $\frac{2}{5}$を小数にしましょう。　$\frac{2}{5} = \boxed{0.4}$
㋑ 計算しましょう。
$0.6 \div \boxed{0.4} \times 5$

答え 7.5

【分数にして計算しましょう。】

㋐ 0.6を分数にしましょう。　$0.6 = \frac{\boxed{3}}{\boxed{5}}$
㋑ 計算しましょう。
$\frac{\boxed{3}}{\boxed{5}} \div \frac{2}{5} \times 5$

答え $\frac{15}{2}\left(7\frac{1}{2}\right)$

【小数で計算した答えと，分数で計算した答えが等しいことを確かめましょう。】
小数の答えを分数に直しましょう。

$\left(7.5 = \frac{75}{10} = \frac{15}{2}\left(7\frac{1}{2}\right)\right)$

4 分数のわり算
分数のわり算（12）

月　日　名前

● 小数や整数を分数で表して計算しましょう。

① $16 \times \frac{1}{12} \div 0.2$　$\frac{20}{3}\left(6\frac{2}{3}\right)$
② $4 \times \frac{3}{8} \div 0.7$　$\frac{15}{7}\left(2\frac{1}{7}\right)$
③ $\frac{3}{4} \div 1.5 \times 7$　$\frac{7}{2}\left(3\frac{1}{2}\right)$
④ $0.28 \times 14 \div 4.9$　$\frac{4}{5}$
⑤ $1.5 \div 4 \div 0.25$　$\frac{3}{2}\left(1\frac{1}{2}\right)$
⑥ $0.56 \div 0.8 \times \frac{5}{7}$　$\frac{1}{2}$

39

P.40

4 分数のわり算
分数のわり算（13）
月　日　名前

● 小数や整数を分数で表して計算しましょう。

① $\frac{4}{5}\times\frac{9}{10}\div1.8$　$\frac{2}{5}$

② $\frac{5}{7}\div\frac{20}{21}\times0.8$　$\frac{3}{5}$

③ $\frac{5}{9}\div\frac{6}{7}\times2.4$　$\frac{14}{9}\left(1\frac{5}{9}\right)$

④ $5.6\div\frac{7}{5}\div0.32$　$\frac{25}{2}\left(12\frac{1}{2}\right)$

⑤ $4.2\times0.04\div0.7$　$\frac{6}{25}$

⑥ $14\div1.75\times0.4$　$\frac{16}{5}\left(3\frac{1}{5}\right)$

4 ふりかえり・たしかめ（1）
分数のわり算
月　日　名前

1 次の計算をしましょう。

① $\frac{5}{8}\div\frac{2}{9}$　$\frac{45}{16}\left(2\frac{13}{16}\right)$

② $\frac{4}{7}\div\frac{2}{3}$　$\frac{6}{7}$

③ $\frac{3}{8}\div\frac{9}{10}$　$\frac{5}{12}$

④ $\frac{5}{12}\div\frac{15}{8}$　$\frac{2}{9}$

⑤ $16\div\frac{4}{9}$　36

⑥ $18\div\frac{3}{4}$　24

⑦ $\frac{3}{10}\div\frac{2}{3}\times\frac{5}{9}$　$\frac{1}{4}$

⑧ $\frac{3}{8}\div\frac{3}{4}\times16$　8

2 積が13より小さくなるのはどれですか。（　）に記号を書きましょう。

㋐ $13\times\frac{18}{19}$　㋑ $13\times\frac{19}{18}$　㋒ $13\times1\frac{1}{9}$　㋓ $13\times\frac{2}{9}$

（㋐）（㋓）

P.41

4 ふりかえり・たしかめ（2）
分数のわり算
月　日　名前

1 あるソース $\frac{3}{4}$ L の重さを測ると，$\frac{6}{5}$ kg でした。

① このソース１L の重さは，何 kg ですか。

式 $\frac{6}{5}\div\frac{3}{4}=\frac{8}{5}$

答え $\frac{8}{5}\left(1\frac{3}{5}\right)$ kg

② このソース１kg は，何 L ですか。

式 $\frac{3}{4}\div\frac{6}{5}=\frac{5}{8}$

答え $\frac{5}{8}$ L

2 毎日，１２分ずつ読書をします。
合計で３時間の読書をするには，何日かかりますか。

① １２分は，何時間ですか。分数で表しましょう。

１２分 ＝ $\frac{1}{5}$ 時間

② ①の，分数で表した時間を使って，何日かかるかを求めましょう。

式 $3\div\frac{1}{5}=15$

答え 15日

4 ふりかえり・たしかめ（3）
分数のわり算
月　日　名前

1 次の計算をしましょう。

① $\frac{5}{7}\div1\frac{1}{14}$　$\frac{2}{3}$

② $3\frac{1}{3}\div\frac{5}{6}$　4

③ $16\div\frac{4}{7}$　28

④ $2\frac{4}{7}\div1\frac{1}{5}$　$\frac{15}{7}$

⑤ $0.3\div\frac{5}{12}\div1.8$　$\frac{2}{5}$

⑥ $7.2\div\frac{2}{5}\times\frac{1}{3}\div8$　$\frac{3}{4}$

2 ごうくんは，自転車で，20km の道のりを
１時間40分で走りました。

① １時間40分は何時間ですか。分数で表しましょう。

１時間40分 ＝ $1\frac{2}{3}$ 時間

② ごうくんが自転車で走った速さは，時速何 km ですか。

式 $20\div1\frac{2}{3}=12$

答え 時速 12km

P.42

4 まとめのテスト
分数のわり算
月　日　名前

【知識・技能】

1 次の計算をしましょう。（5×8）

① $\frac{1}{4}\div\frac{2}{3}$　$\frac{3}{8}$

② $\frac{5}{6}\div\frac{3}{2}$　$\frac{5}{9}$

③ $\frac{7}{20}\div\frac{14}{15}$　$\frac{3}{8}$

④ $9\div\frac{3}{7}$　21

⑤ $2\frac{1}{3}\div\frac{5}{6}$　$\frac{14}{5}\left(2\frac{4}{5}\right)$

⑥ $1\frac{1}{4}\div2\frac{1}{7}$　$\frac{7}{12}$

⑦ $2\frac{3}{5}\div0.3\times1.5$　13

⑧ $1\frac{2}{3}\times0.6\div4$　$\frac{1}{4}$

2 □にあてはまる不等号を書きましょう。（5×2）

① 11 ＞ $11\div1\frac{1}{12}$

② 11 ＜ $11\div\frac{9}{10}$

【思考・判断・表現】

3 $\frac{4}{5}$ dL のペンキで $\frac{2}{3}$ m² のかべがぬれました。このペンキ１dL で何 m² のかべがぬれますか。（5×2）

式 $\frac{2}{3}\div\frac{4}{5}=\frac{5}{6}$

答え $\frac{5}{6}$ m²

4 牛乳が２L あります。毎日 $\frac{1}{4}$ L ずつ飲みます。何日間飲むことができますか。（5×2）

式 $2\div\frac{1}{4}=8$

答え 8日間

5 $\frac{8}{9}$ m の重さが $\frac{5}{6}$ kg のパイプがあります。（5×4）

① このパイプ１m の重さは何 kg ですか。

式 $\frac{5}{6}\div\frac{8}{9}=\frac{15}{16}$

答え $\frac{15}{16}$ kg

② このパイプ１kg の長さは何 m ですか。

式 $\frac{8}{9}\div\frac{5}{6}=\frac{16}{15}$

答え $\frac{16}{15}\left(1\frac{1}{15}\right)$ m

6 $\frac{2}{3}$ 時間で２km 歩きました。
時速何 km で歩きましたか。（5×2）

式 $2\div\frac{2}{3}=3$

答え 時速 3km

P.43

分数の倍
分数の倍（1）
月　日　名前

1 赤のテープの長さは $\frac{3}{5}$ m，白のテープの長さは $\frac{2}{3}$ m です。
赤のテープの長さをもとにすると，白のテープの長さは何倍ですか。

式 $\frac{2}{3}\div\frac{3}{5}=\frac{10}{9}\left(1\frac{1}{9}\right)$

答え $\frac{10}{9}\left(1\frac{1}{9}\right)$ 倍

2 $\frac{3}{4}$ m をもとにすると，$\frac{5}{8}$ m は何倍ですか。

式 $\frac{5}{8}\div\frac{3}{4}=\frac{5}{6}$

答え $\frac{5}{6}$ 倍

3 $\frac{3}{10}$ kg を１とみると，$\frac{4}{5}$ kg はいくつにあたりますか。

式 $\frac{4}{5}\div\frac{3}{10}=\frac{8}{3}\left(2\frac{2}{3}\right)$

答え $\frac{8}{3}\left(2\frac{2}{3}\right)$

4 $\frac{2}{3}$ L を１とみると，$\frac{4}{7}$ L はいくつにあたりますか。

式 $\frac{4}{7}\div\frac{2}{3}=\frac{6}{7}$

答え $\frac{6}{7}$

分数の倍
分数の倍（2）
月　日　名前

トライ
● ㋐，㋑，㋒のねん土の重さは次の通りです。

㋐ $\frac{15}{16}$ kg　㋑ $\frac{3}{4}$ kg　㋒ $\frac{27}{32}$ kg

① ㋐の重さをもとにすると，㋑の重さは何倍ですか。

式 $\frac{3}{4}\div\frac{15}{16}=\frac{4}{5}$

答え $\frac{4}{5}$ 倍

② ㋑の重さをもとにすると，㋐の重さは何倍ですか。

式 $\frac{15}{16}\div\frac{3}{4}=\frac{5}{4}\left(1\frac{1}{4}\right)$

答え $\frac{5}{4}\left(1\frac{1}{4}\right)$ 倍

③ ㋑の重さを１とみると，㋒の重さはいくつにあたりますか。

式 $\frac{27}{32}\div\frac{3}{4}=\frac{9}{8}\left(1\frac{1}{8}\right)$

答え $\frac{9}{8}\left(1\frac{1}{8}\right)$

④ ㋒の重さを１とみると，㋐の重さはいくつにあたりますか。

式 $\frac{15}{16}\div\frac{27}{32}=\frac{10}{9}\left(1\frac{1}{9}\right)$

答え $\frac{10}{9}\left(1\frac{1}{9}\right)$

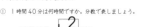

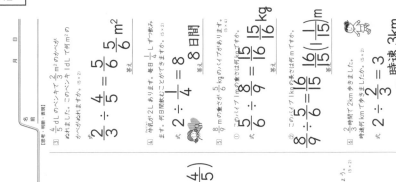

解答

児童に実施させる前に，必ず指導される方が問題を解いてください。本書の解答は，あくまでも1つの例です。指導される方の作られた解答をもとに，本書の解答例を参考に児童の多様な考えに寄り添って○つけをお願いします。

P.44

分数の倍
分数の倍 (3)
月　日　名前

1　いちご1パックの値段《ねだん》は540円です。

①　マンゴー1個の値段は，いちご1パックの値段の $\frac{7}{6}$ 倍です。
マンゴー1個の値段を求めましょう。

式 $540 \times \frac{7}{6} = 630$

答え 630円

②　りんご1個の値段は，いちご1パックの値段の $\frac{2}{5}$ 倍です。
りんご1個の値段を求めましょう。

式 $540 \times \frac{2}{5} = 216$

答え 216円

2　Aのテープの長さは $2\frac{1}{4}$ mです。Bのテープの長さは，Aのテープの長さの $\frac{2}{3}$ 倍です。Bのテープの長さを求めましょう。

式 $2\frac{1}{4} \times \frac{2}{3} = \frac{3}{2}\left(1\frac{1}{2}\right)$

答え $\frac{3}{2}\left(1\frac{1}{2}\right)$m

44

分数の倍
分数の倍 (4)
月　日　名前

1　ぼうしの値段《ねだん》は1500円です。
くつ下の値段は，ぼうしの $\frac{2}{5}$ にあたります。
くつ下の値段は，何円ですか。

式 $1500 \times \frac{2}{5} = 600$

答え 600円

2　㋐の容器には水が $1\frac{1}{2}$ L入っています。
㋑の容器には，㋐の $\frac{8}{9}$ 倍水が入っています。
㋑の容器には水が何L入っていますか。

式 $1\frac{1}{2} \times \frac{8}{9} = \frac{4}{3}\left(1\frac{1}{3}\right)$

答え $\frac{4}{3}\left(1\frac{1}{3}\right)$L

3　Aの荷物は21kgです。Bの荷物の重さは，Aの荷物の重さを1とすると $\frac{6}{7}$ にあたります。Bの荷物は，何kgですか。

式 $21 \times \frac{6}{7} = 18$

答え 18kg

P.45

分数の倍
分数の倍 (5)
月　日　名前

1　1200円のケーキを買いました。
このケーキの値段《ねだん》は，ようかんの値段の $\frac{4}{3}$ 倍です。
ようかんの値段は何円ですか。

式 $1200 \div \frac{4}{3} = 900$

答え 900円

2　青いロープの長さは $6\frac{2}{5}$ mで，これは赤いロープの長さの $\frac{8}{5}$ 倍です。赤いロープの長さは何mですか。

式 $6\frac{2}{5} \div \frac{8}{5} = 4$

答え 4m

3　りんごジュースは $1\frac{3}{5}$ Lあります。
これは，みかんジュースの $\frac{2}{3}$ 倍です。
みかんジュースは何Lありますか。

式 $1\frac{3}{5} \div \frac{2}{3} = \frac{12}{5}\left(2\frac{2}{5}\right)$

答え $\frac{12}{5}\left(2\frac{2}{5}\right)$L

45

分数の倍
分数の倍 (6)
月　日　名前

1　Aの畑は $48m^2$ です。これはBの畑の面積の $\frac{3}{8}$ にあたります。
Bの畑の面積は何 m^2 ですか。

式 $48 \div \frac{3}{8} = 128$

答え $128m^2$

2　右の表のようなⒶ，Ⓑ，Ⓒ，3本のリボンがあります。

Ⓐ	?
Ⓑ	12m
Ⓒ	?

①　Ⓐのリボンの長さは，Ⓑのリボンの $\frac{5}{8}$ 倍の長さです。
Ⓐのリボンの長さは，何mですか。

式 $12 \times \frac{5}{8} = \frac{15}{2}\left(7\frac{1}{2}\right)$

答え $\frac{15}{2}\left(7\frac{1}{2}\right)$m

②　Ⓒのリボンの長さの $\frac{3}{4}$ がⒷのリボンの長さです。
Ⓒのリボンの長さは，何mですか。

式 $12 \div \frac{3}{4} = 16$

答え 16m

P.46

ふりかえり・たしかめ (1)
分数の倍
月　日　名前

1　先週は450円だったいちごの値段《ねだん》が540円になっていました。
いちごの値段は，何倍になりましたか。

式 $540 \div 450 = \frac{6}{5}\left(1\frac{1}{5}\right)$

答え $\frac{6}{5}\left(1\frac{1}{5}\right)$倍

2　大きいプールの深さは $1\frac{1}{5}$ mです。
小さいプールの深さは，大きいプールの深さの $\frac{2}{3}$ 倍です。
小さいプールの深さは，何mですか。

式 $1\frac{1}{5} \times \frac{2}{3} = \frac{4}{5}$

答え $\frac{4}{5}$m

3　ジュースを飲んだので，ジュースの量は昨日の $\frac{5}{8}$ の $\frac{1}{2}$ Lになりました。昨日ジュースは，何Lありましたか。

式 $\frac{1}{2} \div \frac{5}{8} = \frac{4}{5}$

答え $\frac{4}{5}$L

46

ふりかえり・たしかめ (2)
分数の倍
月　日　名前

1　Aビルの高さは42mです。この高さはBビルの $\frac{6}{7}$ にあたります。Bビルの高さは，何mですか。

式 $42 \div \frac{6}{7} = 49$

答え 49m

2　右の表のように，Ⓐ，Ⓑ，Ⓒ，3つの容器にジュースが入っています。

Ⓐ	$\frac{7}{8}$L
Ⓑ	$1\frac{2}{5}$L
Ⓒ	$\frac{3}{4}$L

①　Ⓐのジュースのかさをもとにすると，Ⓑのかさは，何倍ですか。

式 $1\frac{2}{5} \div \frac{7}{8} = \frac{8}{5}\left(1\frac{3}{5}\right)$

答え $\frac{8}{5}\left(1\frac{3}{5}\right)$倍

②　Ⓐのジュースのかさをもとにすると，Ⓒのかさは，何倍ですか。

式 $\frac{3}{4} \div \frac{7}{8} = \frac{6}{7}$

答え $\frac{6}{7}$倍

3　お姉さんの1週間の読書ページ数は540ページでした。
弟は，お姉さんの $\frac{3}{5}$ 倍読みました。弟が読んだページ数は何ページですか。

式 $540 \times \frac{3}{5} = 324$

答え 324ページ

P.47

まとめのテスト
分数の倍
月　日　名前

【知識・技能】

1　$\frac{2}{5}$kgをもとにすると，$\frac{3}{8}$kgは何倍ですか。(5×2)

式 $\frac{3}{8} \div \frac{2}{5} = \frac{15}{16}$

答え $\frac{15}{16}$倍

2　$\frac{3}{4}$mを1とみると，$\frac{1}{2}$mはいくつにあたりますか。(5×2)

式 $\frac{1}{2} \div \frac{3}{4} = \frac{2}{3}$

答え $\frac{2}{3}$

3　450円の $\frac{2}{3}$ 倍は何円ですか。(5×2)

式 $450 \times \frac{2}{3} = 300$

答え 300円

4　$1\frac{4}{5}$mの $\frac{5}{6}$ 倍は何mですか。(5×2)

式 $1\frac{4}{5} \times \frac{5}{6} = \frac{3}{2}$

答え $\frac{3}{2}\left(1\frac{1}{2}\right)$m

5　水とお湯があります。
水の量の $\frac{4}{3}$ 倍がお湯で，8Lです。
水の量は，何Lですか。(5×2)

式 $8 \div \frac{4}{3} = 6$

答え 6L

【思考・判断・表現】

6　ヘラクレスオオカブトの体長は180mmです。
カブトムシの体長は，その $\frac{2}{5}$ 倍です。
カブトムシの体長は何mmですか。(5×2)

式 $180 \times \frac{2}{5} = 72$

答え 72mm

7　右の表のようなⒶ，Ⓑ，Ⓒの3種類のパイプがあります。(5×4)

Ⓐ	$1\frac{1}{3}$m
Ⓑ	$1\frac{1}{2}$m
Ⓒ	?

①　Ⓑのパイプの長さをもとにすると，Ⓐの長さは，何倍ですか。

式 $1\frac{1}{3} \div 1\frac{1}{2} = \frac{8}{9}$

答え $\frac{8}{9}$倍

②　Ⓒのパイプは，Ⓑのパイプの $\frac{4}{5}$ 倍です。

式 $1\frac{1}{2} \times \frac{4}{5} = \frac{6}{5}$

答え $\frac{6}{5}\left(1\frac{1}{5}\right)$m

8　右の表のような㋐，㋑，㋒の3つの荷物があります。(5×4)

㋐	6kg
㋑	?
㋒	?

①　㋑の荷物の重さの $\frac{3}{4}$ 倍が㋐の重さです。㋑の荷物の重さは何kgですか。

式 $6 \div \frac{3}{4} = 8$

答え 8kg

②　㋒の荷物の重さの $1\frac{1}{2}$ 倍が㋐の重さです。
㋒の荷物の重さは何kgですか。

式 $6 \div 1\frac{1}{2} = 4$

答え 4kg

47

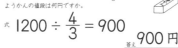

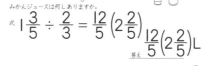

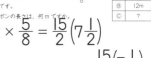

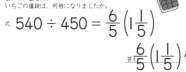

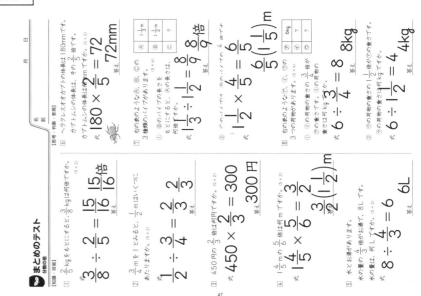

P.48

どんな計算になるのかな？ (1)

月　日　名前

1 まさきさんは $\frac{2}{3}$ 時間，ゆきさんは $\frac{4}{7}$ 時間読書をしました。
まさきさんの読書時間は，ゆきさんの読書時間の何倍ですか。

式 $\frac{2}{3} \div \frac{4}{7} = \frac{7}{6}\left(1\frac{1}{6}\right)$

答え $\frac{7}{6}\left(1\frac{1}{6}\right)$ 倍

2 オリーブオイルを $\frac{3}{4}$ L 買ったら，900 円でした。
このオリーブオイル 1L の値段《ねだん》は何円ですか。

式 $900 \div \frac{3}{4} = 1200$

答え 1200 円

3 1dL で $\frac{9}{14}$ m² のかべがぬれるペンキがあります。
このペンキ $\frac{7}{6}$ dL では，何 m² のかべがぬれますか。

式 $\frac{9}{14} \times \frac{7}{6} = \frac{3}{4}$

答え $\frac{3}{4}$ m²

どんな計算になるのかな？ (2)

月　日　名前

1 あるオレンジジュース 1L には，果じゅうが $\frac{2}{5}$ L ふくまれています。このオレンジジュース $\frac{3}{4}$ L には，何 L の果じゅうがふくまれていますか。

式 $\frac{2}{5} \times \frac{3}{4} = \frac{3}{10}$

答え $\frac{3}{10}$ L

2 $1\frac{7}{8}$ m の重さが，$2\frac{1}{4}$ kg のパイプがあります。

① このパイプ 1m の重さは何 kg ですか。

式 $2\frac{1}{4} \div 1\frac{7}{8} = \frac{6}{5}\left(1\frac{1}{5}\right)$

答え $\frac{6}{5}\left(1\frac{1}{5}\right)$ kg

② このパイプ 1kg の長さは何 m ですか。

式 $1\frac{7}{8} \div 2\frac{1}{4} = \frac{5}{6}$

答え $\frac{5}{6}$ m

48

P.49

5 比　比と比の値 (1)

月　日　名前

● 次の絵を見て，比に表しましょう。

Ⓐ ウスターソース　ケチャップ

3 : 2

Ⓑ ウスターソース　ケチャップ

3 : 2

Ⓐと Ⓑのウスターソースとケチャップの割合《わりあい》は同じだね。

Ⓒ ウスターソース　ケチャップ

1 : 3

Ⓓ ウスターソース　ケチャップ

1 : 3

Ⓒと Ⓓのウスターソースとケチャップの割合は同じだね。

49

5 比　比と比の値 (2)

月　日　名前

1 比の値《あたい》を求めましょう。

① 3 : 4 $\left(\frac{3}{4}\right)$　② 2 : 3 $\left(\frac{2}{3}\right)$

③ 6 : 4 $\left(\frac{3}{2}\right)$　④ 9 : 6 $\left(\frac{3}{2}\right)$

⑤ 4 : 10 $\left(\frac{2}{5}\right)$　⑥ 12 : 15 $\left(\frac{4}{5}\right)$

⑦ 6 : 12 $\left(\frac{1}{2}\right)$　⑧ 18 : 24 $\left(\frac{3}{4}\right)$

2 4 : 3 と等しい比を見つけよう。

① 4 : 3 の比の値を書きましょう。 $\left(\frac{4}{3}\right)$

② 次の㋐～㋑の比の値を求めましょう。

㋐ 8 : 6 $\left(\frac{4}{3}\right)$　㋑ 6 : 8 $\left(\frac{3}{4}\right)$

㋒ 12 : 10 $\left(\frac{6}{5}\right)$　㋓ 12 : 9 $\left(\frac{4}{3}\right)$

③ 4 : 3 と等しい比は上の㋐～㋓のどれですか。 ㋐ ㋓

49

P.50

5 比　比と比の値 (3)

月　日　名前

● 比の値《あたい》を（　）に書いて，等しい比を見つけましょう。

①

㋐ 4 : 6 $\left(\frac{2}{3}\right)$　㋑ 4 : 12 $\left(\frac{1}{3}\right)$

㋒ 10 : 15 $\left(\frac{2}{3}\right)$　㋓ 16 : 20 $\left(\frac{4}{5}\right)$

㋔ 5 : 15 $\left(\frac{1}{3}\right)$

等しい比

㋐ と ㋒　㋑ と ㋔

②

㋕ 25 : 20 $\left(\frac{5}{4}\right)$　㋖ 12 : 15 $\left(\frac{4}{5}\right)$

㋗ 36 : 30 $\left(\frac{6}{5}\right)$　㋘ 40 : 32 $\left(\frac{5}{4}\right)$

㋙ 24 : 30 $\left(\frac{4}{5}\right)$

等しい比

㋕ と ㋘　㋖ と ㋙

50

5 比　等しい比の性質 (1)

月　日　名前

● □にあてはまる数を書きましょう。

① 2 : 3 = 4 : 6　② 1 : 4 = 4 : 16

③ 10 : 9 = 40 : 36　④ 6 : 5 = 30 : 25

⑤ 4 : 14 = 2 : 7　⑥ 27 : 15 = 9 : 5

⑦ 21 : 15 = 7 : 5　⑧ 42 : 49 = 6 : 7

⑨ 40 : 50 = 4 : 5　⑩ 45 : 63 = 5 : 7

⑪ 66 : 55 = 6 : 5　⑫ 72 : 48 = 3 : 2

⑬ 7 : 4 = 56 : 32　⑭ 15 : 16 = 45 : 48

⑮ 5 : 9 = 45 : 81　⑯ 7 : 8 = 35 : 40

50

P.51

5 比　等しい比の性質 (2)

月　日　名前

● 次の比を簡単《かんたん》にして（　）に書きましょう。

① 8 : 6 (4 : 3)　② 12 : 6 (2 : 1)

③ 20 : 24 (5 : 6)　④ 49 : 21 (7 : 3)

⑤ 60 : 50 (6 : 5)　⑥ 45 : 18 (5 : 2)

⑦ 24 : 16 (3 : 2)　⑧ 27 : 21 (9 : 7)

⑨ 8 : 24 (1 : 3)　⑩ 48 : 12 (4 : 1)

⑪ 40 : 15 (8 : 3)　⑫ 45 : 15 (3 : 1)

⑬ 40 : 200 (1 : 5)　⑭ 56 : 48 (7 : 6)

⑮ 90 : 75 (6 : 5)　⑯ 100 : 25 (4 : 1)

51

5 比　等しい比の性質 (3)

月　日　名前

1 次の比を簡単《かんたん》にして（　）に書きましょう。

① 8 : 20 (2 : 5)　② 12 : 21 (4 : 7)

③ 35 : 28 (5 : 4)　④ 30 : 18 (5 : 3)

⑤ 33 : 22 (3 : 2)　⑥ 10 : 30 (1 : 3)

⑦ 13 : 39 (1 : 3)　⑧ 56 : 98 (4 : 7)

⑨ 48 : 64 (3 : 4)　⑩ 60 : 48 (5 : 4)

2 コーヒーと牛乳《ぎゅうにゅう》を 2 : 5 の割合《わりあい》で混ぜて，コーヒー牛乳を作ります。同じ味になるものを㋐～㋓の中から選んで，記号を書きましょう。

㋐ 40 : 100　㋑ 60 : 120

㋒ 50 : 125　㋓ 50 : 250

㋐ ㋒

51

児童に実施させる前に，必ず指導される方が問題を解いてください。本書の解答は，あくまでも１つの例です。指導される方の作られた解答をもとに，本書の解答例を参考に児童の多様な考えに寄り添って○つけをお願いします。

P.52

5 比 等しい比の性質（4）

月　日　名前

● 次の比を簡単《かんたん》にして（　）に書きましょう。

① 0.5 : 0.4（5 : 4）　② 0.7 : 0.3（7 : 3）

③ 2.1 : 0.6（7 : 2）　④ 2.8 : 0.4（7 : 1）

⑤ 0.05 : 0.06（5 : 6）　⑥ 0.08 : 0.24（1 : 3）

⑦ 0.9 : 1（9 : 10）　⑧ 2.4 : 3（4 : 5）

⑨ 6 : 5.4（10 : 9）　⑩ 9 : 3.6（5 : 2）

⑪ $\frac{3}{7} : \frac{4}{7}$（3 : 4）　⑫ $\frac{2}{5} : \frac{1}{6}$（12 : 5）

⑬ $\frac{4}{9} : \frac{5}{6}$（8 : 15）　⑭ $\frac{2}{9} : \frac{2}{3}$（1 : 3）

⑮ $\frac{1}{3} : 1$（1 : 3）　⑯ $0.5 : \frac{7}{15}$（15 : 14）

5 比 等しい比の性質（5）

月　日　名前

[1] 次の比を簡単《かんたん》にして（　）に書きましょう。

① 2.1 : 2.8（3 : 4）　② 0.6 : 4.2（1 : 7）

③ 6 : 0.5（12 : 1）　④ 0.12 : 0.42（2 : 7）

⑤ 4 : 1.5（8 : 3）　⑥ $\frac{1}{2} : \frac{1}{5}$（5 : 2）

⑦ $\frac{3}{4} : \frac{5}{12}$（9 : 5）　⑧ $\frac{4}{9} : \frac{4}{3}$（1 : 3）

⑨ $\frac{7}{8} : 3$（7 : 24）　⑩ $5 : \frac{5}{3}$（3 : 1）

[2] 比を簡単にすると，5 : 8 になるものを㋐〜㋕から選んで，記号を書きましょう。

㋐ 0.4 : 0.75　㋑ 0.2 : 0.32　㋒ 0.1 : 1.4

㋓ 0.25 : 0.4　㋔ $\frac{1}{8} : \frac{2}{5}$　㋕ $\frac{1}{4} : \frac{2}{5}$

［㋑］［㋓］［㋕］

P.53

5 比 等しい比の性質（6）

月　日　名前

[1] 次の比の値《あたい》を求めましょう。

① 3 : 2 $\left(\frac{3}{2}\right)$　② 18 : 10 $\left(\frac{9}{5}\right)$

③ 5 : 7 $\left(\frac{5}{7}\right)$　④ 6 : 15 $\left(\frac{2}{5}\right)$

⑤ 27 : 12 $\left(\frac{9}{4}\right)$　⑥ 90 : 36 $\left(\frac{5}{2}\right)$

⑦ 12 : 16 $\left(\frac{3}{4}\right)$　⑧ 120 : 320 $\left(\frac{3}{8}\right)$

[2] □にあてはまる数を書きましょう。

① 5 : 2 = 15 : ［6］　② 3 : 5 = ［15］ : 25

③ 16 : 20 = ［4］ : 5　④ 72 : 90 = 4 : ［5］

⑤ 27 : ［117］ = 3 : 13　⑥ ［6］ : 5 = 30 : 25

⑦ 36 : 54 = 4 : ［6］　⑧ 210 : ［180］ = 7 : 6

5 比 等しい比の性質（7）

月　日　名前

[1] □にあてはまる数を書きましょう。

① 11 : 6 = ［66］ : 36　② 72 : 54 = 8 : ［6］

③ 45 : 75 = 3 : ［5］　④ 5 : 4 = 260 : ［208］

⑤ 2 : 3 = ［32］ : 48　⑥ 80 : ［45］ = 16 : 9

⑦ 7 : ［13］ = 49 : 91　⑧ 45 : 20 = ［18］ : 8

[2] 次の比を簡単《かんたん》にして（　）に書きましょう。

① 20 : 36（5 : 9）　② 3.5 : 4.9（5 : 7）

③ 0.6 : 1.8（1 : 3）　④ 0.8 : 2.8（2 : 7）

⑤ 4 : 2.4（5 : 3）　⑥ $\frac{3}{4} : \frac{3}{5}$（5 : 4）

⑦ $\frac{15}{16} : \frac{7}{8}$（15 : 14）　⑧ $4 : \frac{2}{3}$（6 : 1）

P.54

5 比 比の利用（1）

月　日　名前

[1] 水とつゆの量を 5 : 2 の割合《わりあい》で混ぜて，めんつゆを作ります。水を 200mL にすると，つゆは何 mL 入れればいいですか。

式（例）$5 : 2 = 200 : x$

$200 \times \frac{2}{5} = 80$

答え 80mL

[2] 長方形の縦《たて》の長さと横の長さを 3 : 8 になるようにします。横の長さを 32cm にするとき，縦の長さは何 cm にすればいいですか。

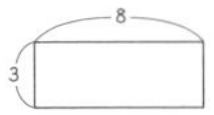

式（例）$3 : 8 = x : 32$

$32 \times \frac{3}{8} = 12$

答え 12cm

[3] 次の式で，x の表す数を求めましょう。

① 14 : 20 = 7 : x　x = ［10］　② 1.2 : 4 = 3 : x　x = ［10］

③ 20 : 16 = x : 4　x = ［5］　④ 6 : 4.5 = x : 3　x = ［4］

5 比 比の利用（2）

月　日　名前

[1] 次の式で，x の表す数を求めましょう。

① 16 : 24 = x : 3　x = ［2］　② 14 : 20 = 7 : x　x = ［10］

③ x : 18 = 4 : 3　x = ［24］　④ x : 65 = 5 : 13　x = ［25］

⑤ $x : \frac{2}{5} = 5 : 2$　x = ［1］　⑥ $\frac{2}{3} : x = 2 : 9$　x = ［3］

[2] しゅんさんの学級で，ペットを飼っている人といない人の比が 2 : 3 でした。ペットを飼っている人は 12 人でした。ペットを飼っていない人は何人ですか。

（例）式 $2 : 3 = 12 : x$

$12 \times \frac{3}{2} = 18$

答え 18人

P.55

5 比 比の利用（3）

月　日　名前

[1] 280cm のリボンを姉と妹で分けます。姉と妹の長さの比が 4 : 3 になるように分けると，それぞれ何 cm になりますか。

式（例）$280 \times \frac{4}{7} = 160$

$280 \times \frac{3}{7} = 120$

答え 姉 160cm　妹 120cm

[2] 500mL のコーヒー牛乳《ぎゅうにゅう》を作ります。コーヒーと牛乳の量の割合《わりあい》は，1:3 の比にします。コーヒーと牛乳はそれぞれ何 mL になりますか。

式（例）$500 \times \frac{1}{4} = 125$

$500 \times \frac{3}{4} = 375$

答え コーヒー 125mL　牛乳 375mL

[3] 面積が $540m^2$ の畑にトマトとナスを植えます。トマトとナスの畑の面積の比は，5 : 4 にします。それぞれ何 m^2 になりますか。

式（例）$540 \times \frac{5}{9} = 300$

$540 \times \frac{4}{9} = 240$

答え トマト $300m^2$　ナス $240m^2$

5 比 比の利用（4）

月　日　名前

[1] 兄弟でお金を出し合って，ゲームソフトを買います。ゲームソフトの代金は 3000 円で，兄と弟が出す金額の比は，3 : 2 になるようにします。それぞれが出す金額は，何円ずつですか。

式（例）$3000 \times \frac{3}{5} = 1800$

$3000 \times \frac{2}{5} = 1200$

答え 兄 1800円　弟 1200円

[2] ある夜店の金魚すくいの金魚は，赤色と黒色合わせて 270 ぴきです。そして，赤色と黒色の金魚の比は，7 : 2 です。それぞれ，何びきですか。

式（例）$270 \times \frac{7}{9} = 210$

$270 \times \frac{2}{9} = 60$

答え 赤色 210ぴき　黒色 60ぴき

[3] 縦と横の長さが 1 : 3 の長方形をかきます。周りの長さは 32m です。縦と横の長さはそれぞれ何 m になりますか。

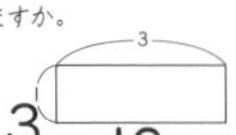

式（例）$32 \div 2 = 16$

$16 \times \frac{1}{4} = 4$　$16 \times \frac{3}{4} = 12$

答え 縦の長さ 4m　横の長さ 12m

児童に実施させる前に，必ず指導される方が問題を解いてください。本書の解答は，あくまでも1つの例です。指導される方の作られた解答をもとに，本書の解答例を参考に児童の多様な考えに寄り添って○つけをお願いします。

解答

P.56

5 比
比の利用 (5)

月　日　名前

1 おいしいレモネードを作ります。
レモンじる 30mL とシロップ水 40mL，
水 200mL を混ぜてレモネードを作りました。

① レモンじるとシロップ水と水の 3 つの量を簡単《かんたん》な比に表しましょう。

(3：4：20)

② 同じ味のレモネードを作ります。水を 400mL にしたら，レモンじるとシロップ水はそれぞれ何 mL にすればいいですか。

レモンじる (60mL)　シロップ水 (80mL)

2 三角形の 3 つの辺の長さの比を右の図のように 3：4：5 にすると直角三角形になります。

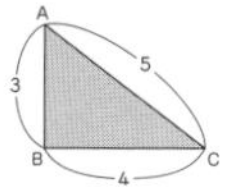

① 辺 AB の長さを 6m にすると，次の辺は何 m にすればいいですか。

辺 BC (8m)　辺 AC (10m)

② 辺 BC の長さを 6m にすると，次の辺は何 m にすればいいですか。

辺 AB (4.5m)　辺 AC (7.5m)

$\left(\frac{9}{2}\text{m},\ 4\frac{1}{2}\text{m}\right)\left(\frac{15}{2}\text{m},\ 7\frac{1}{2}\text{m}\right)$

56

5 ふりかえり・たしかめ (1)
比

月　日　名前

1 比の値《あたい》を求めましょう。

① 3：5 $\left(\frac{3}{5}\right)$　② 16：20 $\left(\frac{4}{5}\right)$

③ 24：18 $\left(\frac{4}{3}\right)$　④ 3.6：2 $\left(\frac{9}{5}\right)$

⑤ 6：3.6 $\left(\frac{5}{3}\right)$　⑥ 5：$\frac{2}{3}$ $\left(\frac{15}{2}\right)$

2 次の比と等しい比を見つけて，□に記号を書きましょう。

① 2：5
㋐ 10：15　㋑ 6：15
㋒ 4：15　㋓ 10：30
答 ㋑

② 20：12
㋐ 5：2　㋑ 5：3
㋒ 5：4　㋓ 6：5
答 ㋑

③ 2：2.4
㋐ 3：5　㋑ 6：5
㋒ 4：5　㋓ 5：6
答 ㋓

P.57

5 ふりかえり・たしかめ (2)
比

月　日　名前

1 次の比を簡単《かんたん》にして (　) に書きましょう。

① 18：12 (3：2)　② 72：36 (2：1)

③ 2.4：0.6 (4：1)　④ 4.2：3 (7：5)

⑥ $\frac{4}{5}$：$\frac{4}{7}$ (7：5)　⑥ $\frac{3}{8}$：$\frac{9}{10}$ (5：12)

2 ドレッシングを作ります。サラダ油とすの割合《わりあい》を 5：3 にします。サラダ油が 80mL のとき，すは，何 mL にすればいいですか。

式 (例)
$5:3 = 80:x$
$80 \times \frac{3}{5} = 48$

答え 48mL

3 シュートをして，シュートが決まった割合は全体の 0.8 でした。25 回シュートをしました。シュートが決まったのは何回ですか。

式 (例)
$1:0.8 = 25:x$
$25 \times 0.8 = 20$

答え 20 回

57

5 ふりかえり・たしかめ (3)
比

月　日　名前

1 次の式で，x の表す数を求めましょう。

① 5：2 = 15：x　x = 6
② 48：12 = x：4　x = 16
③ 3：x = 18：30　x = 5
④ 3：25 = x：125　x = 15
⑤ 12：x = 3：$\frac{1}{2}$　x = 2
⑥ 0.2：0.05 = x：1　x = 4

2 2 時間を 3：1 に分けて，トレーニングと休けい時間にします。
(例) れぞれ何分になりますか。

式
2 時間 = 120 分
$120 \times \frac{3}{4} = 90$　$120 \times \frac{1}{4} = 30$

答え トレーニング 90 分　休けい 30 分

3 縦《たて》と横の長さが 5：4 になる長方形をかきます。
横の長さが 32cm のとき，縦の長さは何 cm になりますか。

式 (例)
$5:4 = x:32$
$32 \times \frac{5}{4} = 40$

答え 40cm

P.58

5 まとめのテスト
比

月　日　名前

【知識・技能】

1 比の値《あたい》を求めて (　) に書きましょう。
また，[　]から等しい比を見つけて，□に記号を書きましょう。(5 × 4)

① 4：5 $\left(\frac{4}{5}\right)$
㋐ 16：25　㋑ 16：20　㋒ 20：30
答 ㋑

② 24：18 $\left(\frac{4}{3}\right)$
㋐ 16：9　㋑ 12：8　㋒ 36：27
答 ㋒

2 次の比を簡単《かんたん》にして (　) に書きましょう。(5 × 4)

① 18：12 (3：2)
② 2.4：0.8 (3：1)
③ $\frac{4}{5}$：0.6 (4：3)
④ $\frac{3}{4}$：$\frac{7}{10}$ (15：14)

3 次の式で，x の表す数を求めましょう。(5 × 2)

① x：4 = 27：12　x = 9
② 10：8 = 25：x　x = 20

【思考・判断・表現】

4 牛乳《ぎゅうにゅう》と紅茶《こうちゃ》を 5：4 になるように混ぜて，ミルクティーを作ります。紅茶を 80mL にすると，牛乳は何 mL になりますか。(5 × 2)

式 (例)
$5:4 = x:80$
$80 \times \frac{5}{4} = 100$

答え 100mL

5 60cm のリボンを 3：2 になるように切り分けます。何 cm と何 cm になりますか。(5 × 2)

式 (例)
$60 \times \frac{3}{5} = 36$　$60 \times \frac{2}{5} = 24$

答え 36cm と 24cm

6 高さ 2m の棒《ぼう》のかげが，1.5m のとき，かげの長さが 6m の木の高さは何 m ですか。(5 × 2)

式 (例)
$2:1.5 = x:6$
$6 \div 1.5 = 4$
$2 \times 4 = 8$

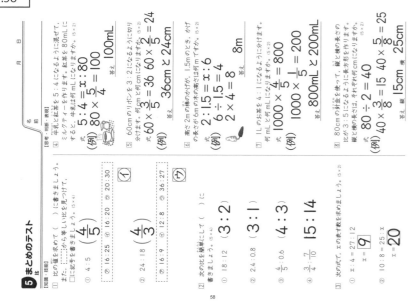

答え 8m

7 1L のお茶を 4：1 になるように分けます。何 mL と何 mL になりますか。(5 × 2)

式 (例)
$1000 \times \frac{4}{5} = 800$
$1000 \times \frac{1}{5} = 200$

答え 800mL と 200mL

8 80cm の針金《はりがね》を使って，縦《たて》と横の長さの比が 3：5 になるように長方形を作ります。縦と横の長さは，それぞれ何 cm になりますか。(5 × 2)

式 (例)
$80 \div 2 = 40$
$40 \times \frac{3}{8} = 15$　$40 \times \frac{5}{8} = 25$

答え 縦 15cm　横 25cm

58

P.59

6 拡大図と縮図
拡大図と縮図 (1)

月　日　名前

● ㋐，㋑，㋒は，どれも同じ形です。
(　) にあてはまることばを下の[　]から選んで書きましょう。
(同じことばを何回使ってもよい。)

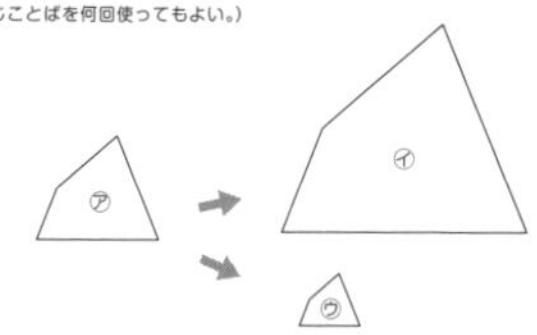

① ㋑のように，形を変えないで大きくした図を (拡大図) といいます。

② ㋒のように，形を変えないで小さくした図を (縮図) といいます。

③ 対応する角の大きさは (等しい)。

④ 対応する辺の長さの比は (等しい)。

⑤ 辺の長さが㋐の 2 倍になっている㋑は，㋐の (2 倍) の拡大《かくだい》図《ず》です。

⑥ 辺の長さが㋐の $\frac{1}{2}$ になっている㋒は，㋐の ($\frac{1}{2}$) の縮図《しゅくず》です。

等しい・等しくない・2 倍・4 倍・$\frac{1}{2}$・$\frac{1}{4}$・縮図・拡大図

59

6 拡大図と縮図
拡大図と縮図 (2)

月　日　名前

1 ㋐の三角形の拡大図《かくだいず》，縮図《しゅくず》はどれですか。
また，それは何倍の拡大図，何分の一の縮図ですか。

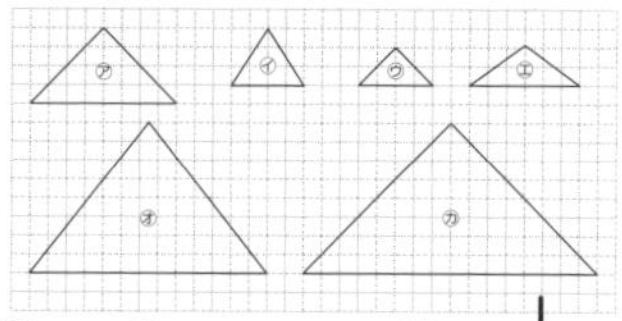

(㋕) は (2) 倍の拡大図　(㋒) は ($\frac{1}{2}$) の縮図

2 ㋕の四角形の拡大図，縮図はどれですか。
また，それは何倍の拡大図，何分の一の縮図ですか。

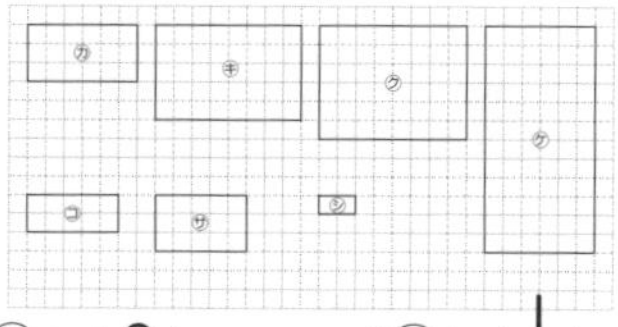

(㋘) は (2) 倍の拡大図　(㋛) は ($\frac{1}{3}$) の縮図

解答

児童に実施させる前に，必ず指導される方が問題を解いてください。本書の解答は，あくまでも１つの例です。指導される方の作られた解答をもとに，本書の解答例を参考に児童の多様な考えに寄り添って○つけをお願いします。

P.60

月　日

6 拡大図と縮図
拡大図と縮図（3）

名前

1 下の四角形 EFGH は，四角形 ABCD の $\frac{1}{2}$ の縮図です。
下の問いに答えましょう。

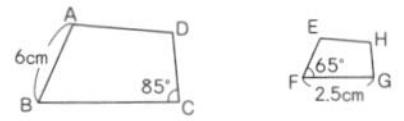

① 辺 AB に対応する辺はどれですか。また，何 cm ですか。
辺（ EF ）で（ 3 ）cm

② 辺 FG に対応する辺はどれですか。また，何 cm ですか。
辺（ BC ）で（ 5 ）cm

③ 角 C に対応する角はどれですか。また，何度ですか。
角（ G ）で（ 85 ）度

2 三角形アイウを 1.5 倍に拡大した三角形カキクがあります。
下の問いに答えましょう。

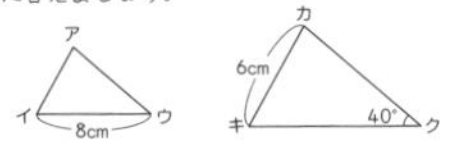

① 角クに対応する角はどれですか。また，何度ですか。
角（ ウ ）で（ 40 ）度

② 辺イウに対応する辺はどれですか。また，何 cm ですか。
辺（ キク ）で（ 12 ）cm

③ 辺カキに対応する辺はどれですか。また，何 cm ですか。
辺（ アイ ）で（ 4 ）cm

60

月　日

6 拡大図と縮図
拡大図と縮図（4）

名前

1 次の三角形 ABC を 2 倍に拡大《かくだい》した三角形 DEF をかきましょう。

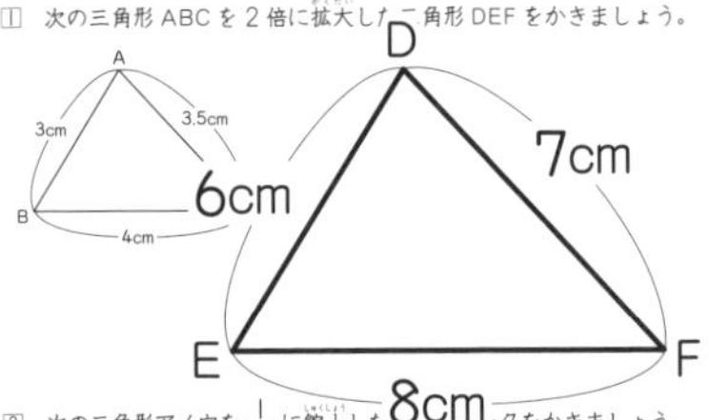

2 次の三角形アイウを $\frac{1}{2}$ に縮小《しゅくしょう》した三角形カキクをかきましょう。

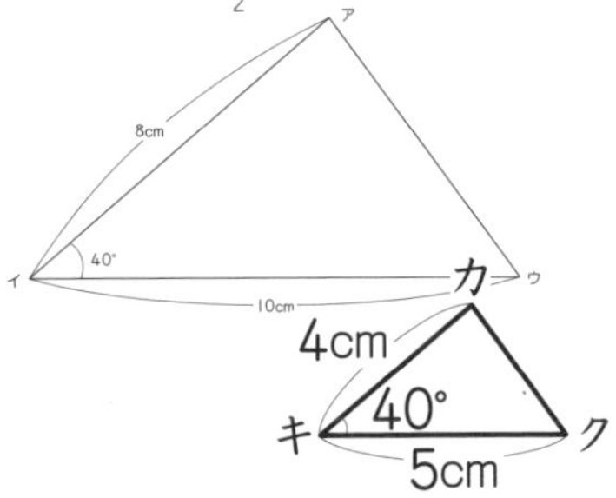

P.61

月　日

6 拡大図と縮図
拡大図と縮図（5）

名前

1 次の三角形 ABC を 2 倍に拡大《かくだい》した三角形 DEF をかきましょう。

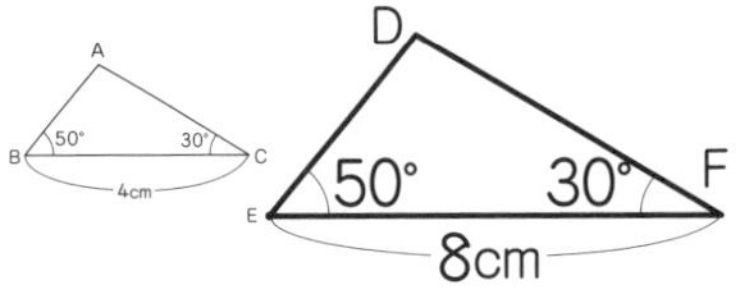

2 三角形アイウの 2 倍の拡大図と，$\frac{1}{2}$ の縮図《しゅくず》をかきましょう。
（必要な長さや角度をはかってかきましょう。）

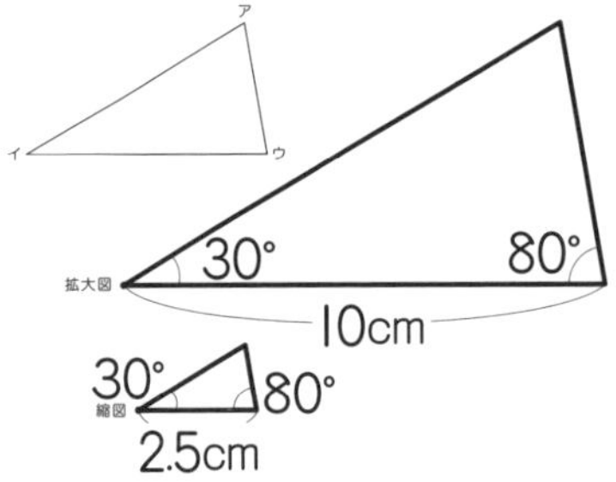

月　日

6 拡大図と縮図
拡大図と縮図（6）

名前

1 頂点《ちょうてん》イを中心にして，三角形アイウの 2 倍と 3 倍の拡大図《かくだいず》をかきましょう。

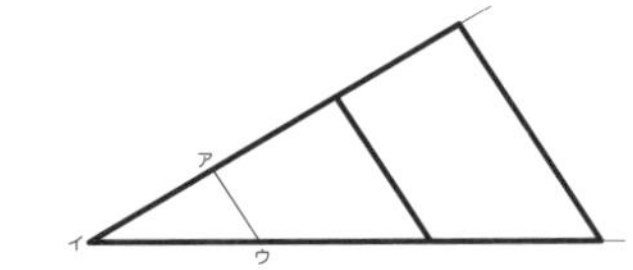

2 頂点《ちょうてん》イを中心にして，四角形アイウエの 2 倍の拡大図と，$\frac{1}{2}$ の縮図《しゅくず》をかきましょう。

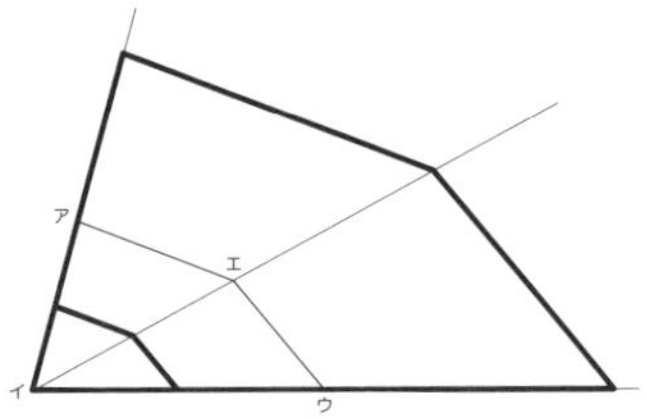

61

P.62

月　日

6 拡大図と縮図
拡大図と縮図（7）

名前

1 頂点《ちょうてん》イを中心にして，三角形アイウの $\frac{1}{2}$ と $\frac{1}{3}$ の縮図《しゅくず》をかきましょう。

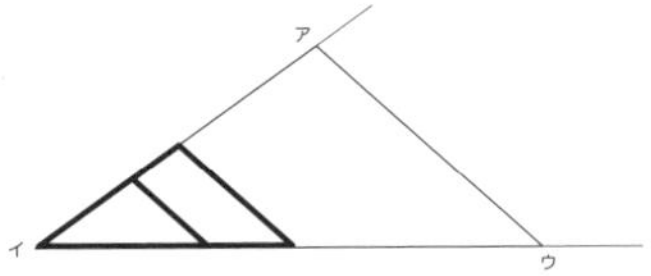

トライ
2 四角形 ABCD の 2 倍の拡大図《かくだいず》を，対角線が交わった点 O を中心にしてかきましょう。

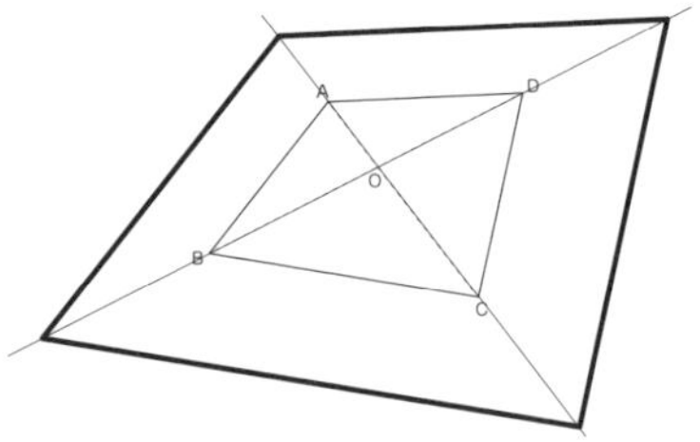

62

月　日

6 拡大図と縮図
拡大図と縮図（8）

名前

1 正三角形 ABC の 1.5 倍の拡大図《かくだいず》と，$\frac{1}{2}$ の縮図《しゅくず》をかきましょう。

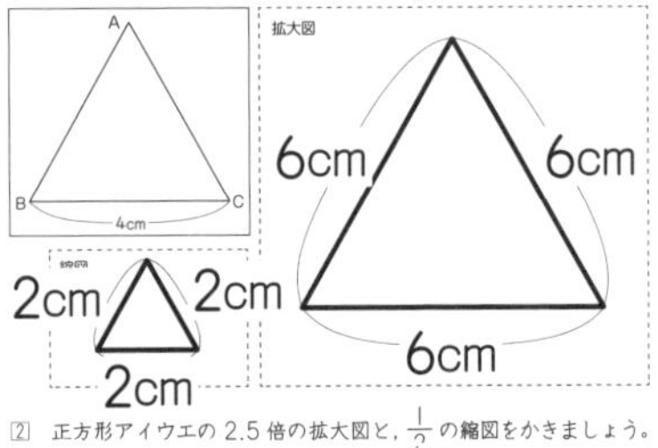

2 正方形アイウエの 2.5 倍の拡大図と，$\frac{1}{2}$ の縮図をかきましょう。

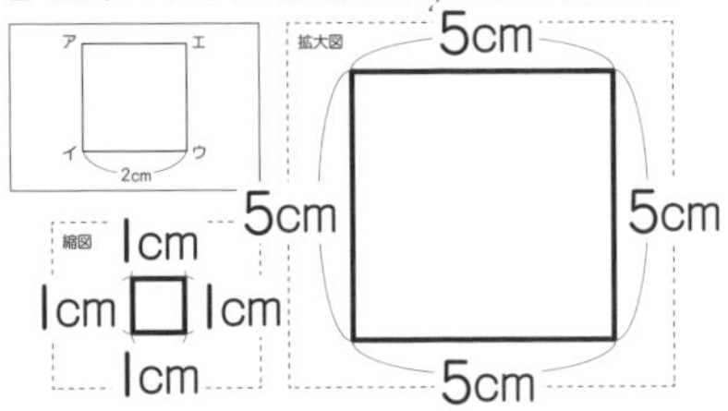

P.63

月　日

6 拡大図と縮図
縮図の利用（1）

名前

● 下の図は、自分の家のまわりの縮図《しゅくず》です。
家の前 A から B までの 500m を 5cm に縮《ちぢ》めて表しています。
家から公園入口までのきょりや道のりを求めましょう。

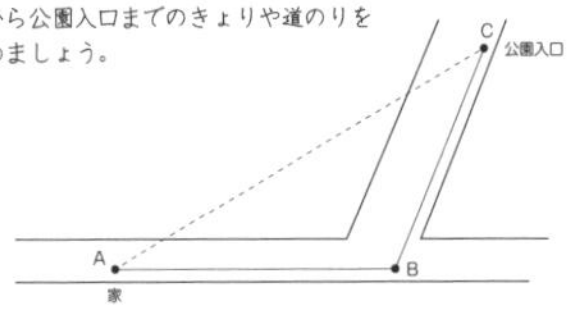

① 縮尺《しゅくしゃく》（縮めた割合《わりあい》）を、分数で表しましょう。

$500\text{m}=50000\text{cm}$

$5\div50000=\frac{1}{10000}$　（ $\frac{1}{10000}$ ）

② A（家）から C（公園入口 … りを求めましょう。
（AC の長さは，7.7cm とします。）

$7.7\times10000=77000$

$77000\text{cm}=770\text{m}$

答え 770m

③ A（家）から B を通って C（公園入口）までの実際の道のりを求めましょう。（BC の長さは 4cm とします。）

$4\times10000=40000$

$40000\text{cm}=400\text{m}$

$500+400=900$

答え 900m

月　日

6 拡大図と縮図
縮図の利用（2）

名前

● 下の図で池のはば AB の実際の長さは何 m ですか。
$\frac{1}{500}$ の縮図《しゅくず》をかいて求めましょう。

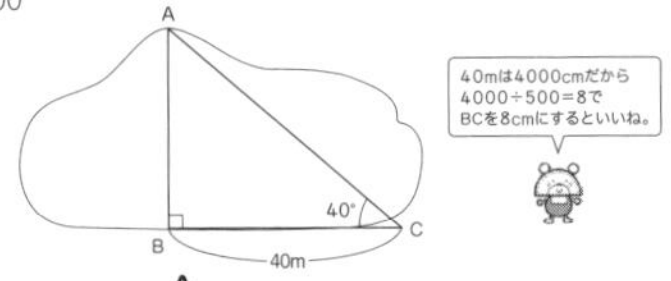

① $\frac{1}{500}$ の縮図をかきましょう。

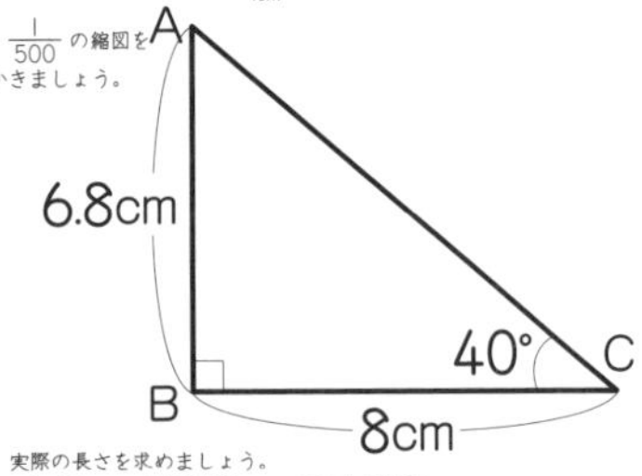

② 実際の長さを求めましょう。

式 $6.8\times500=3400$

$3400\text{cm}=34\text{m}$

答え 34m

63

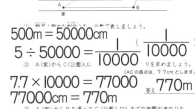

P.64

6 ふりかえり・たしかめ (1)
拡大図と縮図

月　日　名前

① 方眼を使って，下の台形 ABCD の 2 倍の拡大図《かくだいず》と，$\frac{1}{2}$ の縮図《しゅくず》をかきましょう。

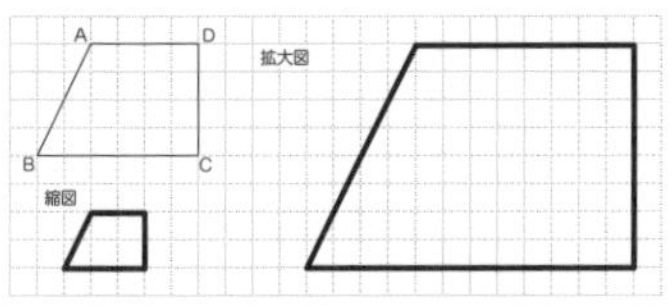

② 下の図は，家から学校までの道を表しています。
AB の実際の長さ 400m を 4cm に縮《ちぢ》めて表しています。

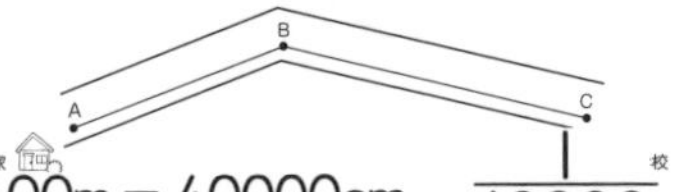

400m = 40000cm

$4 \div 40000 = \frac{1}{10000}$　（$\frac{1}{10000}$）

② A(家)から C(学校)までの実際の道のりを求めましょう。
5.5cm とします。）

式 $5.5 \times 10000 = 55000$
55000cm = 550m
$400 + 550 = 950$

答え 950m

64

6 ふりかえり・たしかめ (2)
拡大図と縮図

月　日　名前

① 下の三角形 ABC の $\frac{1}{3}$ の縮図《しゅくず》をかきましょう。

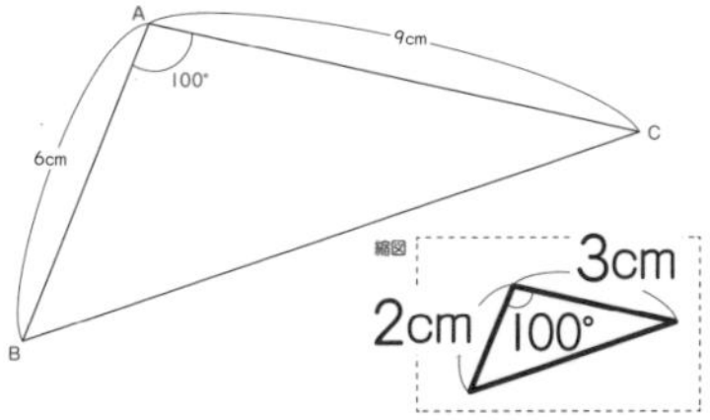

② 四角形アイウエの 2 倍の拡大図《かくだいず》と，$\frac{1}{2}$ の縮図《しゅくず》を，頂点《ちょうてん》イを中心にかきましょう。

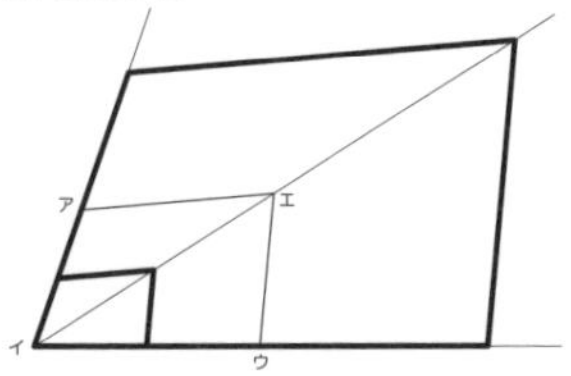

P.65

6 まとめのテスト
拡大図と縮図

月　日　名前

【知識・技能】

① 四角形カキクケは，四角形アイウエの拡大図《かくだいず》です。(5×4)

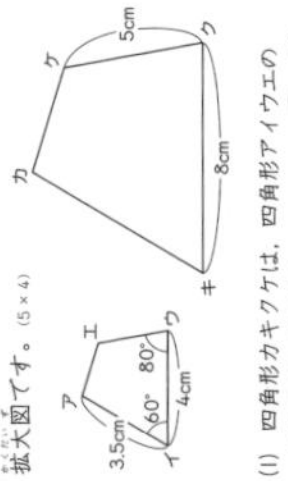

(1) 四角形カキクケは，四角形アイウエの何倍の拡大図ですか。（2倍）

(2) 角クの大きさは何度ですか。（80°）

(3) 次の辺の長さは何 cm ですか。
① 辺カキ（7cm）
② 辺エウ（2.5cm）

② 次の三角形の 2 倍の拡大図をかきましょう。(10)

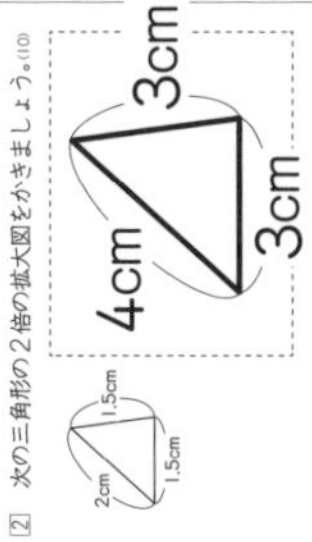

③ 下の四角形アイウエの頂点《ちょうてん》イを中心にして，2 倍の拡大図と，$\frac{1}{2}$ の縮図《しゅくず》をかきましょう。(10×2)

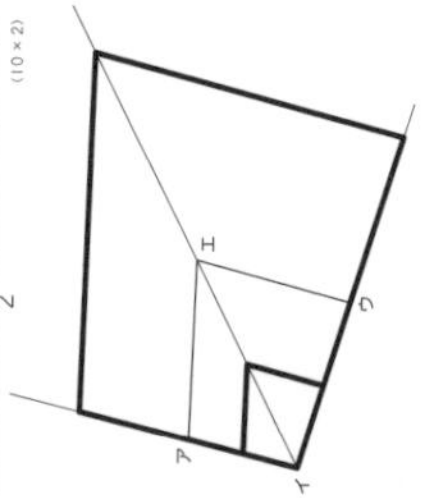

【思考・判断・表現】

④ 下の図は，ある小学校の縮図です。

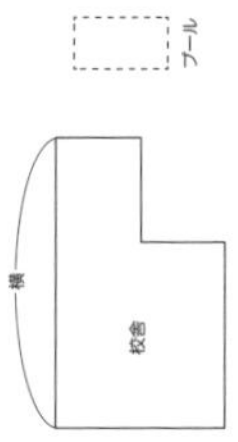

① 縮図では実際の縦《たて》の長さ 30m が 3cm で表されています。縮尺《しゅくしゃく》を分数で表しましょう。(10)
（$\frac{1}{1000}$）

② 縮図で校舎の横の長さは 5cm です。実際の長さは，何 m ですか。(10×2)

式 $5 \times 1000 = 5000$
5000cm = 50m

答え 50m

③ 上の縮図に，縦 25m，横 10m の長方形のプールをかき加えます。縮図では，縦何 cm，横何 cm になりますか。(10×2)

式 25m = 2500cm
$2500 \div 1000 = 2.5$
10m = 1000cm
$1000 \div 1000 = 1$

答え 縦 2.5cm 横 1cm

65

P.66

7 円の面積
円の面積 (1)

月　日　名前

● 円の面積を $1cm^2$ が何個あるかで調べましょう。

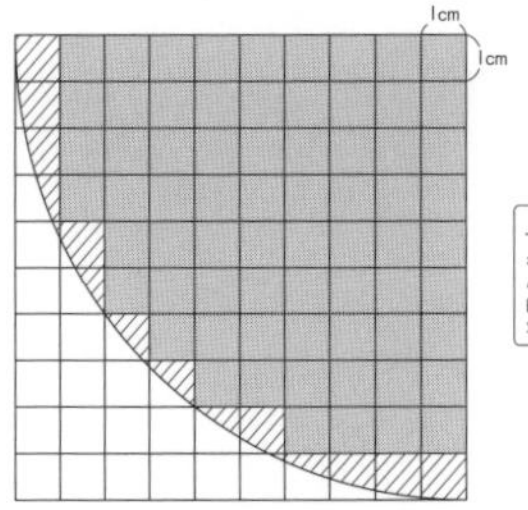

① ■は（69）個で，（69）cm^2

② ▨は（17）個，すべて半分の $0.5cm^2$ と考えて，（8.5）cm^2

③ ①と②を合わせると，（77.5）cm^2

④ 円の面積は，上の図の 4 倍だから
（77.5）× 4 =（310）

答え 約（310）cm^2

66

7 円の面積
円の面積 (2)

月　日　名前

● 円の中に正十六角形をかいて，面積を求めてみましょう。

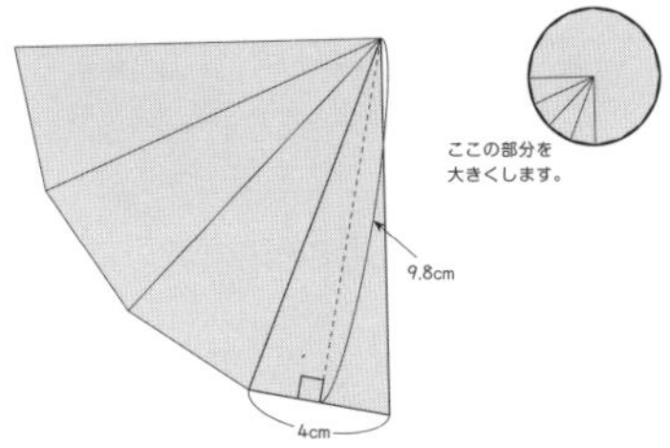

① 1 つの三角形の面積を求めます。
底辺は 4cm，高さは 9.8cm として求めましょう。

式 $4 \times 9.8 \div 2 = 19.6$

答え $19.6cm^2$

② ①で面積を求めた三角形が，円の中に 16 個あると考え，円のおよその面積を求めましょう。

式 $19.6 \times 16 = 313.6$

答え 約（313.6）cm^2

P.67

7 円の面積
円の面積 (3)

月　日　名前

● 円をどんどん細かく等分して並《なら》べかえていくと，長方形に近づいていきます。長方形として，円の面積を求める公式を考えます。(　)にあてはまることばを書きましょう。

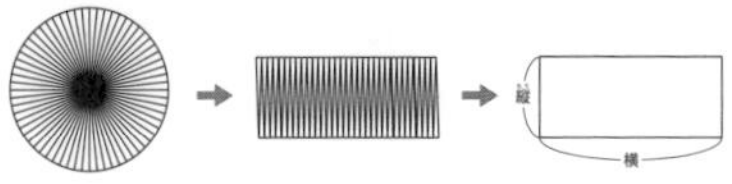

① 長方形の縦は，円のどの部分と同じ長さですか。
（半径）

② 長方形の横は，円のどの部分と同じ長さですか。
（円周の半分）

③ 長方形の面積 ＝ 縦 × 横
（半径）　円周の半分

④ 円周の半分 ＝（直径）× 円周率 ÷ 2
＝（半径）× 円周率

⑤ 円の面積 ＝（半径）×（半径）× 円周率

67

7 円の面積
円の面積 (4)

月　日　名前

① 円の面積を求める公式を書きましょう。

円の面積 ＝（半径）×（半径）×（円周率）
（3.14）

② 次の円の面積を求めましょう。

①

式 $4 \times 4 \times 3.14 = 50.24$

答え $50.24cm^2$

②

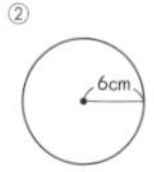

式 $6 \times 6 \times 3.14 = 113.04$

答え $113.04cm^2$

③

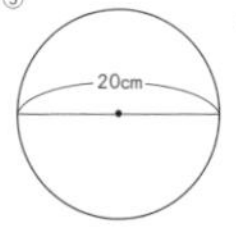

式 $20 \div 2 = 10$
$10 \times 10 \times 3.14 = 314$

答え $314cm^2$

④ 直径 4m の円の面積

式 $4 \div 2 = 2$
$2 \times 2 \times 3.14 = 12.56$

答え $12.56m^2$

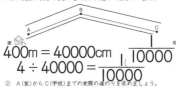

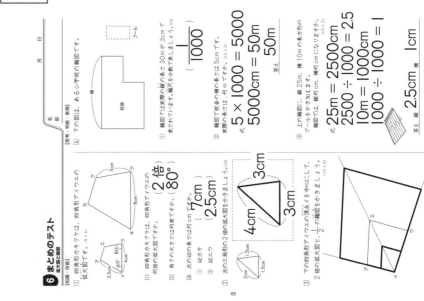

解答

児童に実施させる前に，必ず指導される方が問題を解いてください。本書の解答は，あくまでも１つの例です。指導される方の作られた解答をもとに，本書の解答例を参考に児童の多様な考えに寄り添って○つけをお願いします。

P.68

7 円の面積
円の面積（5）

月　日　名前

● 下の図形の面積を求めましょう。

①
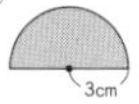

式 $3 \times 3 \times 3.14 \div 2 = 14.13$

答え $14.13\mathrm{cm}^2$

②
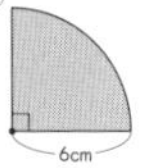

式 $6 \times 6 \times 3.14 \div 4 = 28.26$

答え $28.26\mathrm{cm}^2$

③
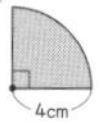

式 $4 \times 4 \times 3.14 \div 4 = 12.56$

答え $12.56\mathrm{cm}^2$

④
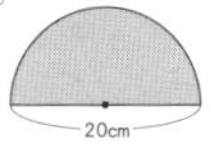

式 $20 \div 2 = 10$
$10 \times 10 \times 3.14 \div 2 = 157$

答え $157\mathrm{cm}^2$

7 円の面積
円の面積（6）

月　日　名前

● ①〜④の色をぬった部分の面積を求めます。
①→②→③→④の順に考えて求めましょう。

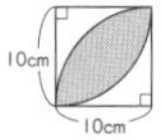

考え方

左の図の２つ分と
考えて面積を求めます。

①
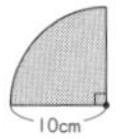

$10 \times 10 \times 3.14 \div 4 = 78.5$

答え $78.5\mathrm{cm}^2$

②
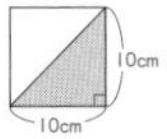

式 $10 \times 10 \div 2 = 50$

答え $50\mathrm{cm}^2$

③

式 $78.5 - 50 = 28.5$

答え $28.5\mathrm{cm}^2$

④
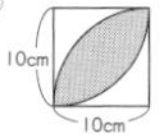

式 $28.5 \times 2 = 57$

答え $57\mathrm{cm}^2$

P.69

7 円の面積
円の面積（7）

月　日　名前

1 右の図のように，１辺が20cmの正方形にぴったり入る円の面積を求めましょう。

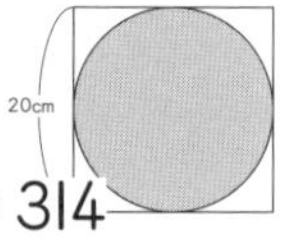

式 $20 \div 2 = 10$
$10 \times 10 \times 3.14 = 314$

答え $314\mathrm{cm}^2$

2 円周が次の長さのときの，円の面積を求めましょう。

① 円周の長さが 31.4cm

式 $31.4 \div 3.14 \div 2 = 5$
$5 \times 5 \times 3.14 = 78.5$

答え $78.5\mathrm{cm}^2$

② 円周の長さが 50.24cm

式 $50.24 \div 3.14 \div 2 = 8$
$8 \times 8 \times 3.14 = 200.96$

答え $200.96\mathrm{cm}^2$

7 円の面積
円の面積（8）

月　日　名前

● 色をぬった部分の面積を求めましょう。

①
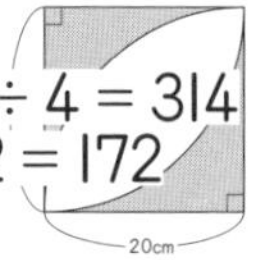

式 $20 \times 20 = 400$
$20 \times 20 \times 3.14 \div 4 = 314$
$(400 - 314) \times 2 = 172$

答え $172\mathrm{cm}^2$

②
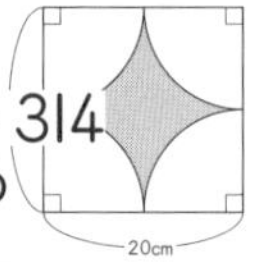

式 $20 \times 20 = 400$
$20 \div 2 = 10$
$10 \times 10 \times 3.14 = 314$
$400 - 314 = 86$

答え $86\mathrm{cm}^2$

③
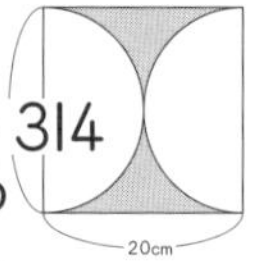

式 $20 \times 20 = 400$
$20 \div 2 = 10$
$10 \times 10 \times 3.14 = 314$
$400 - 314 = 86$

答え $86\mathrm{cm}^2$

P.70

7 円の面積
円の面積（9）

月　日　名前

● 色をぬった部分の面積を求めましょう。

①
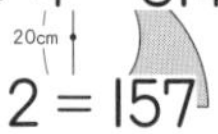

式 $20 \times 20 \times 3.14 \div 4 = 314$
$20 \div 2 = 10$
$10 \times 10 \times 3.14 \div 2 = 157$
$314 - 157 = 157$

答え $157\mathrm{cm}^2$

②
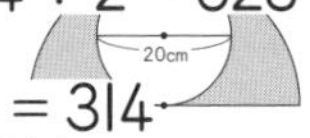

式 $20 \times 20 \times 3.14 \div 2 = 628$
$20 \div 2 = 10$
$10 \times 10 \times 3.14 = 314$
$628 - 314 = 314$

答え $314\mathrm{cm}^2$

③
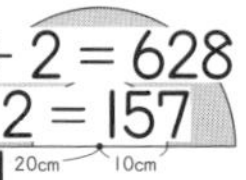

式 $20 \times 20 \times 3.14 \div 2 = 628$
$10 \times 10 \times 3.14 \div 2 = 157$
$628 - 157 = 471$

答え $471\mathrm{cm}^2$

7 円の面積
円の面積（10）

月　日　名前

1 １辺が 20cm の正方形の中に，４つの円が，ぴったりと入っています。

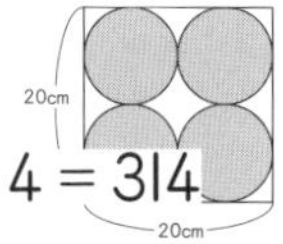

① 色 求め

式 $20 \div 4 = 5$
$5 \times 5 \times 3.14 \times 4 = 314$

答え $314\mathrm{cm}^2$

② 色をぬっていない部分の面積を求めましょう。

式 $20 \times 20 - 314 = 86$

答え $86\mathrm{cm}^2$

2 円の中に，直径 10cm の円が２つぴったりと入っています。

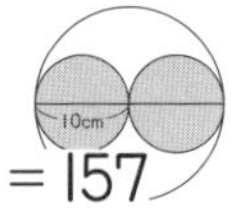

① 色 ましょう。

式 $10 \div 2 = 5$
$5 \times 5 \times 3.14 \times 2 = 157$

答え $157\mathrm{cm}^2$

② 色をぬっていない部分の面積を求めましょう。

式 $10 \times 10 \times 3.14 - 157 = 157$

答え $157\mathrm{cm}^2$

P.71

7 ふりかえり・たしかめ（1）
円の面積

月　日　名前

● 色をぬった部分の面積と，まわりの長さを求めましょう。

① 面積

式 $6 \times 6 \times 3.14 = 113.04$

答え $113.04\mathrm{cm}^2$

まわりの長さ

式 $6 \times 2 \times 3.14 = 37.68$

答え $37.68\mathrm{cm}$

② 面積

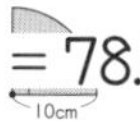

式 $10 \times 10 \times 3.14 \div 4 = 78.5$

答え $78.5\mathrm{cm}^2$

まわりの長さ

式 $10 \times 2 \times 3.14 \div 4 + 10 \times 2 = 35.7$

答え $35.7\mathrm{cm}$

③ 面積

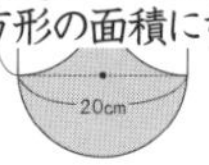

式 $10 \times 20 = 200$
等積変形をすると
長方形の面積になる

答え $200\mathrm{cm}^2$

まわりの長さ

式 $20 \times 3.14 = 62.8$

等積変形をすると
直径 20cm の円周になる

$62.8\mathrm{cm}$

7 ふりかえり・たしかめ（2）
円の面積

月　日　名前

1 色をぬった部分の面積を求めましょう。

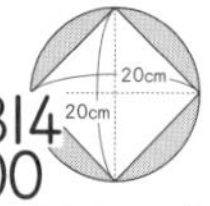

式 $20 \div 2 = 10$
$10 \times 10 \times 3.14 = 314$
$20 \times 20 \div 2 = 200$
$314 - 200 = 114$

答え $114\mathrm{cm}^2$

2 直径が 2cm の円Ａと，直径がその２倍の 4cm の円Ｂがあります。

① 円Ｂの円周の長さは，円Ａの円周の長さの何倍ですか。

式 $2 \times 3.14 = 6.28$
$4 \times 3.14 = 12.56$
$12.56 \div 6.28 = 2$

答え ２倍

② 円 面積の何倍ですか。

式 $2 \div 2 = 1$
$1 \times 1 \times 3.14 = 3.14$
$4 \div 2 = 2$
$2 \times 2 \times 3.14 = 12.56$
$12.56 \div 3.14 = 4$

答え ４倍

P.72

月　日　名前

7 まとめのテスト 円の面積

【知識・技能】

1 円の面積を，下の図のように円を細かく等分し，長方形に並《なら》べかえて求めます。(5×4)

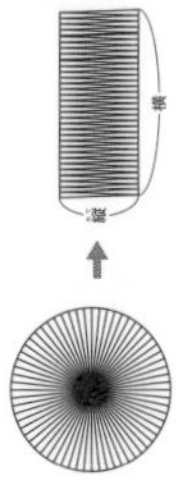

① 長方形の縦は，円のどの部分の長さと等しいですか。（半径）

② 長方形の横は，円のどの部分の長さと等しいですか。（円周の半分）

③ 長方形の横の長さを求めます。□にあてはまることばを書きましょう。
横の長さ＝直径×円周率÷2

④ 円の面積を求める公式を書きましょう。
円の面積＝半径×半径×円周率

2 色をぬった部分の面積を求めましょう。(5×6)

① 式 $5\times5\times3.14=78.5$　答え $78.5cm^2$

② 式 $5\times5\times3.14\div2=39.25$　答え $39.25cm^2$

③ 式 $10\times10\times3.14\div4=78.5$　答え $78.5cm^2$

【思考・判断・表現】

3 右の図を見て面積を求めましょう。(5×4)

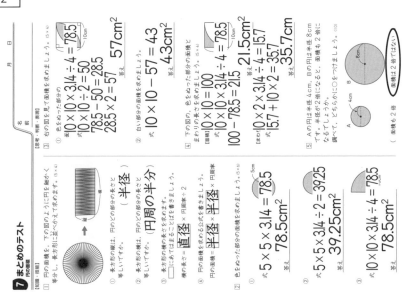

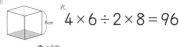

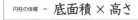

① 色をぬった部分の面積
式 $10\times10\times3.14\div4=78.5$
$10\times10\div2=50$
$78.5-50=28.5$
$28.5\times2=57$
答え $57cm^2$

② 白い部分の面積
式 $10\times10-57=43$　答え $43cm^2$

4 下の図の，色をぬった部分の面積とまわりの長さを求めましょう。(5×4)

（面積）式 $10\times10=100$
$10\times10\times3.14\div4=78.5$
$100-78.5=21.5$
答え $21.5cm^2$

（まわり）式 $10\times2\times3.14\div4=15.7$
$15.7+10\times2=35.7$
答え $35.7cm$

5 Aの円は半径4cm，Bの円は半径8cmです。半径が2倍になると，面積も2倍になるでしょうか。調べて，どちらかに○をつけましょう。(10)

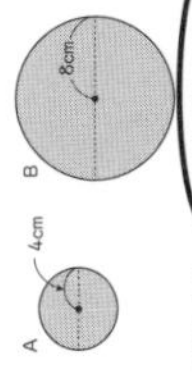

（面積も２倍 ・ 面積は２倍ではない）〔「面積は２倍ではない」に○〕

P.73

8 角柱と円柱の体積 角柱と円柱の体積 (1)

月　日　名前

1 体積を求める公式を，底面積を使って見直しましょう。
(　　)にあてはまることばを書きましょう。

直方体の体積 ＝ 縦《たて》 × 横 × 高さ

四角柱の体積 ＝（底面積）×（高さ）

2 下の図のような四角柱の体積を求めましょう。

①

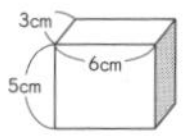

式 $3\times6\times5=90$　答え $90cm^3$

②

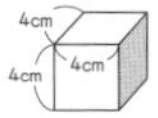

式 $4\times4\times4=64$　答え $64cm^3$

③

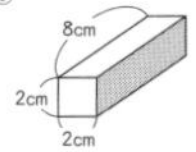

式 $8\times2\times2=32$　答え $32cm^3$

8 角柱と円柱の体積 角柱と円柱の体積 (2)

月　日　名前

1 角柱の体積を求める公式を書きましょう。

角柱の体積 ＝ 底面積 × 高さ

2 下の図のような角柱の体積を求めましょう。

①

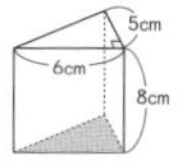

式 $5\times6\div2\times8=120$　答え $120cm^3$

②

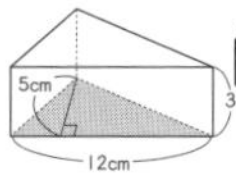

式 $12\times5\div2\times3=90$　答え $90cm^3$

③

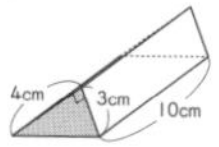

式 $4\times3\div2\times10=60$　答え $60cm^3$

P.74

8 角柱と円柱の体積 角柱と円柱の体積 (3)

月　日　名前

● 下の図のような角柱の体積を求めましょう。

①

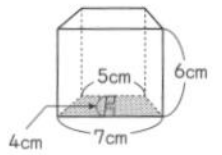

式 $(5+7)\times4\div2=24$
$24\times6=144$
答え $144cm^3$

②

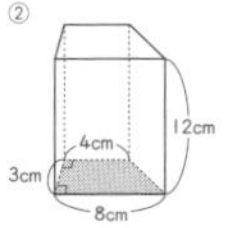

式 $(4+8)\times3\div2=18$
$18\times12=216$
答え $216cm^3$

③

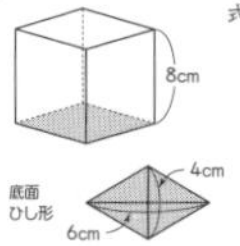

式 $4\times6\div2\times8=96$　答え $96cm^3$

8 角柱と円柱の体積 角柱と円柱の体積 (4)

月　日　名前

● 下の図のような角柱の体積を求めましょう。

①

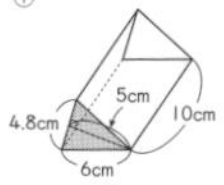

式 $4.8\times5\div2\times10=120$　答え $120cm^3$

②

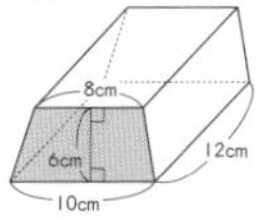

式 $(8+10)\times6\div2=54$
$54\times12=648$
答え $648cm^3$

③

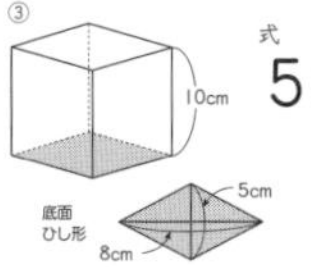

式 $5\times8\div2\times10=200$　答え $200cm^3$

P.75

8 角柱と円柱の体積 角柱と円柱の体積 (5)

月　日　名前

1 円柱の体積を求める公式を書きましょう。

円柱の体積 ＝ 底面積 × 高さ

2 下の図のような円柱の体積を求めましょう。

①

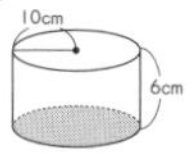

式 $10\times10\times3.14\times6=1884$　答え $1884cm^3$

②

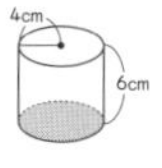

式 $4\times4\times3.14\times6=301.44$　答え $301.44cm^3$

③

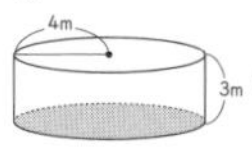

式 $4\times4\times3.14\times3=150.72$　答え $150.72m^3$

8 角柱と円柱の体積 角柱と円柱の体積 (6)

月　日　名前

● 下の図のような円柱の体積を求めましょう。

①

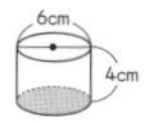

式 $6\div2=3$
$3\times3\times3.14\times4=113.04$
答え $113.04cm^3$

②

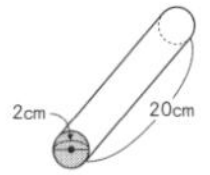

式 $2\div2=1$
$1\times1\times3.14\times20=62.8$
答え $62.8cm^3$

③

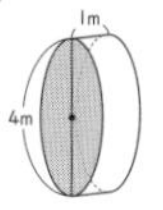

式 $4\div2=2$
$2\times2\times3.14\times1=12.56$
答え $12.56m^3$

児童に実施させる前に，必ず指導される方が問題を解いてください。本書の解答は，あくまでも１つの例です。指導される方の作られた解答をもとに，本書の解答例を参考に児童の多様な考えに寄り添って○つけをお願いします。

P.76

8 角柱と円柱の体積
角柱と円柱の体積 (7)

月　日　名前

● 下の図のような立体の体積を求めましょう。

①

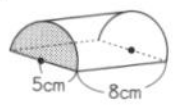

式 $5\times5\times3.14\div2\times8$
$=314$

答え $314cm^3$

②

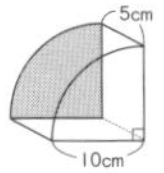

式 $10\times10\times3.14\div4\times5$
$=392.5$

答え $392.5cm^3$

③

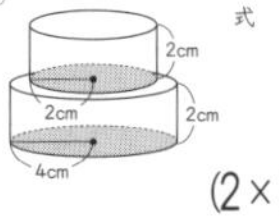

式 (例 1)
$2\times2\times3.14\times2=25.12$
$4\times4\times3.14\times2=100.48$
$25.12+100.48=125.6$
(例 2)
$(2\times2+4\times4)\times3.14\times2=125.6$

答え $125.6cm^3$

76

8 角柱と円柱の体積
角柱と円柱の体積 (8)

月　日　名前

● 下の図のような立体の体積を求めましょう。

①

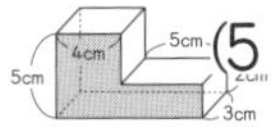

式 (例)
$(5\times4+2\times5)\times3=90$

答え $90cm^3$

②

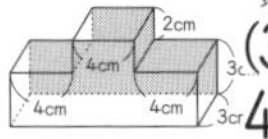

式 (例)
$(3+3+2+3)\times4=44$
$44\times3=132$

答え $132cm^3$

③

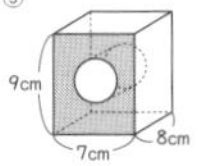

直径 4cm のあながあいている。

式 (例)
$4\div2=2$
$9\times7-2\times2\times3.14=50.44$
$50.44\times8=403.52$

答え $403.52cm^3$

P.77

8 ふりかえり・たしかめ (1)
角柱と円柱の体積

月　日　名前

1 次の角柱や円柱の体積を求めましょう。

①

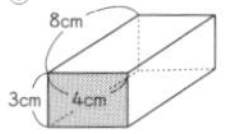

式 $3\times4\times8=96$

答え $96cm^3$

②

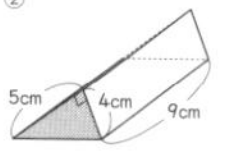

式 $5\times4\div2\times9=90$

答え $90cm^3$

③

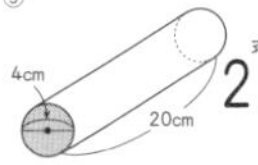

式 $4\div2=2$
$2\times2\times3.14\times20=251.2$

答え $251.2cm^3$

2 下の四角柱の体積は $240cm^3$ です。
底面積は，$48cm^2$ です。
高さは，何 cm ですか。

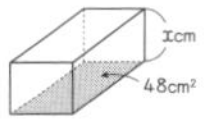

式 $240\div48=5$

答え 5cm

77

8 ふりかえり・たしかめ (2)
角柱と円柱の体積

月　日　名前

1 下の図のような立体の体積を求めましょう。

①

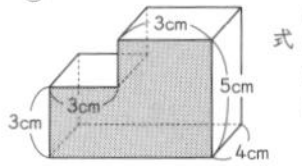

式 (例)
$3\times3+5\times3=24$
$24\times4=96$

答え $96cm^3$

②

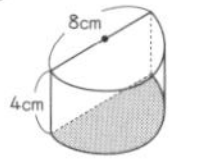

$8\div2=4$
式 $4\times4\times3.14\div2=25.12$
$25.12\times4=100.48$

答え $100.48cm^3$

2 角柱㋐（底面が台形）と同じ体積の四角柱㋑を作ります。
四角柱㋑の底面積は１辺が 4cm の正方形です。高さは何 cm にすればよいですか。

㋐ ㋑

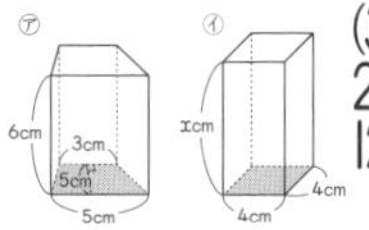

$(3+5)\times5\div2=20$
$20\times6=120$
$120\div(4\times4)=7.5$

答え 7.5cm

P.78

8 まとめのテスト
角柱と円柱の体積

月　日　名前

【知識・技能】

1 角柱や円柱の体積を求める公式を書きましょう。(10)

角柱・円柱の 底面積 × 高さ

2 次の角柱や円柱の体積を求めましょう。(5×8)

①

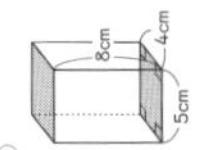

式 $4\times5\times8=160$

答え $160cm^3$

②

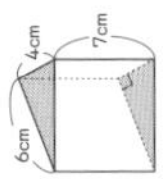

式 $6\times4\div2=12$
$12\times7=84$

答え $84cm^3$

③

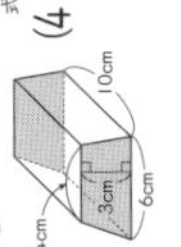

式 $(4+6)\times3\div2=15$
$15\times10=150$

答え $150cm^3$

④

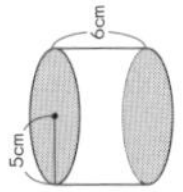

式 $5\times5\times3.14=78.5$
$78.5\times6=471$

答え $471cm^3$

【思考・判断・表現】

3 下の図のような立体の体積を求めましょう。(5×6)

①

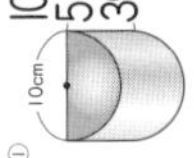

$10\div2=5$
$5\times5\times3.14\div2=39.25$
$39.25\times10=392.5$

答え $392.5cm^3$

②

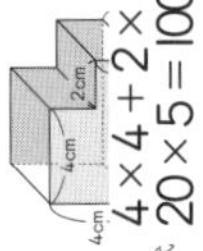

式 $4\times4+2\times2=20$
$20\times5=100$

答え $100cm^3$

③

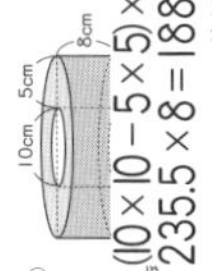

式 $(10\times10-5\times5)\times3.14=235.5$
$235.5\times8=1884$

答え $1884cm^3$

4 次の角柱の高さを求めましょう。(5×4)

①

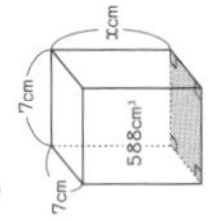

式 $7\times7=49$
$588\div49=12$

答え 12cm

②

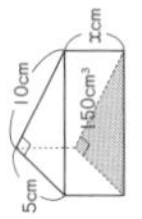

式 $5\times10\div2=25$
$150\div25=6$

答え 6cm

78

P.79

計算練習 (1)

月　日　名前

① $\frac{5}{8}\times\frac{2}{3}$　$\frac{5}{12}$

② $\frac{21}{4}\times\frac{5}{14}$　$\frac{15}{8}\left(1\frac{7}{8}\right)$

③ $\frac{12}{55}\times\frac{11}{8}$　$\frac{3}{10}$

④ $\frac{16}{9}\times\frac{27}{28}$　$\frac{12}{7}\left(1\frac{5}{7}\right)$

⑤ $\frac{25}{18}\times\frac{36}{35}$　$\frac{10}{7}\left(1\frac{3}{7}\right)$

⑥ $3\frac{1}{5}\times1\frac{7}{8}$　6

⑦ $2\frac{5}{8}\times1\frac{1}{7}$　3

⑧ $2\frac{2}{5}\times3\frac{1}{3}$　8

⑨ $8\times\frac{5}{12}$　$\frac{10}{3}\left(3\frac{1}{3}\right)$

⑩ $6\times2\frac{1}{4}$　$\frac{27}{2}\left(13\frac{1}{2}\right)$

⑪ $4\frac{1}{5}\times1\frac{3}{7}$　6

⑫ $3\frac{3}{4}\times1\frac{1}{9}$　$\frac{25}{6}\left(4\frac{1}{6}\right)$

計算練習 (2)

月　日　名前

① $\frac{5}{6}\div\frac{3}{5}$　$\frac{25}{18}\left(1\frac{7}{18}\right)$

② $\frac{5}{6}\div\frac{3}{4}$　$\frac{10}{9}\left(1\frac{1}{9}\right)$

③ $\frac{5}{12}\div\frac{3}{20}$　$\frac{25}{9}\left(2\frac{7}{9}\right)$

④ $\frac{15}{28}\div\frac{25}{49}$　$\frac{21}{20}\left(1\frac{1}{20}\right)$

⑤ $\frac{8}{15}\div\frac{2}{9}$　$\frac{12}{5}\left(2\frac{2}{5}\right)$

⑥ $\frac{9}{22}\div\frac{6}{11}$　$\frac{3}{4}$

⑦ $3\frac{1}{5}\div3\frac{1}{3}$　$\frac{24}{25}$

⑧ $2\frac{5}{6}\div1\frac{8}{9}$　$\frac{3}{2}\left(1\frac{1}{2}\right)$

⑨ $2\div\frac{2}{5}$　5

⑩ $4\div\frac{1}{4}$　16

⑪ $3\frac{1}{3}\div2\frac{1}{2}$　$\frac{4}{3}\left(1\frac{1}{3}\right)$

⑫ $3\frac{2}{3}\div4\frac{1}{8}$　$\frac{8}{9}$

79

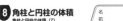

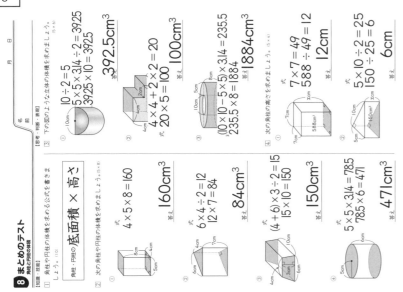

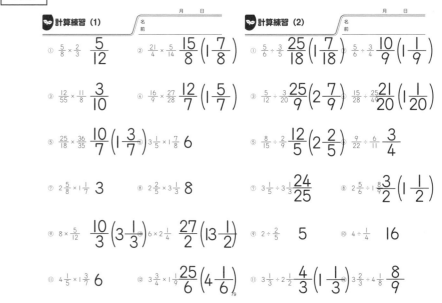

児童に実施させる前に，必ず指導される方が問題を解いてください。本書の解答は，あくまでも1つの例です。指導される方の作られた解答をもとに，本書の解答例を参考に児童の多様な考えに寄り添って○つけをお願いします。

解答

P.80

計算練習 (3)

月　日

名前

① $\frac{3}{8}\times\frac{2}{5}$ $\frac{3}{20}$

② $\frac{5}{8}\times6\frac{2}{5}$ 4

③ $1\frac{2}{3}\times\frac{4}{5}$ $\frac{4}{3}\left(1\frac{1}{3}\right)$

④ $48\times\frac{5}{6}$ 40

⑤ $2\frac{1}{10}\times3\frac{2}{21}$ $\frac{13}{2}\left(6\frac{1}{2}\right)$

⑥ $\frac{4}{15}\times6$ $\frac{8}{5}\left(1\frac{3}{5}\right)$

⑦ $1\frac{4}{11}\times\frac{44}{45}$ $\frac{4}{3}\left(1\frac{1}{3}\right)$

⑧ $3\frac{1}{5}\times4\frac{3}{8}$ 14

⑨ $\frac{7}{10}\div\frac{3}{5}$ $\frac{7}{6}\left(1\frac{1}{6}\right)$

⑩ $\frac{26}{9}\div\frac{13}{6}$ $\frac{4}{3}\left(1\frac{1}{3}\right)$

⑪ $1\frac{1}{9}\div3\frac{1}{3}$ $\frac{1}{3}$

⑫ $7\div5\frac{4}{9}$ $\frac{9}{7}\left(1\frac{2}{7}\right)$

⑬ $2\frac{5}{6}\div3\frac{7}{9}$ $\frac{3}{4}$

⑭ $\frac{4}{7}\div2$ $\frac{2}{7}$

⑮ $\frac{2}{5}\div\frac{8}{55}$ $\frac{11}{4}\left(2\frac{3}{4}\right)$

⑯ $8\frac{3}{4}\div10\frac{1}{2}$ $\frac{5}{6}$

80

計算練習 (4)

月　日

名前

① $3\frac{3}{4}\times8$ 30

② $6\times\frac{7}{12}$ $\frac{7}{2}\left(3\frac{1}{2}\right)$

③ $\frac{7}{12}\times\frac{45}{14}$ $\frac{15}{8}\left(1\frac{7}{8}\right)$

④ $3\frac{1}{8}\times2\frac{2}{15}$ $\frac{20}{3}\left(6\frac{2}{3}\right)$

⑤ $3\frac{3}{4}\times1\frac{1}{9}$ $\frac{25}{6}\left(4\frac{1}{6}\right)$

⑥ $2\frac{4}{5}\times3\frac{1}{3}$ $\frac{28}{3}\left(9\frac{1}{3}\right)$

⑦ $4\frac{1}{2}\times2\frac{2}{3}$ 12

⑧ $3\frac{1}{8}\times4\frac{4}{5}$ 15

⑨ $\frac{4}{7}\div2$ $\frac{2}{7}$

⑩ $4\div\frac{2}{5}$ 10

⑪ $\frac{7}{12}\div\frac{5}{6}$ $\frac{7}{10}$

⑫ $\frac{20}{3}\div\frac{25}{27}$ $\frac{36}{5}\left(7\frac{1}{5}\right)$

⑬ $1\frac{5}{8}\div6\frac{1}{2}$ $\frac{1}{4}$

⑭ $\frac{5}{6}\div6\frac{1}{4}$ $\frac{2}{15}$

⑮ $\frac{8}{25}\div1\frac{1}{15}$ $\frac{3}{10}$

⑯ $3\frac{2}{3}\div4\frac{1}{8}$ $\frac{8}{9}$

P.81

計算練習 (5)

月　日

名前

● □にあてはまる整数や分数を書きましょう。

① 10分 = $\frac{1}{6}$ 時間

② 15分 = $\frac{1}{4}$ 時間

③ 20分 = $\frac{1}{3}$ 時間

④ 40分 = $\frac{2}{3}$ 時間

⑤ 1分 = $\frac{1}{60}$ 時間

⑥ 1時間30分 = $1\frac{1}{2}$ 時間

⑦ $\frac{1}{2}$ 時間 = 30 分

⑧ $\frac{3}{4}$ 時間 = 45 分

⑨ $\frac{5}{6}$ 時間 = 50 分

⑩ $\frac{1}{5}$ 時間 = 12 分

⑪ $1\frac{2}{3}$ 時間 = 1 時間 40 分

⑫ $1\frac{1}{6}$ 時間 = 1 時間 10 分

⑬ 20秒 = $\frac{1}{3}$ 分

⑭ 15秒 = $\frac{1}{4}$ 分

⑮ $\frac{2}{3}$ 分 = 40 秒

⑯ $\frac{5}{6}$ 分 = 50 秒

81

計算練習 (6)

月　日

名前

1 次の数の逆数を書きましょう。

① $\frac{5}{7}$ $\left(\frac{7}{5}\right)$

② $\frac{1}{8}$ (8)

③ 0.7 $\left(\frac{10}{7}\right)$

④ 0.45 $\left(\frac{20}{9}\right)$

⑤ 3 $\left(\frac{1}{3}\right)$

⑥ 0.02 (50)

2 次の計算をしましょう。

① $\frac{1}{4}\div\frac{1}{2}\times\frac{2}{5}$ $\frac{1}{5}$

② $3\times\frac{1}{6}\times\frac{4}{5}$ $\frac{2}{5}$

③ $2\frac{1}{2}\times\frac{8}{15}\div\frac{2}{3}$ 2

④ $\frac{2}{3}\times3\frac{6}{7}\div9$ $\frac{2}{7}$

⑤ $\frac{5}{9}\div\frac{1}{3}\times\frac{4}{5}$ $\frac{4}{3}\left(1\frac{1}{3}\right)$

P.82

計算練習 (7)

月　日

名前

① $\frac{1}{4}\div\frac{1}{2}\times\frac{6}{5}$ $\frac{3}{5}$

② $\frac{1}{3}\times\frac{3}{4}\div\frac{3}{8}$ $\frac{2}{3}$

③ $\frac{1}{6}\div\frac{8}{9}\times\frac{2}{3}$ $\frac{1}{8}$

④ $10\div\frac{2}{9}\times\frac{1}{6}$ $\frac{15}{2}\left(7\frac{1}{2}\right)$

⑤ $\frac{2}{3}\div8\div\frac{2}{5}$ $\frac{5}{24}$

⑥ $\frac{8}{9}\times\frac{3}{4}\div\frac{1}{2}$ $\frac{4}{3}\left(1\frac{1}{3}\right)$

⑦ $\frac{2}{3}\times3\frac{6}{7}\div3$ $\frac{6}{7}$

⑧ $4\frac{9}{10}\times\frac{4}{7}\div1\frac{3}{5}$ $\frac{7}{4}\left(1\frac{3}{4}\right)$

⑨ $6\div1\frac{1}{8}\times1\frac{1}{4}$ $\frac{20}{3}\left(6\frac{2}{3}\right)$

⑩ $16\times\frac{3}{8}\div\frac{2}{5}$ 15

82

計算練習 (8)

月　日

名前

● 小数や整数を分数で表して計算しましょう。

① $0.3\div\frac{9}{10}\div\frac{4}{5}$ $\frac{5}{12}$

② $\frac{5}{7}\times3.5\div$ $\frac{5}{3}\left(1\frac{2}{3}\right)$

③ $\frac{4}{7}\div9\times\frac{3}{2}$ $\frac{2}{21}$

④ $1.2\div\frac{4}{9}\div9$ $\frac{3}{10}$

⑤ $\frac{6}{7}\div0.45\times0.27$ $\frac{18}{35}$

⑥ $1\frac{1}{4}\times0.16\div1\frac{1}{2}$ $\frac{2}{15}$

⑦ $2.1\times\frac{5}{4}$ $\frac{15}{4}\left(3\frac{3}{4}\right)$

⑧ $\frac{3}{8}\times12\div0.09$ 50

⑨ $0.72\div9\times8$ $\frac{16}{25}$

⑩ $0.24\times2.7\div0.36$ $\frac{9}{5}$ $\left(1\frac{4}{5}\right)$

P.83

計算練習 (9)

月　日

名前

1 次の比を簡単《かんたん》にして（　　）に書きましょう。

① 12 : 18 （2 : 3）

② 28 : 42 （2 : 3）

③ 4.5 : 8.1 （5 : 9）

④ 5 : 2.5 （2 : 1）

⑤ $\frac{1}{2}:\frac{2}{5}$ （5 : 4）

⑥ $\frac{4}{5}:\frac{4}{7}$ （7 : 5）

2 次の式で，x の表す数を求めましょう。

① $5:2=15:x$　$x=6$

② $45:20=x:4$　$x=9$

③ $x:5=50:125$　$x=2$

④ $8:x=72:54$　$x=6$

⑤ $7:x=49:91$　$x=13$

⑥ $45:60=3:x$　$x=4$

⑦ $30:x=5:3$　$x=18$

⑧ $80:x=16:9$　$x=45$

83

計算練習 (10)

月　日

名前

1 次の比を簡単《かんたん》にして（　　）に書きましょう。

① 24 : 32 （3 : 4）

② 0.2 : 1.4 （1 : 7）

③ 3 : 0.2 （15 : 1）

④ 1.8 : 3 （3 : 5）

⑤ $\frac{2}{3}:\frac{3}{4}$ （8 : 9）

⑥ $\frac{2}{5}:0.3$ （4 : 3）

⑦ $1.5:1\frac{3}{4}$ （6 : 7）

⑧ $3\frac{1}{2}:2.1$ （5 : 3）

2 次の式で，x の表す数を求めましょう。

① $3:5=x:25$　$x=15$

② $4:x=72:90$　$x=5$

③ $11:6=x:36$　$x=66$

④ $45:75=3:x$　$x=5$

⑤ $5:4=80:x$　$x=64$

⑥ $9:5=x:300$　$x=540$

⑦ $6:5=x:100$　$x=120$

⑧ $x:150=3:2$　$x=225$

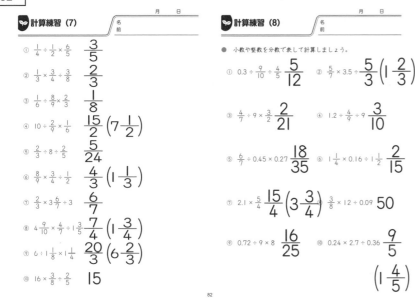

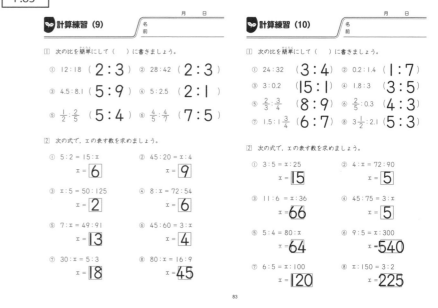

喜楽研 WEB サイト
書籍の最新情報（正誤表含む）は
喜楽研 WEB サイトをご覧下さい。

学校現場では，本書ワークシートをコピー・印刷して児童に配布できます。
学習する児童の実態にあわせて，拡大してお使い下さい。

※教育目的や私的使用の範囲を超えた印刷・複製は著作権侵害にあたりますので，絶対にお止めください。
著作権侵害が明らかになった場合，弊社は速やかに法的措置をとらせていただきます。

教科書にそって 学べる

算数教科書プリント 6年 ①
東京書籍版

2023 年 3 月 1 日　　第 1 刷発行

イ ラ ス ト： 山口 亜耶 他
表紙イラスト： 鹿川 美佳
表紙デザイン： エガオデザイン
執 筆 協 力 者： 新川 雄也
企 画 ・ 編 著： 原田 善造・あおい えむ・今井 はじめ・さくら りこ・中 あみ
中 えみ・中田 こういち・なむら じゅん・はせ みう
ほしの ひかり・堀越 じゅん・みやま りょう（他 4 名）
編 集 担 当： 川瀬 佳世

発　行　者： 岸本 なおこ
発　行　所： 喜楽研（わかる喜び学ぶ楽しさを創造する教育研究所：略称）
〒604-0827　京都府京都市中京区高倉通二条下ル瓦町 543-1
TEL　075-213-7701　FAX　075-213-7706
HP　https://www.kirakuken.co.jp
印　　　刷： 創栄図書印刷株式会社

ISBN:978-4-86277-383-8

Printed in Japan